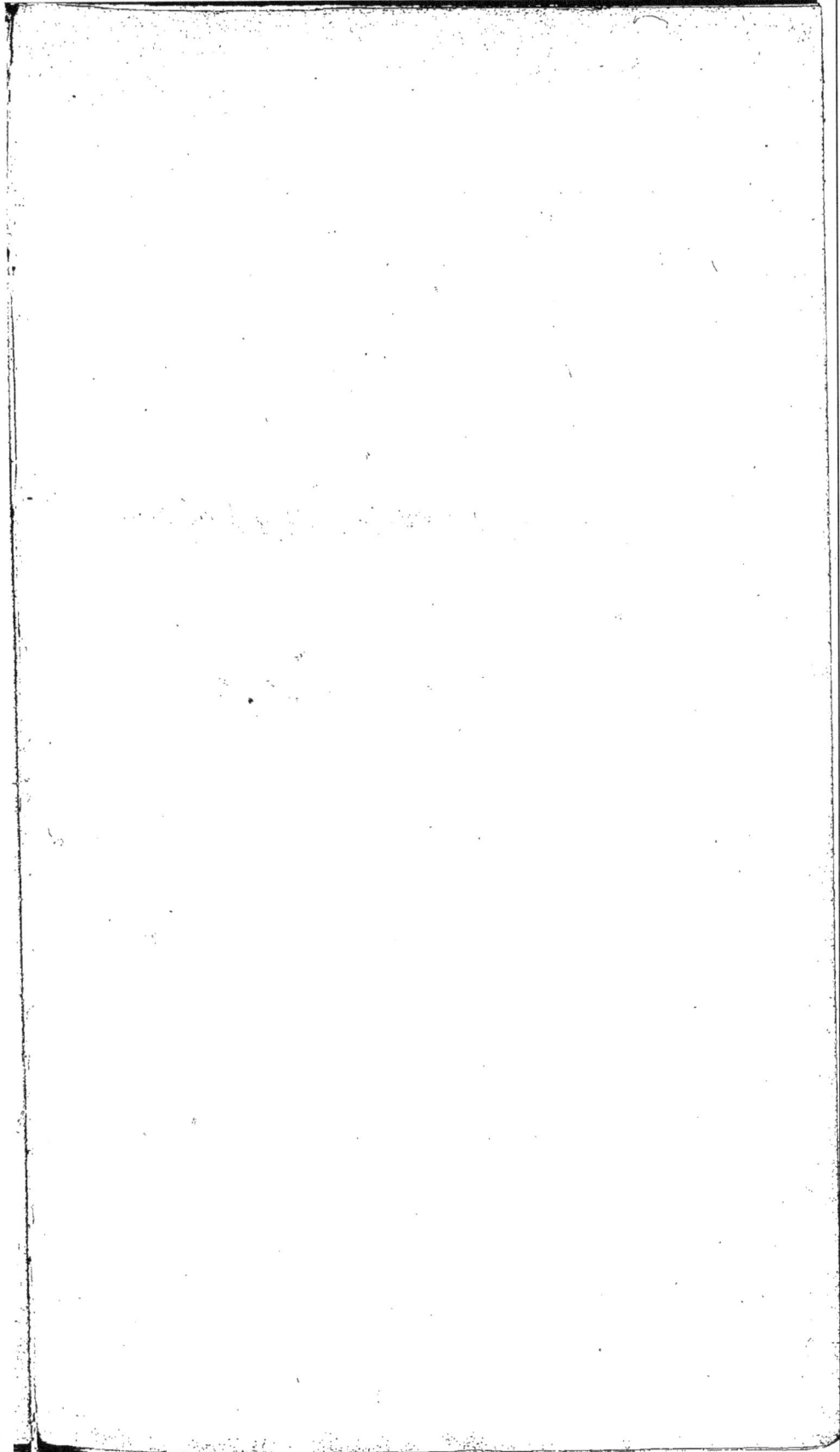

F

mang. feuill. 10. p. 145 - 160.

2 9 of 2

DE LA

QUOTITÉ DISPONIBLE

ENTRE ÉPOUX,

D'APRÈS L'ARTICLE **1094** DU CODE CIVIL.

DE LA

QUOTITÉ DISPONIBLE

ENTRE ÉPOUX,

D'APRÈS L'ARTICLE **1094** DU CODE CIVIL,

OU

NOUVELLE EXPLICATION
DE CET ARTICLE,

Contenant la Réfutation des principales solutions de la Jurisprudence, avec l'Indication
des moyens propres à tourner, d'une manière licite, cette Jurisprudence,
si elle était maintenue ;

PAR M. BENECH,

Professeur à la Faculté de Droit de Toulouse, Avocat à la Cour royale.

A TOULOUSE,

A L'ADMINISTRATION DU MÉMORIAL DE JURISPRUDENCE,
RUE MONTARDY, 26.

—

1841.

DE LA

QUOTITÉ DISPONIBLE

ENTRE ÉPOUX,

D'APRÈS L'ARTICLE **1094** DU CODE CIVIL,

OU

NOUVELLE EXPLICATION

DE CET ARTICLE,

Contenant la Réfutation des principales solutions de la Jurisprudence,
avec les moyens propres à tourner, d'une manière licite, cette
Jurisprudence, si elle était maintenue.

———————⋖∙∙∙⋗———————

AVANT-PROPOS.

———

*Objet de ce travail. — Exposé du Plan et de la Méthode
adoptés par l'Auteur.*

———

Je me propose d'écrire une explication nouvelle de l'article 1094 du Code civil qui détermine la quotité disponible entre époux.

Il n'est pas, dans notre codification moderne,
un texte qui ait provoqué plus de controverses, engendré plus de dissentiments, et dont la
fausse interprétation ait froissé plus d'intérêts,
lésé d'une manière plus sensible les institutions
vitales de l'ordre social, la propriété, le mariage,
la puissance paternelle. On n'agite plus à l'école

ni au barreau les difficultés qu'avait soulevées d'abord le mécanisme des formalités nécessaires pour la validité des dispositions testamentaires; la grande thèse née de l'explication des art. 845 et 857 est définitivement jugée. Il n'en est pas de même des questions plus larges qui sont issues de la combinaison des articles 913, 915 et 1094 du Code civil, sur la quotité disponible dans le concours des libéralités faites à un époux et à un enfant ou à un étranger : les décisions judiciaires qui sont intervenues, ont laissé subsister dans les esprits les doutes les plus graves, et il est plus d'une conviction qui est restée indocile et rebelle à l'autorité doctrinale de leurs arrêts.

Parmi ces solutions, nous en avons surtout distingué deux qui, par leur nature même, par l'importance des intérêts qu'elles engagent, l'universalité des situations qu'elles régissent, nous ont paru dignes de devenir le sujet de nouvelles explications; car on est loin d'avoir dit le dernier mot sur la combinaison des articles prémentionnés. D'après la première, la quotité disponible de l'article 1094 est invariable et uniforme, quel que soit le nombre des enfants ou descendants : elle est toujours d'un quart en propriété et d'un quart en usufruit, ou de la moitié en usufruit seulement. Ainsi, cet article extensif de la quotité disponible ordinaire réglée par l'article 913, dans le cas de l'existence de trois enfants, serait, dans l'autre cas, restrictif de cette même quotité. Par suite, le disposant qui, laissant à l'époque de son décès plus de deux enfants, peut donner à son conjoint le quart en propriété, et un autre quart en usufruit, ou la moitié en usufruit seulement, quotité supérieure à ce dont un enfant ou un étranger peuvent être gratifiés (1), ne peut pas, lorsqu'il n'existe qu'un seul enfant, ou lorsqu'il n'en existe que deux, donner à son conjoint ce dont il aurait pu disposer en faveur d'un enfant ou d'un étranger, c'est-à-dire la moitié ou le tiers en pleine propriété. — D'après la seconde, le disposant excéderait les limites de la quotité disponible de l'article 1094, si, après avoir donné par un premier acte irrévocable, l'usufruit de la moitié de ses biens, il donnait plus tard un quart en nue propriété à un étranger. La seconde libéralité est déclarée inofficieuse et comme non avenue. — Et par une extension immodérée de ce sys-

---

(1) La quotité disponible à l'égard des enfans et des étrangers étant toujours la même, nous nous servirons généralement, à l'exemple de tous les auteurs, du mot *étranger* que nous mettrons en opposition avec celui d'époux.

Ce mot comprendra, par cela même, toutes personnes autres que l'époux.

tème, qui est essentiellement erroné, le sort
des deux libéralités faites par un seul et même
acte, s'est trouvé, sinon sérieusement com-
promis, du moins, replacé dans l'état de doute.
La Cour de cassation, par son arrêt du 12 novembre 1839, admettait le pourvoi contre un arrêt de
la Cour royale de Grenoble qui avait déclaré légal
le cumul des deux dispositions consignées dans le
même testament (le *Droit*, journal des tribunaux, 15 novembre 1839).

Ces théories nouvelles ont produit un grand mal.

Admettre que l'article 1094 est, dans le cas
que nous avons énoncé, diminutif de la quotité
disponible ordinaire, qu'on ne peut donner à
un époux tout ce qu'on pourrait donner à un
étranger, c'est porter atteinte à la dignité du
mariage, déborder des incapacités que le droit
ancien n'avait édictées qu'en présence d'exigences
purement politiques, qui sont tout-à-fait suran-
nées dans nos mœurs actuelles; c'est léser les
intérêts sainement entendus des réservataires
eux-mêmes. Décider que par un premier don
de l'usufruit de la moitié des biens fait au
conjoint par un acte irrévocable, la quotité disponible de l'article 1094 a été totalement épuisée,
qu'on ne peut pas disposer encore d'un quart
en nue propriété, en faveur d'un étranger, c'est
consacrer une doctrine mille fois plus dange-

reuse encore, et dont il est impossible de calculer les déplorables résultats.

Son avénement sema l'allarme au foyer domestique ; une grande partie de la France ne l'accueillit qu'avec une répulsion marquée. — Les instincts populaires la réprouvèrent dès son origine, et il y a dans ces instincts, dans ces impressions unanimes des populations froissées par la réforme de leurs usages et de leurs croyances antiques, un sens et une rectitude d'appréciation qui sont rarement en défaut. Ce jugement spontané des masses, nos pères le considéraient comme l'accent le plus pur de la vérité : ils l'appelaient la voix de Dieu.

Et qu'on ne pense pas que cette opinion des peuples doive perdre quelque chose de son autorité ordinaire lorsqu'elle porte sur des matières juridiques, à cause des difficultés dont ces matières peuvent être environnées ; ce serait tomber dans une grave erreur.

Le droit des nations naissantes peut bien ne pas être à la portée de toutes les intelligences, parce qu'il est symbolique, hérissé de formules, étroitement lié à la religion et à la politique ; mais le droit des nations civilisées, et qui n'ont conquis laborieusement leur civilisation qu'à l'aide de transformations nombreuses, lentes et quelquefois douloureuses, est dégagé du mystère des formules ; il se revèle sans effort ; il s'est fait simple, facile, accessible à tous les esprits, parce qu'il s'est épuré en traversant les siècles, et qu'il a déposé dans sa course tout ce qui n'était pas philosophique, c'est-à-dire fondé sur l'alliance de la raison et de l'équité, et parce qu'on peut dire de lui en toute vérité : *qu'il n'y a pas de droit contre le droit.* Tel est le droit français du xixe siècle, celui qu'a consacré le Code civil, et il est tel parce qu'il a reçu la vie sous l'influence « de cette « sagesse qui préside aux établissements dura- « bles, et d'après les principes de cette équité « naturelle dont les législateurs ne doivent être « que les respectueux interprètes (1). » Que si les intelligences les plus vulgaires ne le compre- naient pas, nous trouverions ordinairement dans ce fait la preuve certaine qu'il serait une expres- sion fausse des rapports établis, des besoins et des vœux du peuple pour lequel il a été promul- gué. Cela serait vrai, surtout pour l'expression de ces rapports que l'on rencontre dans toutes les familles, pour ces règles qui s'appliquent à toutes les situations, qui sont invoquées tous les jours, à tous les instants, qui sont inséparables de la pratique de la vie civile, et dont l'application a lieu dans toutes les conditions, car elles se ratta-

---

(1) Portalis, *Discours préliminaire.*

chent à l'état normal de presque tous les hommes,
le mariage, source de tous les devoirs et de toutes
les affections.

Eh bien! ce droit qu'on a présenté comme l'œuvre du Code civil, relativement à la thèse que
nous avons posée, a été improuvé dans tous les
rangs de la société, et cette sentence qui est venue
le frapper dès son apparition, est un indice irrécusable que la jurisprudence seule l'a créé par
une dérogation aux vrais principes que le législateur avait sanctionnés.

Eclose sous l'influence mystique des habitudes
du Nord, où le régime de la communauté, par
la confusion du mobilier des époux et des acquêts
qu'ils ont fait pendant le mariage, a voilé quelques-
uns de ses inconvénients, cette jurisprudence a
pesé de tout son poids sur les provinces méridionales, inféodées au régime dotal qui met à nu tous
les vices dont elle est entachée. Aussi nous serait-il
difficile de décrire tout ce qu'offrirent de pénible
et de douloureux les premières impressions qu'y
produisit la révolution qui venait de s'opérer.
Il y avait en effet une véritable révolution dans la
réprobation inattendue des usages naturalisés sur
notre sol du Midi depuis tant de siècles; et les
esprits qui refusèrent de lui donner ce caractère,
ne purent du moins s'empêcher de considérer
comme un grave événement une doctrine nou-

velle, destructive d'un ordre de choses qui avait
fait la loi vivante et tutélaire de vingt générations,
et que l'action révolutionnaire elle-même semblait avoir respectée.

On ne peut dire impunément aux hommes que
les usages qu'ils suivent depuis des siècles sont
vicieux; qu'ils doivent les répudier pour se plier
à des habitudes nouvelles. Les enfants aiment à
environner de leur culte et de leur vénération les
usages que leurs pères avaient suivis: quand ils
sont dans la voie que ceux-ci leur ont tracée, ils
cheminent à leur aise et en toute confiance. Je
sais bien que les révolutions, même jurispruden-
tielles, en pensent autrement; mais le torrent
ne tarde pas à rentrer dans son lit, et les choses
reprennent aussitôt leur cours naturel et primitif.
Aussi les familles s'émurent profondément; l'harmonie intérieure fut troublée; la puissance paternelle, à peine relevée de ses ruines, fut de nouveau visiblement ébranlée. On vit dans le sein
de ces familles, surprises par la réforme, de douloureux froissements surgir de la situation inattendue qui venait d'être imposée à leurs membres.
Des enfants apprenant qu'ils n'avaient désormais
aucune préférence à espérer de leurs ascendants
qui, par leurs gains de survie réciproques, se
trouvaient avoir, d'après les idées nouvelles,
épuisé toute la quotité disponible, se desaffection-

nèrent et se retirèrent de ces ascendants; ils s'en allèrent loin d'eux pour chercher en dehors du toit paternel des avantages que celui-ci ne pouvait plus leur offrir. Cette séparation ne fut pas sans influence sur les dernières agitations que la société a éprouvées; elle dût contribuer à précipiter dans le sein des grandes cités une jeunesse inquiète sur son avenir, turbulente, indisciplinée, avide de changements, et l'on sait toute l'influence qu'opéra ce mouvement sur ces vastes conspirations que nous avons récemment vu se former contre la propriété et la sûreté publique. Par tout des luttes pénibles s'établirent entre l'intérêt et l'affection, et plus d'une fois des ascendants, cédant à des sentiments divers, ont été obligés de sacrifier les dons en usufruit qu'ils s'étaient garantis par leur contrat de mariage, découvrant ainsi leur position personnelle et compromettant leur avenir pour procurer l'établissement de leurs enfants. Et lorsqu'ils ont refusé de se dépouiller, de profondes divisions ont éclaté, et plus d'une fois, pour tourner les effets de la jurisprudence, il a fallu recourir à des moyens frauduleux, afin d'avantager indirectement ceux à qui on ne pouvait ou on ne croyait pouvoir plus rien donner à titre de préciput, et la morale comme la bonne foi ont été méconnues jusques dans leur propre sanctuaire. Enfin, et ceci est peut-être plus re-

grettable encore, les bases sur la foi desquelles
des mariages avaient été contractés étant renversées par la nullité des donations préciputaires
faites aux époux par leurs ascendants, incapables
de donner à ce titre, à cause de leurs gains de
survie précédemment stipulés, le bonheur que
l'on se promettait de ces mariages a été sensi-
blement altéré; des conditions de fortune qui paraissaient irrévocablement acquises ont été menacées, amoindries, quelquefois entièrement dé-
truites. Il y a donc eu à la fois réaction sur le
passé, perturbation dans le présent et dans l'avenir; et ces maux n'ont pas été partiels, ils n'ont
pas frappé seulement quelques classes isolées de
la société, ils se sont appesantis en même temps
sur toutes les classes et sur tous les rangs, sur les
familles aristocratiques comme sur les familles
roturières; sur les populations agricoles comme
sur les populations industrielles; parce que l'esprit de famille est le premier besoin, la première
passion de l'humanité; et parce que là où est
l'idée de famille est nécessairement l'idée de force,
d'ordre et de conservation.

C'est cette jurisprudence meurtrière que nous
avons principalement à cœur de combattre.

Elle repose, selon l'opinion généralement accréditée, sur des précédents très nombreux; mais
c'est là une grave préoccupation et nous prou-

verons qu'elle ne peut invoquer en sa faveur qu'un arrêt isolé de la Cour de cassation, dont la Cour de Besançon a suivi plus tard les errements.

Les auteurs lui ont été toujours hostiles; non pas qu'ils l'aient combattue de front, car la production de leurs livres est antérieure à son avénement fort récent; mais, dans ces livres, ils avaient consigné d'avance le fondement d'une doctrine contraire, peu développée, il est vrai, parce qu'ils ne pouvaient croire au succès d'une opinion qui menace pourtant de faire tous les jours de nouveaux progrès.

Un arrêt isolé de la Cour suprême ne peut donc détruire le faisceau de tant d'autorités réunies.

D'ailleurs, il ne faut jamais désespérer, en France, du retour aux vrais principes, de la part de la magistrature un instant égarée. — La Cour de cassation elle-même, par son empressement à donner aux tribunaux l'exemple des plus solennelles rétractations, quand ses erreurs lui sont démontrées, a prouvé combien elle était pénétrée de la hauteur de sa mission, de la sainteté de son sacerdoce, et combien elle était digne qu'on lui parlât le langage de l'indépendance et de la vérité.

Il appartenait à un homme du Midi, plus qu'à tout autre peut-être, de faire entendre ce langage, de ranimer la controverse, de reprendre de plus fort une opposition dont le succès est plus prochain qu'on ne pense.

Les jurisconsultes du Nord se sont en grand nombre associés, il est vrai, à cette résistance. Mieux inspirés que la magistrature, ils ont sû s'affranchir de l'influence des habitudes de leur pays, mais ils n'ont pu comprendre, comme les jurisconsultes du Midi, tout ce que la réforme entraîne de maux et d'effets désastreux. Il y a dans ce tableau vivant des malheurs qu'elle a produit, un principe d'énergie qui rend notre foi plus ardente, nos convictions plus profondes, notre espérance plus soutenue. L'importance des intérêts qui souffrent sous nos yeux, et au milieu desquels nous vivons, imprime à nos idées une vigueur qu'elles n'auraient pas rencontrée peut-être en nous même, abandonnés à l'examen d'une thèse dont la solution ne se traduirait pas d'une manière si tristement significative. Les sympathies dont nous sommes environnés donnent à nos raisonnements une autorité inaccoutumée, comme le sentiment de tout le bien qui s'attacherait au triomphe de la vérité est pour nous la source de la plus généreuse émulation.

Telles sont les pensées qui m'ont animé dans tout le cours de mon travail, consacré à l'examen des deux solutions dont je viens de parler.

Il se divisera en deux thèses bien distinctes : dans la première thèse, j'établirai que l'article 1094, extensif, dans certains cas, de la quotité disponible ordinaire, n'est jamais restrictif de cette même quotité ; dans la seconde, je démontrerai qu'un époux peut, sans excéder les limites de la quotité disponible, donner à son conjoint l'usufruit de la moitié de ses biens, et le quart en nue propriété à un étranger, soit par un seul et même acte, soit par des actes successifs, sans qu'on doive avoir égard à la date respective des deux libéralités.

Et comme on n'a pu consacrer les systèmes que nous voulons renverser, qu'en méconnaissant les principes les plus anciens du droit ; qu'en modifiant des idées qui avaient obtenu, bien qu'à des titres différents, la sanction des législateurs des âges précédents, et surtout qu'en isolant mal à propos le Code civil de la jurisprudence antérieure, nous avons compris le besoin de reprendre les choses de haut, pour restituer convenablement la pureté des doctrines et cette filiation d'idées qui est si puissante, si énergique pour expliquer les monuments d'une législation. — Disciples de l'école historique et philosophique, nous avons cru trouver, dans l'examen de ces matières surtout, une preuve nouvelle de cette vérité à laquelle un des plus grands génies de l'humanité, Leibnitz, rendait hommage, lorsqu'il disait que « toute la substance du droit est « dans l'histoire interne du droit lui-même (1). » Nous ne pouvions d'ailleurs oublier qu'une des idées dominantes des rédacteurs du Code civil, avait été de tenir compte dans leurs lois de l'expérience du passé, et de « cette tradition de « bon sens, de règles et de maximes qui était par- « venue jusqu'à eux et qui forme l'esprit des siè- « cles (1). » Enfin, l'étude des travaux préparatoires de ce Code, et les transformations successives qu'ont subi quelques-uns de ses articles avant d'être érigés en lois, et surtout les discussions du conseil-d'Etat, nous ont paru devoir répandre un grand jour sur la théorie dont nous avons à nous occuper. On ne s'est pas jusqu'ici, dans son examen, suffisamment préoccupé de l'im-portance attachée à l'étude de ses éléments di-vers ; les questions ont été circonscrites exclu-sivement dans les proportions de la lettre morte des textes. Nous exposerons donc, à titre de pro-légomènes, et avant d'aborder le premier point de cette controverse, quelques idées générales sur le droit romain, sur l'ancienne jurisprudence, la

---

(1) *(Nova methodus)* historia ipsam jurisprudentiæ substan-tiam ingreditur.

(2) *Discours préliminaire sur le projet de Code civil ;* Fenet, *Travaux préparatoires, 1,* page 450.

législation transitoire, et les travaux qui préparèrent la confection de notre Code. En d'autres termes, nous emprunterons au droit antérieur celles de ses idées mères qui rayonnent autour de l'article 1094 du Code civil, pour mettre à découvert le lien qui unit le passé au présent, et arriver ainsi à la plus exacte appréciation des rapports que cet article a voulu établir. Et puisqu'il est certain que toutes les explorations scientifiques doivent se traduire autant que possible en intérêt pratique, nous destinerons les dernières pages du *Traité* à l'examen de cet intérêt.

Nous subdiviserons dès-lors tout notre travail en quatre parties :

La première comprendra, à titre de prolégomènes, les notions principales sur les éléments de droit et de jurisprudence dont nous venons de parler ;

La seconde sera consacrée à l'examen de la première question proposée ;

La troisième aura pour sujet le développement de la seconde question ;

La quatrième, enfin, contiendra l'indication des divers moyens propres à tourner, d'une manière licite, la jurisprudence que nous combattons, si elle était maintenue.

PREMIÈRE PARTIE.

Aperçus sur le droit romain, l'ancienne jurisprudence et la législation transitoire; sur la quotité disponible, en général, et les principes correspondants à l'article 1094 du Code civil. — Travaux préparatoires du Code sur les mêmes matières.

I.

DROIT ROMAIN.

L'histoire de la quotité disponible n'est autre chose que l'histoire de la lutte qui s'éleva un jour entre les attributs essentiels du droit de propriété et les devoirs qu'imposent les rapports de famille; entre le droit rigoureux et le droit naturel ou le droit de l'équité; et dans cette lutte est venu s'engager bientôt le droit politique, toujours intéressé à régler tout ce qui a trait à la transmission des biens.

Cet antagonisme a été long et animé dans la vie du peuple romain. Il n'a fallu rien moins que l'action de plusieurs siècles et une grande révolution dans les idées pour assurer le triomphe du droit naturel sur le droit positif; pour décentraliser la propriété, et protéger les membres de la famille contre l'absolutisme du chef,

Dans la première période du droit, qui est l'époque théocratique ou aristocratique, le patrimoine du père de famille est entièrement disponible pour lui : ses enfants eux-mêmes, n'ont aucun droit de légitime. Vainement ceux-ci se plaindront-ils qu'on leur ait préféré un étranger, invoquant tous les titres qu'ils auraient à une préférence contraire; on leur imposera silence avec cette règle inflexible du droit formulé : *uti super pecuniâ tutelâ ve suæ rei legassit, ita jus esto.*

Dans la seconde période, qui est celle de la philosophie stoïcienne, implantée sur le sol romain au milieu des orages de la république, florissante sous les premiers empereurs, un premier progrès s'est accompli : le père a été d'abord obligé d'instituer ses enfans ou de les exhéréder sous peine de nullité de son testament, et la loi des XII tables a vu avec étonnement comme avec regret, cette première brèche faite à la lettre si rigoureuse des vieilles institutions. Par un nouveau progrès, le père est bientôt obligé de laisser à ses enfants le quart de ce que chacun d'eux aurait recueilli si la succession se fut ouverte *ab intestat.* Une partie du patrimoine est donc ainsi réservée aux descendants; et la légitime prit naissance. On fut dès-lors amené à distinguer dans le patrimoine du testateur une part indisponible et une part disponible. La réciprocité est admise, en principe, en faveur des ascendants sur les biens de leurs descendants.

Dans la troisième période qui est celle de la philosophie chrétienne, ou de Justinien, la légitime des enfants est augmentée. Elle cesse d'être uniforme, et au lieu du quart qui leur était reservé, quel que fut leur nombre, Justinien l'élève à la moitié, lorsque les légitimaires seraient plus de quatre, et, dans le cas contraire, au tiers de la succession.

La légitime des ascendants est définitivement fixée au tiers des biens. Que si le testateur a excédé, par ses libéralités testamentaires, les limites tracées, les légitimaires auront la plainte d'inofficiosité (1), et si la part qui leur est réservée a été entamée par des donations entre-vifs, ces donations pourront aussi être réduites comme inofficieuses (2).

Les frères et sœurs n'ont droit à la plainte d'inofficiosité que dans le cas où le testateur leur aura préféré une personne déshonnête : *institutâ turpi personâ*.

Le génie romain vit avec regret ces conquêtes

---

(1) Tot. tit. Instit., *de Inoffic. Testament.*
(2) Tot. tit. Cod. ; *de Inoffic., Donation.*

du droit de famille sur le droit national; il ne
supporta qu'avec peine ces entraves apportées
au droit de tester dans lequel se résumaient les
prérogatives les plus précieuses du citoyen. Ne
pouvant plus disposer de la part affectée aux légitimaires, le père de famille voudra du moins
atténuer les privations qui lui sont imposées, et
amoindrir autant que possible les droits qu'il est
obligé de respecter. Il grèvera la légitime de
charges plus ou moins onéreuses : par exemple,
de servitudes personnelles, d'usufruit; ici, de conditions; là, de termes ou de délais. — Le législateur se montrera d'abord timide pour proscrire
ces moyens détournés; il semblera tolérer long-
temps cette sorte de fraude de la part des pères,
en raison des sacrifices qui leur sont imposés.
Mais lorsque les idées nouvelles se seront définitivement consolidées sur les ruines des anciens
principes, il se montrera plus hardi : il saura faire
respecter avec plus de fermeté les doctrines qu'il
aura consacrées.

Cette mission fut réservée à Justinien. En 533,
il proclama hautement cette vérité que désormais les légitimes devront être intactes, affran-
chies de toute espèce de charges, de termes,
de conditions (1). La résistance sera donc désor-

---

(1) Constit., 36, cod. de Inoffic., Testam.

mais impossible, mais elle luttera encore une
dernière fois; elle essayera de trouver un dernier
refuge dans la qualité de l'héritier institué, et
les testateurs croiront pouvoir laisser légalement
à leurs épouses l'usufruit de tous leurs biens;
espérant sans doute que leurs enfants n'oseront
pas demander la réduction de l'usufruit au détriment de leurs mères, ou que du moins la sévérité du juge sera désarmée par la faveur due à
l'instituée. Mais la résistance sera une dernière fois
vaincue. En l'année 537, Justinien saura proscrire cet abus et ordonner que la légitime restera,
sans aucune exception, et quelle que soit la qualité de l'héritier, franche et quitte, en nue propriété, comme en usufruit (1); car il ne faut pas
qu'en aucun cas, *les enfants soient exposés à mou-
rir de faim.*

Le christianisme, hâtons-nous de le dire, avait
eu une large part dans cette restitution des vrais
rapports qui existent entre les membres de la
famille. C'est lui qui dirige et féconde de son esprit régénérateur, la plus grande partie des réformes qui s'accomplissent, à dater du ive siècle.
Il s'est placé à la tête de ce grand mouvement
que rien ne pourra plus comprimer; il a communiqué aux peuples comme aux législateurs son

---

(1) Novell. XVIII, cap. 3.

principe de restauration et de vie. Améliorer le
sort des enfants; modérer de plus en plus l'autorité encore trop absolue des pères; substituer
partout, au droit politique, un droit plus moral
et plus humanitaire; tel est le but constant de
ses tendances et de ses préceptes.

Nous retrouverons encore son influence salu-
taire en examinant la famille sous d'autres points
de vue.

On sait que le mariage fut longtemps placé
sous l'action presque exclusive des idées religieuses et politiques. Si le mari a acheté fictivement
son épouse (1), si les deux époux ont célébré le
repas mystique en touchant au gâteau consacré (2),
si l'épouse laisse passer une année sans s'absenter
pendant trois nuits du domicile conjugal (3), elle
tombera sous la puissance de son mari, puissance
énergique que l'on traduira par le mot consacré:
manus. Elle échangera ainsi la qualité d'épouse
contre celle de fille fictive de son mari; elle deviendra la sœur consanguine de ses propres enfants. Si elle meurt avant son mari, celui-ci gagnera, à moins de stipulation contraire, la dot
qu'elle lui a apportée; sauf le cas où il s'agit de

---

(1) Cœmptio.
(2) Confarreatio.
(3) Usus.

la dot profectice, c'est-à-dire venant à la femme du chef de son père (1). Le mari, devenu propriétaire de la personne de sa femme, doit à plus forte raison acquérir la propriété des biens dotaux. Les droits du père de qui ces biens sont dérivés pourront seuls l'emporter sur les siens, la faveur des pères étant, à Rome, beaucoup plus grande que celle qui était accordée aux maris, ou du moins la paternité fictive du mari ne pouvant détruire, ici, les droits attachés à la paternité réelle (2). Par une sorte de compensation, l'épouse considérée désormais comme une fille par rapport à son mari, aura sur son hérédité une part égale à celle de ses propres enfants. Mais ces droits ne sont qu'une conséquence forcée de la situation qu'on lui a faite, et cette condition lui a été imposée, non dans son intérêt, mais dans l'intérêt de son mari.

L'existence de la *manus* n'est pas d'ailleurs nécessaire pour la validité du mariage (3), et bien que la femme ne se trouve point soumise à cette puissance, le mari n'en gagne pas moins par son prédécès (4) la dot adventice qu'elle lui a appor-

---

(1) Ulpien, *Frag.*, Tit. VI, *de Dotibus*.

(2) Ulpien, *ibidem*.

(3) L'opinion contraire, qui avait eu quelques partisans, est aujourd'hui entièrement abandonnée.

(4) Nous ne nous occupons, dans le cours de ce travail, que du

tée (1). — La condition de la femme est plus regrettable en ce cas, puisque, survivant à son
époux, elle n'aurait aucune part dans sa succession, à laquelle elle ne pourrait venir en concours
avec ses enfants qu'à la faveur des fictions dont
nous avons parlé, les époux n'étant appelés à l'hérédité l'un de l'autre qu'en dernier rang, à défaut
d'agnats et de cognats (2). Tous les textes sont
précis à cet égard.

Ce droit qu'a le mari de gagner, à défaut de
stipulation contraire, la dot de son épouse, est
donc un privilége attaché à la qualité même d'é-
poux. Quand la *manus* sera tombée en désuétude,
ce qui se réalisera dans ce travail de transformation universelle imprimée au droit romain dans
les IIIe et IVe siècles, la femme n'aura donc aucune
compensation de plein droit, du moins qui puisse,
si elle survit, lui promettre sur l'hérédité de son
mari des avantages correspondans à ceux que pro-
met, à celui-ci survivant, le gain de la dot adventice.

---

point de vue de la dissolution du mariage par le prédécès de la
femme. — Le divorce ayant été abrogé, tout ce que nous pourrions dire à ce sujet des mœurs romaines, ne présenterait qu'un
intérêt purement scientifique.

(1) Il est pourtant fort vraisemblable que l'origine des gains
du mari fut une conséquence de la *manus*.

(2) Ulpien, ff. Unde vir. et uxor. — Inst. 3, tit. 9, *de bonor*
Possession. § 6.

Les empereurs comprendront enfin cette inégalité de position; ils introduiront la donation
ante nuptias, bientôt *propter nuptias*, qui sera pour
la femme la garantie et pour ainsi dire la compensation de sa dot. La donation *propter nuptias*
conférera à la femme des droits semblables à
ceux que la dot confère au mari. Elle exercera
un ascendant décisif sur l'égalité d'abord relative,
puis absolue, qui devra exister entre les gains de
survie qu'il sera loisible aux époux de stipuler (1).

La condition de la femme tend donc à s'améliorer; elle marche dans une voie progressive,
comme celle des fils de famille, comme celle des
esclaves, comme celle de tous ceux qui avaient été
primitivement ou opprimés, ou placés dans un état
d'infériorité contraire au droit naturel. Le droit
romain avait été longtemps exclusif; il est forcé
maintenant d'abdiquer ce caractère. Les priviléges
injustes ont fait leur temps. Les idées de réhabilitation devant lesquelles ils se sont retirés, ont
profité à la femme surtout. Le mari est dépouillé
du droit de gagner la dot de son épouse, et par
suite, toujours obligé, sauf quelques cas exceptionnels, à la restituer lorsque le mariage sera
dissous. Cette innovation de Justinien, jointe au
développement de la donation *propter nuptias*, a

---

(1) Const. IX, Cod., *de Pact.*, Nov., 97, chap. I.

définitivement et complétement rétabli le principe de l'égalité entre époux (1). Encore quelques années, et il y aura réaction en faveur des droits des épouses....

L'examen de la capacité des époux, sous le rapport spécial des libéralités qu'ils pouvaient se faire l'un à l'autre, va nous offrir encore des phases analogues dans l'histoire de la même jurisprudence.

Dans le premier état, il n'apparaît pas que les principes de droit commun eussent été modifiés à l'égard des dispositions à titre gratuit que les époux voudraient faire l'un en faveur de l'autre. Mais on voit bientôt surgir et se développer de nombreuses modifications ou restrictions à ces principes.

1° Dans le cours de la seconde période de l'histoire du Droit (2), qui remonte aux douze Tables et s'étend jusqu'à Cicéron, on rencontre une première incapacité dont les époux sont frappés l'un vis-à-vis l'autre : ils ne peuvent se faire entre eux des donations entre-vifs proprement dites. Les jurisconsultes en donneront dans la période suivante, qui est celle du beau siècle de la jurisprudence, cette raison morale : *ne mutuo amore*

---

(1) Constit. VI Cod., *de Rei uxoriæ actione*.
(2) Hugo, *Histoire du Droit romain*, 1, 389.

invicem inter se spoliarentur (1), *donationibus non temperantes, sed profusa erga se facilitate.* — Toutefois, la persévérance du donateur jusqu'à sa mort, attribuera à la donation qui aura été faite au mépris des lois, une efficacité dont elle était privée dès son origine.

2° Sous Auguste, et par cela même dès le commencement de la troisième période, apparaissent les lois Pappiennes, qui frappent d'incapacité tous ceux qui, à un certain âge, sont restés dans le célibat, et les époux dont le mariage est demeuré stérile. D'un étranger, les époux ne pourraient recevoir que la moitié de ce qui leur aurait été légué ou donné à cause de mort (2). Gaius, qui écrivait à une époque où ces lois étaient en vigueur, atteste ce point de la manière la plus explicite : *Orbi qui per legem papiam, ob id quod liberos non habent, dimidias partes hereditatum legatorum que perdunt* (3)... D'époux à époux, la capacité était encore plus bornée, puisqu'ils ne pouvaient recevoir l'un de l'autre que le *dixième* de ce qu'ils s'étaient légué (*decimam*), plus l'usufruit du tiers du surplus des biens du prédécédé.

---

(1) Ulpien, Frag., 1, ff., *De donat.* — Add. Frag., 2 et 3, *ibid.*
(2) Frag. 35, *De mortis causâ donat.*
(3) Instit , c. 3, § 286.

C'était là le principe ; il se trouvait soumis à de nombreuses modifications. — Nous n'indiquerons ici que les principales.

Ainsi, les enfants issus d'un mariage précédent, et survivants, autorisaient leur auteur à recevoir de son conjoint un dixième de plus, en raison de chaque tête d'enfant. Les enfants issus d'un mariage commun, mais enlevés par une mort prématurée (*ante nominum diem amissi*), augmentaient encore la capacité des époux d'un dixième chacun, selon les précisions particulières qui étaient faites. Un seul enfant survivant du mariage commun suffisait pour rendre aux époux toute leur capacité (1) : *si filium filiam ve communem habeant;* alors on disait qu'ils pouvaient *solidum capere*, qu'ils avaient *solidi capacitas*.

Les époux jouissaient, en certains cas, de la même capacité, bien qu'ils fussent sans enfants; tandis qu'en d'autres cas, bien qu'ils eussent des enfants, ils ne pouvaient, par des causes particulières, rien recevoir l'un de l'autre.

Le jurisconsulte Ulpien nous a transmis, dans

---

(1) Il ne paraît pourtant pas que la loi Pappia-Poppæa eut affranchi les femmes de l'incapacité particulière prononcée contre elles par la loi Voconia, édictée en 585, et encore en vigueur du temps de Gaius. C. 3, § 174.

ses *Fragments* (1), sur la règle comme sur les
exceptions de ces incapacités, de précieux documents qui ont été illustrés par Heinneccius (2).

Les lois Pappiennes dérivaient de motifs purement politiques. Aussi qu'arriva-t-il? qu'elles suc-
combèrent sous les réformes des premiers empereurs chrétiens (3), tandis que nous avons religieusement maintenu dans nos codes l'incapacité
des époux relative aux donations entre-vifs qu'ils
voudraient se faire entre eux, pendant le mariage.
Telle a été, telle sera toujours la destinée des
institutions. Celles qui ne seront que l'expression
des vrais rapports se perpétueront avec les âges ;
elles auront de la durée parce qu'elles sont philosophiques ; ou plûtôt, l'action du temps, au lieu
de les détruire, ne fera que les développer. Il en
sera tout autrement des lois qui faussent les
mêmes rapports, qui s'inspirent uniquement des
exigences politiques ; elles ne survivront pas aux
causes qui les auront produites.

3° Les incapacités dérivant des lois Pappiennes
se trouvèrent remplacées par de nouvelles restrictions apportées à la capacité corrélative des

---

(1) Tit. XV, *De decimis.* — Tit. XVI, *De solidi capacit. inter vir. et uxor.*
(2) Tom. 7 de ses *OEuvres*, pag. 7 et suiv.
(3) Constitution d'Honorius et de Théodose, de l'année 410.
2, Cod. *De infirmand. pœn.*

époux. Mais celles-ci sont d'une nature toute différente; elles n'ont rien d'injuste ni d'arbitraire; bien loin de là, on les distingue par leur sagesse et par leur moralité. Aussi la réforme les respectera-t-elle, et les verrons-nous trouver une place importante dans notre codification moderne.... ; nous voulons parler de la restriction amenée par l'influence des secondes noces.

Auguste les avait favorisées, bien qu'il eût noté d'infamie la veuve qui se remariait dans l'année du deuil. Ce prince n'avait vu dans les lois Pappiennes qu'un moyen violent de multiplier les familles décimées par les ravages de la guerre, de remplacer le sang romain qui avait coulé sur toutes les parties du monde connu. Dans ces intentions, il frappe d'incapacité ceux qui se vouent au célibat, et les époux dont le mariage est resté stérile, pour prodiguer toutes ses faveurs à ceux dont l'union aura été fécondée.

Les empereurs chrétiens ne pouvaient tomber dans de semblables exagérations. Ils ne veulent pas sans doute entraver le mariage, mais ils ne voient pas les secondes noces d'un œil aussi favorable que les premières. Ils se préoccupent surtout des enfants du premier lit; ils veulent à tout prix conserver la famille, lui assurer son patrimoine, conjurer loin d'elle les orages que soulèvent si souvent les divisions d'intérêt entre les en-

fants de lits différents. De là ces sages constitutions,
1° de Gratien, de Valentinien et de Théodose, qui
après avoir maintenu la note d'infamie contre la
veuve convolant dans l'année du deuil (1), rédui-
sent à un droit d'usufruit les libéralités faites, à
un titre quelconque, par les veuves ayant des enfants d'un précédent mariage, à leurs nouveaux
maris (2); 2° de Théodose et Valentinien qui
étendent cette réduction aux libéralités faites par
des maris, ayant des enfants d'un autre lit, à
leurs nouvelles épouses (3); 3° enfin, de Léon
et Anthémius, qui disposent que l'épouse ayant
des enfants issus d'un précédent mariage, ne
pourra donner à son nouvel époux qu'une part
égale à celle d'un enfant; et s'il y a plusieurs enfants et inégalité de parts entre eux, qu'une part
égale à celle de l'enfant le moins prenant (4);
constitutions toutes empreintes d'une philosophie
parfaite, et d'un esprit de transaction et de conciliation admirable.

Ainsi s'opérait dans la dernière période de la
jurisprudence romaine, ce mouvement imposant
qui devait la régénérer toute entière; ainsi s'en
allait le droit ancien, le droit politique, dont la

---

(1) Constit. 1, cod. *de secundis nuptiis.*
(2) Constit. 3, cod. *ibid.*
(3) Constit. 5, cod. *ibid.*
(4) Constit. 8, *Hac edictali, ibid.*

mission venait d'expirer avec le règne du poly-
théisme, et la transformation d'une société à
laquelle il ne pouvait plus suffire, pour faire place
à un droit nouveau, portant avec lui tous les
caractères des tendances de la société nouvelle.
Ce fut là un magnifique spectacle. Il a déjà inspiré
plus d'une page éloquente; et au moment même
où nous tracions ces lignes, un des premiers jurisconsultes de notre époque le parait de toutes
les couleurs d'une imagination brillante (1). On
ne saurait assez le méditer; il est fertile en enseignements utiles pour tous ceux qui l'étudient,
pour l'homme de théorie qui cherche à reconstruire l'histoire générale de la législation, comme
pour le législateur qui vient lui demander des inspirations salutaires.

Dans le droit romain, les époux purent donc,
mais sous les nombreuses modifications qui précèdent, se faire mutuellement les avantages qu'ils
jugeaient convenables.

Lorsqu'ils n'avaient pas usé de ce droit, et lorsqu'il y avait d'ailleurs inégalité de fortune entre
eux, Justinien vint au secours du survivant,
obligé de vivre dans la pauvreté, tandis que son
conjoint avait laissé une succession considérable.

---

(1) M. Troplong, *Discours prononcé à l'Académie des Sciences
morales et politiques, en mars et avril* 1841.

Par une de ses Novelles (1), ce prince attribue, dans ce cas, au survivant le quart de la succession du prédécédé, mais en usufruit seulement quand il y aura des enfants issus du mariage. C'était là une innovation fort sage, et à laquelle il serait difficile de ne pas applaudir. Elle était en rapport avec les obligations qui naissent du mariage, avec le principe d'égalité qui devait régner entre les époux, et qui longtemps méconnu, venait d'être enfin proclamé. Mais ce fut un des grands défauts de Justinien de se montrer réactionnaire et de changer trop souvent ses constitutions. Il mérita ce double reproche, lorsque, bientôt après, il ne conserva plus cette institution qu'en faveur de l'épouse, l'abrogeant à l'égard de l'époux (2). L'existence des gains de survie dont nous venons de parler ne pouvait porter aucun obstacle au droit qu'avait eu le prémourant de disposer de toute la partie des biens qui ne leur étaient pas affectés, et que les légitimes n'atteignaient pas.

Tels sont les principaux points de vue du droit romain, relativement à la thèse que nous avons à examiner, points de vue synthétiques sans doute, mais propres cependant à jeter quelque jour sur

(1) Novelle, 53.
(2) Novelle, 117.

nos textes modernes; indispensables d'ailleurs pour bien connaître les premiers germes de nos institutions.

Cette synthèse rapide peut se réduire aux points suivants :

Dès l'origine, absolutisme de la part du chef de la famille, modéré plus tard par l'introduction successive des légitimes en faveur des descendants, des ascendants, et des frères et sœurs, dans un cas particulier ; développements rapides de ces légitimes ; faveurs particulières dont elles sont environnées.

Dès l'origine, privilége du mari, qui gagne, dans les cas que nous avons précisés, la dot adventice, par le prédécès de son épouse ; plus tard, réhabilitation de la femme, droits du survivant des époux assurés après la dissolution du mariage, sans que le droit de disposition de la part du prémourant en ait été détruit.

Dès l'origine, enfin, droit des époux de s'avantager entre eux, comme s'ils étaient étrangers l'un à l'autre ; mais plus tard, incapacités partielles et successives dérivant de causes diverses, les unes religieusement maintenues, les autres supprimées pour faire place à des incapacités nouvelles, plus morales et plus conformes aux intérêts de la famille.

Par dessus tout, et comme pour couronner ce

tableau, après une lutte de plusieurs siècles, les idées d'émancipation triomphant des idées aristocratiques de la vieille Rome ; les incapacités politiques remplacées par le principe d'égalité, qui après avoir pénétré les personnes, pénètre jusques dans les entrailles du sol lui-même ; la civilisation en progrès ; la famille constituée sur ses véritables bases ; le mariage purifié de ses éléments hétérogènes ; le divorce restreint ; voilà ce qui frappe, saisit, et mérite d'être plus particulièrement retenu.

Passons maintenant aux points de vue principaux que peut nous offrir notre ancienne jurisprudence sur le même sujet.

II.

ANCIENNE JURISPRUDENCE.

La France se divisait comme on le sait, en deux grandes zones, soumises à des législations différentes : au Nord les coutumes, au Midi le droit romain.

Dans les provinces méridionales, qui adoptèrent le droit romain pour loi vivante, et qui furent désignées par cela même sous le nom de pays de droit écrit, le régime dotal des romains

devint la base de l'association conjugale. Ce régime, c'est la séparation nettement tracée des patrimoines des époux ; c'est la pensée de la conservation, de l'immobilisation de la dot, considérée
comme le fondement de la fortune des familles,
comme une garantie de prospérité et de stabilité.
Le pouvoir du mari est limité ; il gère la dot de
l'épouse, mais il ne peut l'aliéner, même avec son
consentement. La femme administre elle-même
ses biens extra-dotaux ; les fruits et intérêts de la
dot sont acquis au mari pour le support des charges du mariage : s'il augmente sa fortune, sa
femme ne prend aucune part à cette augmentation. Mais, en considération de sa dot, elle aura
si elle survit à son mari, sur les biens de celui-ci,
et par la force même des usages, indépendamment de toute convention, une part propor-
tionnée à sa dot, qui viendra en augmentation, et
qui prendra le nom d'*augment* de dot. Il varie suivant la nature de la dot elle-même ; si cette dot est
immobilière, l'augment est, en général, du tiers ;
si elle est mobilière, l'augment est de la moitié ;
il ne consiste qu'en un droit d'usufruit dans le cas
où il existe des enfants issus du mariage. Cependant
la veuve qui ne se remarie pas gagnera, en propriété, une part virile, qui sera calculée en raison du
nombre des enfants. L'augment a été ainsi établi
par les usages, pour aider la femme à s'entretenir

dans son veuvage suivant sa qualité (1). On l'appelle, à cause de son origine même, augment légal ou coutumier; il peut être aussi établi par convention, et il prend alors la qualification d'augment préfix ou conventionnel.

Après l'augment vient le contre-augment, dont la définition seule prouve qu'il constitue un droit en faveur du mari survivant, puisqu'il était opposé à l'augment, dont il faisait la contre-partie. Ce droit consiste dans la rétention, de la part du mari, d'une part de la dot de son épouse. Mais cette rétention n'aura lieu également que pour l'usufruit, dans le cas ou il existera des enfants issus du mariage, sauf la portion virile que le mari gagnera de son côté, s'il ne se remarie pas. Comme l'augment, il est aussi coutumier ou conventionnel (2).

Il existe donc entre ces gains de survie plus d'un caractère de réciprocité frappante, réciprocité fondée sur l'égalité de la position des époux dans le régime dotal, sur l'indépendance de la femme, au point de vue de ses biens paraphernaux. — L'augment rappelle la donation *propter nuptias* des romains, sans examiner s'il est plus ou moins efficace pour la femme que cette donation. De son

---

(1) Roussilhe, *de la Dot*, 2, page 119.

(2) *Ibid.*, *de la Dot*, 2, page 128 et suivantes. — Serres, *Instit.*, liv. II, tit. VII.

côté, le contre-augment nous rappelle le droit de
rétention qu'avait le mari sur la dot adventice ; sauf
que ce droit de rétention portait sur la propriété,
tandis qu'il ne porte plus, en cas d'existence d'enfants, que sur l'usufruit. Mais, en retour, il porte
sur la dot profectice comme sur la dot adventice,
les prérogatives attribuées par les romains aux
ascendants, s'étant considérablement affaiblies
dans les pays de droit écrit. Ce qui mérite encore
d'être remarqué, c'est que dans l'histoire du droit
romain, les priviléges du mari étaient les plus
anciens; dans l'histoire de notre ancienne jurisprudence, au contraire, ce sont les priviléges de
la femme qui ouvrent la marche. La raison de
cette différence provient de ce que nos pères don-
nèrent généralement la préférence au dernier
état de la législation romaine, qui pouvait seul
sympathiser avec leurs mœurs et leurs habitudes,
sur le droit romain primitif, qui s'était montré
exclusivement politique. Ainsi nos pères ne se
montrent pas réactionnaires, comme Justinien,
en faveur des épouses, mais ils maintiennent la
protection dont le droit devait les environner. Les
mêmes raisons expliquent pourquoi le contr'augment fut moins répandu, et pourquoi il fut doté
de moins de prérogatives que l'augment.

Les pays de droit écrit adoptèrent encore les
dispositions de la Novelle 53 de Justinien, relati-

ves à la quarte du conjoint pauvre. Les jurisconsultes s'accordèrent à considérer cette institution « comme une des plus belles, des plus justes et des « plus conformes au droit naturel (1). » Mais plus sages que ne l'avait été Justinien, qui par sa Novelle 117, n'avait maintenu ce droit qu'en faveur de la femme survivante, les fondateurs de nos anciens usages l'acceptèrent tant en faveur du mari survivant qu'en faveur de la femme. La Novelle 117 fut délaissée; on n'accepta que la Novelle 53 (2).

Dans le nord de la France, s'établit un régime d'association conjugale essentiellement différent du régime dotal. Les races conquérantes y ont importé le régime de la comunauté de biens entre époux, régime peut-être mieux en harmonie avec le caractère essentiel du mariage, mais plus hasardeux pour la femme dont il abandonne les intérêts à la discrétion du mari. Celui-ci est en effet le maître et le seigneur de la communauté, qui se compose du mobilier des époux, des revenus de leurs biens propres, et des acquêts qu'ils feront pendant le mariage : il administre encore les biens propres de la femme qui ne tombent point

---

(1) Boucher d'Argis, *Traité des gains nuptiaux et de survie,* pag. 114.

(2) Boucher d'Argis, *ibid.,* — Roussilhe, *de la Dot,* 2, 183.

dans la communauté. Sous le régime dotal, la femme survivante obtient sur tous les biens délaissés par son mari un augment proportionné à la dot; sous le régime de la communauté, elle obtient un *douaire* qui n'est pour elle que la reconnaissance d'une dette que son mari a contractée par le fait même du mariage, et qui doit d'ailleurs servir de contrepoids aux pouvoirs exorbitants dont le mari est en possession. Le douaire est, sous plus d'un rapport, différent de l'augment, mais il a néanmoins avec lui de nombreuses analogies. Comme l'augment, le douaire ne consiste qu'en usufruit, il est le propre des enfants issus du mariage; il est légal ou coutumier, ou bien préfix ou conventionnel; mais à la différence de ce qui se passe pour l'augment, la femme ne gagne pas une portion virile du douaire, et le douaire ne porte que sur une partie des biens du mari, c'est-à-dire sur la moitié des héritages qu'il possédait au jour de la bénédiction nuptiale et qui pourront lui échoir depuis en ligne directe (1), tandis que l'augment avait pour gage tous les biens délaissés par le mari. — Si les coutumes ont établi un douaire en faveur de la femme survivante, elles n'ont pas établi réciproquement, en faveur du mari survivant, un droit analogue

---

(1) Etablissements du XIIIe siècle.

au contre-augment des pays de droit écrit. Cette absence de réciprocité s'explique naturellement par les différences qui séparent le régime dotal du régime de la communauté. Sous le régime dotal, il y a séparation du patrimoine des deux époux; la femme du Midi reste indépendante; la réciprocité était la conséquence naturelle de cette situation. Sous le régime de la communauté, tous les avantages sont en faveur du mari; on comprend, dès-lors, que la femme du Nord ait dû seule être favorisée et protégée, en ce qui concerne le gain de survie légal. Il faut toutefois noter que certaines coutumes établissaient de plein droit un avantage mutuel au profit du survivant, mais seulement entre les époux nobles (1).

La quarte du conjoint pauvre ne fut point reçue dans les pays de coutumes, parce que la femme survivante y avait ordinairement, outre son douaire, la moitié de la communauté; il en est de même du mari, qui avait aussi la moitié de la communauté en propriété (2).

Les principes sur la légitime et sur la validité des dispositions entre époux présentaient aussi, dans les grandes divisions qui partageaient la France, des dissemblances notables.

---

(1) Lafferrière, *Histoire du droit français*, 1, pag. 204.
(2) Boucher d'Argis, *ibidem*, chap. XVIII.

Dans les pays de droit écrit, on suivait les errements de la Novelle 18 de Justinien, pour la légitime des ascendants et descendants. La plainte d'inofficiosité, accordée par le droit romain aux frères et sœurs du testateur, quand celui-ci avait institué *turpes personas*, y était aussi maintenue (1). Enfin, on observait religieusement les règles de cette législation sur l'invalidité des donations entre-vifs faites entre époux *constante matrimonio* (2), et sur l'incapacité partielle dérivant des secondes noces.

Le Nord avait adopté des idées différentes sous plus d'un rapport; les ascendants n'y avaient aucun droit de légitime, parce que, d'après l'esprit de la féodalité, les fiefs ne devaient pas remonter.

La légitime des descendants est fixée par la coutume de Paris à la moitié de ce qu'auraient eu les légitimaires, si l'auteur de la succession n'avait pas disposé. Et dans les provinces dont les coutumes particulières étaient muettes sur ce point, c'était une grande question que celle de savoir s'il fallait appliquer les principes du droit romain ou ceux de la coutume de Paris.

Les frères et sœurs n'ont jamais la plainte

---

(1) Serres et Boutaric, *Instit.*, liv. II, tit. XVIII de Inoffic. Testam.

(2) Ibid., *Instit.*, liv. II, tit. VII de Donat.

d'inofficiosité dans les pays de coutumes; mais, en retour, on y a établi sous le nom de *réserve coutumière* une sorte de légitime en faveur de tous les héritiers d'une ligne qui leur garantit les quatre quints des propres advenus au défunt par cette ligne et par droit de succession.

D'après le plus grand nombre de coutumes, et notamment, d'après celles de Paris et d'Orléans, les conjoints ne peuvent se faire entre eux aucune disposition entre-vifs ou testamentaires, à l'exception du don mutuel (1). Certaines coutumes particulières permettaient cependant à un conjoint par mariage, de donner à l'autre par testament; d'autres n'admettaient ce droit qu'avec certaines restrictions, en permettant seulement aux époux de disposer entre eux de ce dont ils auraient pu disposer de la même manière en faveur d'un étranger (2).

L'existence des gains de survie réciproques entre les conjoints nobles seulement, les reserves coutumières des quatre quints, la suppression de la légitime des ascendants, l'incapacité prononcée contre les conjoints de s'avantager entre eux durant le mariage, constituent autant d'éléments

---

(1) Pothier, (édition Dupin), *Traité des donations entre mari et femme*, tome 6, page 548 et suivantes.

(2) Pothier, *ibidem*, page 552, 553.

qui déposent hautement de l'influence qu'avaient eu dans les pays de coutumes, les idées politiques. Elles ont jeté sur la législation un immense réseau qui l'a enveloppée de toutes parts. Dans le Midi, ces idées ont rencontré dans la force des traditions du droit romain un obstacle puissant, souvent invincible. Aussi, un jour viendra peut-être ou les législateurs de la France, travaillant à gratifier leur pays d'un droit uniforme, laisseront à l'écart les traditions du Nord pour donner la préférence à celles du Midi.

Malgré les dissemblances dont nous venons de parler, le douaire des pays coutumiers, l'augment et le contre-augment des pays de droit écrit sont, sous d'autres points de vue que ceux qui ont été déjà proposés, régis par des principes analogues.

Le douaire, coutumier ou conventionnel, l'augment et le contre-augment coutumiers, ou conventionnels, mais qui n'excèdent pas les coutumiers, sont envisagés comme une dette contractée par le fait même du mariage, et non comme une libéralité d'époux à époux; ils reposent sur des usages qui ont la même autorité que les lois, et les conventions qui n'excèdent pas les limites dont nous venons de parler, ne sont qu'une confirmation ou consécration des usages. De là, les auteurs, d'accord avec la jurisprudence des arrêts, en induisent que ces gains de survie ne sont pas réductibles pour faire face aux légitimes. Et cependant, rien n'est plus favorisé que les légitimes, rien n'est aussi respecté que l'exécution de ces lois, qui, selon l'énergique, mais exacte expression de quelques jurisconsultes, *sont écrites dans la chair et dans le sang* (1).

Pothier, si profondément versé dans l'esprit de la jurisprudence coutumière, qu'il avait constamment pratiquée, précisait le caractère du douaire lorsqu'il écrivait (2) : « Quoique le douaire soit pour « la femme un titre lucratif, en ce sens qu'elle « ne donne rien pour ce, à la place de ce qu'elle « reçoit à ce titre ; néanmoins, le douaire ne peut « être regardé comme une donation que le mari « fait à sa femme. Une donation est une libéra- « lité qu'on fait à quelqu'un sans y être obligé : « *liberalitas nullo jure cogente facta.* C'est ce qu'on « ne peut pas dire du douaire suivant nos mœurs, « et suivant ce que nous venons de rapporter de « l'origine du douaire. *Un homme en épousant* « *une femme, contracte l'obligation de pourvoir,* « *sur ses biens après sa mort, à la subsistance de* « *sa femme, au cas qu'elle lui survive.* » Puis il

---

(1) Ricard, *des Donations,* 287.

(2) *Traité du douaire,* tome 5 de ses œuvres, édit. Dupin, page 386.

ajoute (1) : « On a tiré de ces principes une autre
« conséquence, qui est, que le douaire conven-
« tionnel des femmes, et dans les coutumes qui
« accordent un douaire aux enfants, le douaire
« conventionnel des enfants n'est pas sujet à re-
« tranchement pour la légitime des enfants. C'est
« ce qui a été jugé par un arrêt du 27 mars 1629,
« rapporté par Bardet, tome premier.

Il suffira sans doute d'indiquer cette autorité.
— Dans les pays de droit écrit, les règles sont les
mêmes pour l'augment et le contre-augment
coutumiers ou conventionnels, mais non-excédant
les coutumiers. C'est ce qui fut jugé par deux arrêts du parlement de Toulouse. Le premier est
rapporté par Maynard, liv. 21, chap. 88. Catelan
rapporte aussi cet arrêt et continue ainsi (2) :
« A cet arrêt, j'en ajouterai un autre, prononcé
« en robes rouges par M. le président de Fieubet,
« la veille de la Pentecôte de l'année 1674. Cet
« arrêt avait été rendu par la première chambre
« des enquêtes, après partage. La raison de douter
« était la faveur due à la légitime d'une mère sur
« les biens délaissés par sa fille, morte sans
« enfants. Mais ce n'est pas ici le cas de succes-

(1) Pothier, *Traité du douaire*, tome 5 de ses œuvres, édit.
Dupin, page 387.
(2) (Liv. 4, chap. 2). M. Merlin a recueilli aussi ces diverses
autorités (*Répertoire de Jurisprudence*, v° *Légitime*, page 445).

« sion, ni, par conséquent, de légitime ; le mari
« ne gagne pas la dot par voie de succession ;
« c'est une *dette* qu'il exige ; c'est un gain que la
« coutume lui donne dans son détroit, où le pacte
« apposé au contrat de mariage, dans lequel on
« s'est soumis à la coutume. »

Boucher-d'Argis, dans son *Traité spécial des
gains nuptiaux et de survie*, avait consacré un chapitre particulier à l'examen de cette question (1),
et, par les mêmes raisons, il la résout de la même
manière ; mais il termine ce chapitre par les
observations suivantes :

« Cependant, il pourrait arriver que l'augment,
« le contre-augment et les autres gains de survie,
« fussent si excessifs qu'ils absorbassent tous les
« biens du défunt ; dans ce cas, je pense que *par*
« *équité* et selon les circonstances on réglerait ces
« droits *arbitrio boni viri*, ou bien en obligeant le
« survivant à donner aux légitimaires une pension
« par forme d'aliments. »

A la fin du xviiie siècle, ces principes n'avaient
rien perdu de leur autorité, car nous voyons Furgole
les consacrer dans son *Traité des donations* (2),
et expliquer, par ce caractère des gains de sur-

---

(1) Chapitre **XVIII**, *Si les gains nuptiaux et de survie sont
réductibles pour la légitime des enfants.* Page 153 et suivantes.
(2) Tome **2**, page 286.

vie, le soin qu'avaient eu la déclaration du roi du 25 juin 1729, et l'ordonnance de février 1731, sur les donations, de ne pas assujétir aux formalités de l'insinuation les conventions de mariage relatives à l'augment et au contre-augment.

On appliquait les mêmes principes à la quarte du conjoint pauvre (1).

Dans le cas de secondes noces, on se montrait pourtant plus favorable à la légitime des enfants du premier lit. On sait que les pays de droit écrit avaient accepté les constitutions des empereurs romains à ce sujet, et dans le cours du xvie siècle, en 1560, le chancelier de l'Hospital fit publier un édit qui rendit les règles de ces constitutions obligatoires dans toute la France. La jurisprudence des pays de coutume refusa, il est vrai, de soumettre au retranchement, même en vertu de cet édit, le douaire conventionnel de la seconde femme, pourvu qu'il n'excédât pas les limites du douaire coutumier; et Pothier était si fortement convaincu qu'il n'y avait aucune exception à apporter au droit commun qu'il va jusqu'à taxer de ridicule certaines distinctions que Ricard avait proposées (2).

Mais dans les pays de droit écrit on prit en plus

---

(1) *Répert.*, v° *Quarte de conjoint pauvre*, page 691 *in fine.*
(2) Tome 5, page 317.

grande considération le sort des enfants du premier lit, et la réduction de l'augment et du contre-augment leur était accordée pour cause de leur légitime. La jurisprudence était formelle (1).

C'est ainsi que l'ancienne jurisprudence avait su concilier les obligations résultant du mariage, et les obligations résultant de la paternité et des liens de famille.

Elle reconnaît, en principe, et elle ne fait en cela que se conformer aux textes déjà cités du droit romain, que la légitime doit rester intacte ; *nec onus, nec gravamen recipit.* C'est la devise de tous les auteurs. On ne pourra donc la grever ni d'un terme, ni d'une condition, ni d'un droit d'usufruit, quelle que soit la qualité de l'usufruitier. Ainsi, reproduisant l'esprit de la Novelle 18 de Justinien, chap. 2, Lapeyrère écrivait (2) : « Si le père « a légué à sa femme ou autre l'usufruit par en-« tier de ses biens, ses enfants jouiront néan-« moins de leur légitime, tant en propriété qu'en « usufruit, sans que *l'usufruitier puisse rien pré-« tendre en la propriété du restant, encore bien que « l'usufruitier ait été chargé de la nourriture et « entretien des enfants.* » Cette doctrine si sage

---

(1) Voyez les nombreuses autorités citées dans Boucher-d'Argis, chap. 13, *ibid.*

(2) Lettre L, vº *Légitime,* page 213, nº 35.

protégeait aussi bien les légitimes des ascendants
que celles des descendants. Cujas l'avait déjà démontré avec toute la puissance de sa logique et
de son érudition (1); et Henrys ne faisait qu'adhé-
rer à cette solution lorsqu'il disait (2): « Comme
« le droit de légitime ne peut pas être diminué,
« pareillement le père ne peut pas priver ses en-
« fants de l'usufruit de leur légitime..... Les as-
« cendants ne peuvent pas être privés aussi de
« l'usufruit de leur légitime. »

C'était donc là une règle générale; mais cette
règle fléchit quand il s'agit du douaire, quand il
s'agit de l'augment ou du contre-augment coutumiers, ou conventionnels non-excédant les coutumiers. La dette de l'auteur de la succession vis-
à-vis de son conjoint, par le fait seul du mariage,
est préférée à la dette qu'il a contractée, même
vis-à-vis de ses descendants. Mais comment les
descendants pourraient-ils se plaindre de cette
préférence? Ce n'est pas la propriété d'une partie
du patrimoine de leur ascendant qui est aliénée, à
leur détriment, par les gains de survie; ces gains,
on l'a vu, ne consistant qu'en usufruit, la nue-propriété en est acquise aux enfants. Et si, dans les
pays de droit écrit, l'époux survivant gagne une

---

(1) *Ad Novellam* 10.
(2) Tome IV, *de la Légitime*, page 481.

part virile en propriété, cette propriété doit faire
un jour retour aux enfants, sauf le cas de disposition expresse. Ce n'est donc qu'une privation
momentanée qui leur est imposée, et elle leur est
imposée au profit de leur ascendant survivant, qui
doit, d'après les lois, leur fournir des aliments,
et dans la succession duquel ils trouveront un jour
capitalisés les revenus que son droit d'usufruit
aura procurés. Et si la dette de l'époux prédécédé
n'avait été acquittée par les usages qui ont établi
le douaire, l'augment, le contre-augment, la quarte
de conjoint pauvre, les légitimaires eux-mêmes,
auraient été obligés de l'acquitter, puisqu'ils sont,
d'après les lois, tenus de fournir réciproquement
des aliments à leur ascendant, qui est le conjoint
survivant.

Quand, par l'effet des coutumes ou des stipulations de mariage, l'époux prédécédé acquittait
sa propre dette, il acquittait donc en même temps
celle des légitimaires eux-mêmes. Voilà pourquoi,
en appréciant ces situations et ces caractères essentiels des gains de survie, les auteurs en descendant au fond des choses, étaient toujours ame-
nés à conclure que ces gains étaient établis autant dans l'intérêt des enfants que dans celui des
époux survivants eux-mêmes. Cette vérité ressortait surtout, d'une manière manifeste, de la nature
du douaire, qui était acquis aux enfants, même

quand leur mère ne l'aurait pas recueilli parce
qu'elle serait morte la première; et bien qu'il en
fût autrement de l'augment, qui n'était acquis aux
enfants qu'après que leur mère l'avait elle-même
recueilli, la conséquence, au fond, n'en était
pas moins identique (1). C'est ce qui faisait dire à
Roussilhe, expliquant l'origine de l'augment (2) :
« L'augment a été établi tant en faveur des en-
« fants qu'en faveur de la femme. Celle-ci n'en a
« que l'usufruit, et les enfants en ont la pro-
« priété. » Voilà comment on explique encore
cette faveur si marquée dont le douaire et l'augment avaient été favorisés par le droit, le rang
privilégié qui leur était assuré parmi les créanciers
du mari, l'hypothèque légale sous la sauve-garde
de laquelle ils étaient placés. Dans les naufrages
si fréquents de la fortune des maris, l'augment
et le douaire étaient, plus d'une fois, la seule
planche de salut qui restait à la famille.

---

(2) Roussilhe, *de la Dot*, 2-121. Le même auteur fait remarquer, aux mêmes endroits, que l'augment différait du douaire en
ce qu'il était un troisième genre de bien qui n'était pas compris
sous le nom de biens paternels ni maternels, la renonciation faite
à ces droits ne comprenant pas l'augment; au lieu que le
douaire était compris sous le nom de droits paternels; il ne pouvait
se demander, suivant l'art. 251 de la coutume de Paris, qu'autant
que l'enfant se portait héritier de son père.

(2) *De la Dot*, 2, page 120.

C'était donc là une sage conciliation de tous les droits comme de tous les devoirs, une transaction fort ingénieuse entre les obligations les plus sacrées et les intérêts les plus précieux; et un de ces intérêts consistait dans la faculté de disposer. Eh bien! les époux la conservaient encore assez large, dans les pays de droit écrit, où la femme pouvait disposer librement de ses paraphernaux; les deux époux, de toute la partie des biens qui n'étaient pas atteints par l'augment ou le contre-augment, ou par la quarte du conjoint pauvre. Ce droit de disposition ne connaissait d'autres restrictions que les légitimes. Dans les pays de coutumes, les réserves coutumières, jointes aux légitimes de droit, et le grand principe que la loi seule et non la volonté de l'homme y faisait les héritiers, avaient apporté de plus grandes entraves à l'exercice de la faculté dont nous venons de parler.

En somme, l'ancienne jurisprudence des pays de droit écrit, qui avait mitigé et si considérablement altéré les principes du droit romain, était bien préférable à ce droit considéré dans sa pureté.

Cette supériorité est saillante à l'égard du droit romain pur, qui n'avait rien fait pour assurer d'avance, et indépendamment de toute stipulation, le sort des époux.

Les droits du mari sur la dot adventice ne sont qu'un privilége exorbitant attaché à sa qualité; et les droits résultant pour la femme, successivement de la *manus* et de la donation *propter nuptias*, ne sont qu'une compensation pour elle. Ajoutons, d'ailleurs, que les époux survivants profitaient seuls de ce droit, et que les enfants n'en retiraient aucun émolument direct, du moins pendant bien longtemps.

La jurisprudence des pays de droit écrit, au contraire, se préoccupait en même temps de l'intérêt des époux survivants et de celui des enfants issus du mariage.

Ces différences tiennent à des causes diverses.

Le droit romain était inflexible dans ses principes, et tenait moins à être conciliant que rigoureux dans ses déductions.

Puis le divorce, favorisé par la corruption, menaçant à chaque instant de dissoudre le lien conjugal, on devait moins se préoccuper du sort des époux et des obligations du mariage. Enfin le droit de tester était, à Rome, le plus précieux de tous les priviléges; on aurait craint de le gêner en garantissant, indépendamment de toute stipulation, un droit à l'époux survivant sur les biens du prédécédé.

L'ancienne jurisprudence était moins exclusive dans ses théories; le mariage et les devoirs qu'il

impose avaient été mieux compris par elle, puisqu'il avait recouvré toute sa dignité par la répudiation du divorce. Le droit de tester était encore
en honneur dans les pays de droit écrit; mais il
n'était plus l'objet de cette exagération, de cette
sorte de culte ou de fanatisme dont les Romains
l'avaient entouré; fanatisme que l'on comprend
pourtant très-bien lorsqu'on songe qu'à Rome, la
propriété c'est la conquête, et la conquête c'est
la vie romaine, la cité tout entière. Les textes sur
l'hérédité testamentaire de la législation romaine,
constituaient sans doute la loi vivante de nos provinces, mais ils n'étaient plus animés par l'esprit
qui les avait créés; le génie romain s'en était re-
tiré. Le sol, les monuments, les codes rappelaient
l'antique métropole du monde; mais sur ce sol,
au milieu de ces monuments, sous le patronage
de ces codes, vivait un peuple nouveau.

Sous Justinien, on l'a vu, nous avons constaté
les réformes les plus utiles; il tint à faire profiter
aux enfants les gains de survie des époux. Toutefois, ces gains n'existent toujours qu'à la condition d'être stipulés, et la quarte du conjoint pauvre est une institution louable, il est vrai, mais
insuffisante; car elle n'est établie que pour sauver
le survivant des horreurs de l'indigence, tandis
qu'il est plus conforme à la dignité du mariage
d'attribuer dans tous les cas, et en dehors de

cette extrémité, un droit au survivant sur les
biens du prédécédé. L'ancienne jurisprudence du
midi de la France est donc, sous tous les rapports, bien supérieure aux traditions du droit romain pur, parce qu'elle en a déserté les errements pour développer les perfectionnements du
droit du christianisme, ou de Justinien.

Et cette supériorité qu'elle obtient sur la législation romaine, elle l'obtient aussi à nos yeux
sur la législation des pays de coutumes. L'infériorité de celle-ci dérive aussi de nombreux motifs,
mais plus principalement de cette organisation
essentiellement exclusive qui pèse sur toutes les
coutumes, qui crée l'incapacité de disposer entre
époux, durant le mariage, refuse la légitime
de droit aux ascendants, tandis qu'elle établit
des réserves coutumières très-larges en faveur
de tous les héritiers. Le droit des pays de droit
écrit, protégé par l'autorité des traditions, a su
se préserver de cette organisation concentrique.
Il est resté par cela même plus normal, plus
exact, plus vrai, car, rien ne le fausse comme
une alliance trop étroite avec la politique.

Nous allons rencontrer une nouvelle preuve tout
aussi manifeste de cette vérité, en examinant quelle
fut la destinée des institutions que nous venons
d'apprécier en sens si divers.

Toutefois, retenons bien trois choses de tout
ce qui précède:

1° Que, dans notre ancien droit, la dette du mariage était acquittée par les mœurs et les usages, lorsque les époux ne l'avaient pas acquittée;

2° Que cette dette était préférée à celle qui résultait de la paternité elle-même;

3° Que le droit, pour les époux, de faire des dispositions de la partie de leur patrimoine non affectée à cette dette, restait entier; ou, en d'autres termes, que le paiement de la dette du mariage était loin d'absorber la quotité disponible.

III.

LÉGISLATION TRANSITOIRE.

La révolution de 1789 avait éclaté... On sait quel fut l'esprit de ses lois. Changer les bases de l'ancienne société pour fonder une société nouvelle; détruire les droits acquis; courber tous les intérêts devant l'intérêt politique; tel fut le plan qu'elle se proposa et qu'elle sut exécuter avec autant de hardiesse que de rapidité. Le droit de tester, remis en question et vivement combattu par l'éloquence véhémente de Mirabeau, avait été maintenu; mais il n'est plus permis d'en faire usage en faveur des héritiers de la ligne directe; la loi de brumaire étendra bientôt cette prohibition à la ligne collatérale. Les divers modes de transmission de biens par donation ou par succession, reçoivent tous de profondes modifications. La loi du 17 nivôse an II vient les développer de la manière la plus radicale. Elaborée par les soins de la Convention, édictée dans le paroxisme le plus violent de la fièvre révolutionnaire, cette loi consacre le principe de l'égalité la plus absolue parmi les héritiers : elle n'autorise le père de famille à disposer pour l'avenir que du dixième de son bien, s'il a des héritiers en ligne directe ; du sixième, s'il a des héritiers collatéraux, pourvu que ce soit au profit d'autres que des personnes appelées par la loi au partage des successions (art. 16). D'après son article premier, les donations entre-vifs faites depuis et compris le 14 juillet 1789 étaient annullées. Il en était de même des institutions contractuelles, et de toutes autres dispositions à cause de mort, dont l'auteur était encore vivant, ou n'était décédé que le 14 juillet 1789, ou depuis : elles étaient annullées quand mêmes elles auraient été faites antérieurement ; mais par exception à cette disposition, les avantages particuliers ou réciproques stipulés par les époux encore existants, soit par leur contrat de mariage, soit par des actes postérieurs, ou qui se trouveraient établis dans certains lieux par les coutumes, statuts ou usages, auraient leur

plein et entier effet. Néanmoins, s'il y avait des
enfants de leur union, ou d'un précédent mariage,
ces avantages, en cas qu'ils consistassent en simple jouissance, ne pouvaient s'élever au-delà de
la moitié des revenus des biens délaissés par
l'époux prédécédé ; et s'ils consistaient en des dispositions de propriété, soit mobilière, soit immobilière, ils étaient restreints à l'usufruit des choses
qui en seraient l'objet, sans qu'il pût excéder le
revenu de la moitié des biens (art. 13). Quant
aux avantages légalement stipulés entre époux,
dont l'un était décédé avant le 14 juillet 1789, ils
étaient maintenus au profit du survivant ; à l'égard
de tous autres avantages, échus ou recueillis postérieurement, ou qui pourraient avoir lieu à
l'avenir, soit qu'ils résultassent de dispositions
matrimoniales, soit qu'ils provinssent d'institutions, dons entre-vifs, ou legs faits par un mari
à sa femme ou par une femme à son mari, ils
obtiendront également leur effet, sauf néanmoins
leur conversion ou réduction en usufruit de
moitié, dans le cas où il y aura des enfants
(art. 14).

Ainsi se trouvèrent supprimés tous les gains
de survie dont nous avons déjà constaté les divers
caractères ; plus de douaire, plus d'augment, plus
de contre-augment, plus de quarte en faveur du
conjoint pauvre survivant. Réactionnaire, la loi

du 17 nivôse réduit tous ces gains de survie, dans le cas où il y aurait des enfants, à une quote en usufruit qui ne pourra excéder la moitié; et pour l'avenir, elle autorise les dispositions entre époux sauf que, dans le cas d'enfants, elles seront réduites et converties à l'usufruit de la moitié des biens.

Ainsi, en détruisant pour le passé les gains de survie coutumiers, en les réduisant à un droit d'usufruit, elle ne les admet plus pour l'avenir qu'au moyen d'une stipulation ou convention des époux. Mais il est à remarquer que dans le cas où il y a des enfants, elle les fixe à un simple droit d'usufruit, par une analogie manifeste avec les usages qui venaient de succomber. Les gains de survie coutumiers, en s'effaçant de notre législation, transmettaient donc leurs caractères, et semblaient léguer leur propre substance aux gains de survie conventionnels.

On se demanda, bientôt après la promulgation de cette loi, si le don de l'usufruit de moitié, stipulé entre époux, pouvait concourir avec le don du dixième ou du sixième des biens que la même loi avait autorisé en faveur d'autres personnes que les successibles. Cette question fut résolue d'une manière affirmative par la loi du 22 ventôse an II (6e question), et par l'art. 6 de la loi du 18 pluviôse an 5. La Cour de cassation reconnut elle même le mérite de cette interprétation, par un arrêt du 22 messidor an V (1). Vint, dans des temps plus calmes, et comme dans les jours de convalescence de l'ordre social, la loi du 4 germinal an VIII; œuvre de réparation, elle fut de la part du consulat une satisfaction accordée à la nouvelle situation des esprits, aux vœux qui se manifestaient de toutes parts. Appelée à guérir une grande partie des maux qu'avait produits la loi du 17 nivôse an II, la loi de germinal rétablit la quotité disponible; elle déclara valables, à dater de sa promulgation, toutes libéralités qui seraient faites soit par actes entre-vifs, soit par acte de dernière volonté, dans les formes légales, lorsqu'elles n'excéderaient pas le quart des biens du disposant, s'il laissait à son décès moins de quatre enfants; le cinquième, s'il en laissait quatre, et ainsi de suite, en comptant toujours pour déterminer la portion disponible, le nombre des enfants plus un (art. 1er). Étaient pareillement déclarées valables les libéralités, soit par actes entre-vifs, soit par acte de dernière volonté, lorsqu'elles n'excéderaient pas la moitié des biens du disposant, s'il laissait soit des ascendants, soit des frères ou sœurs, soit des descendants de frères ou sœurs; les trois quarts, lorsqu'il laissait soit des oncles ou grands oncles, tantes ou grand'tan-

(1) Sirey, 1, 1, 110.

tes, soit des cousins ou cousines germains, soit des enfants des dits cousins ou cousines (art. 3). A défaut de parents dans les degrés ci-dessus exprimés, les dispositions à titre gratuit pouvaient absorber la totalité des biens (art. 4). Les libéralités autorisées par cette loi pouvaient être faites au profit des enfants ou autres successibles du disposant, sans qu'elles fussent sujettes à rapport (art. 5). Il n'était pas dérogé par cette loi, ni aux lois antérieures qui réglaient l'ordre des successions *ab intestat, ni à celles qui concernaient les dispositions entre époux.*

La loi de germinal fut non-seulement une loi réparatrice, mais elle servit encore de transition entre les lois révolutionnaires et le Code civil.

IV.

TRAVAUX PRÉPARATOIRES DU CODE CIVIL.

Les travaux préparatoires de ce Code avaient déjà commencé.

Les divers pouvoirs qui s'étaient succédé depuis la ruine de la monarchie avaient tous compris le besoin de donner à la France une législation uniforme. Mais les orages de la révolution et ses nombreuses péripéties n'avaient jamais

5

permis de mettre la dernière main à une œuvre qui ne pouvait s'accomplir que lorsque les esprits seraient rentrés dans des conditions normales, lorsque la raison publique pourrait prédominer sur les exagérations de la politique. — Les crises que la providence réserve aux peuples font bien éclore plus d'une fois de grands principes d'équité, qui n'auraient pu se développer et se faire jour dans le sein d'une organisation trop exclusive, ou qui auraient été humiliés ou méconnus; mais il est difficile de ne pas en fausser la portée, ou de ne pas tomber dans la réaction, quand la politique et les besoins de la situation sont les seules lois qui dirigent les hommes et les choses.

A Rome, le droit avait rapidement grandi au milieu des derniers troubles de la république. On vit Cicéron, éloquent précurseur d'une ère nouvelle, exposer sur la justice des idées jusqu'alors inconnues, inaugurant le règne de la philosophie dans le forum ensanglanté par les guerres civiles; et cependant le droit ne put s'y poser à l'état de science que dans des jours plus calmes.

En France, il devait en être de même. La révolution, malgré ses entraînements et ses lamentables illusions, avait proclamé un grand nombre de règles fort sages; mais on ne pouvait en limiter convenablement l'autorité que dans des jours moins agités.

C'est là la marche constante des législateurs , dont la science est tout entière dans l'expérience.

Ils observent constamment et leurs observations redoublent pendant la durée de ces violentes commotions qui mettent les passions aux prises, dévoilent tous les replis du cœur humain, et font mouvoir les ressorts les plus cachés de la vie sociale. Puis, quand l'orage est tombé, ils profitent de ces enseignements ; semblables au naturaliste qui, spectateur attentif des perturbations qu'éprouvent quelquefois les éléments, attend, pour les apprécier, que la nature se soit appaisée ; ou au pilote qui, rentré dans le port, signale les écueils qu'il a rencontrés, et mûrit les leçons que la tempête lui a données.

Aussi vit-on avorter successivement tous les projets qu'avait rédigés Cambacérès, projets qui portaient tous, à des degrés plus ou moins saillants, l'empreinte du temps qui les avait vus naître. Nous n'avons pas l'intention d'analyser ici ces divers essais, qui ne pouvaient avoir de grands rapports avec les bases que devaient adopter, plus tard, les hommes chargés de donner des lois à la France, après que la tourmente aurait été maîtrisée ; toutefois, il n'est pas sans intérêt, pour suivre la filiation des idées, de noter les rapports établis entre la quotité disponible et les donations que les époux pouvaient se faire, d'après le troisième

projet de Cambacérès, présenté, en messidor de
l'an IV, au nom de la commission de la classifi-
cation des lois. Dans le livre 1er DES PERSONNES,
TITRE VI, *des Droits des époux,* on lisait que les
époux pouvaient s'avantager à leur gré par leur
contrat de mariage ou par des actes subséquents (art. 318). Les avantages singuliers ou
réciproques entre époux étaient restreints à l'usufruit des choses données si, lors du décès du
premier mourant, il existait des enfants de leur
mariage. Cet usufruit ne pouvait excéder la moitié
du revenu de la totalité des biens de l'époux décédé (art. 320). Les avantages étaient limités à
une portion héréditaire, si, à l'époque ou le mariage était contracté, l'époux donateur avait déjà
des enfants qui lui survécussent (art. 321). Lorsque les époux n'avaient point stipulé entre eux
des avantages singuliers ou réciproques, le survivant obtenait le tiers en usufruit des immeubles
appartenant au prédécédé (art. 322). Ce tiers
était pris, déduction faite des charges dont les
immeubles étaient grevés (art. 323), et limité à
l'usufruit d'une portion héréditaire dans le cas
prévu par l'art. 321 (art. 324) (1). Puis, dans
le livre 2, intitulé: *Des Biens,* on remarquait sous

---

(1) Fenet, *Travaux préparatoires du Code civil,* tom 1er,
page 230.

le titre VI, *Des Donations*, les dispositions suivantes : *Indépendamment* des libéralités **entre époux**, chacun dispose d'une portion de biens selon les règles prescrites par les articles suivants (art. 540) : nul ne peut donner entre-vifs, ou à cause de mort, au préjudice des héritiers en ligne directe, que la dixième partie de ses biens (art. 542); celui qui n'a que des parents collatéraux peut disposer, par donation entre-vifs, de la moitié de ses biens, et du tiers seulement par donation à cause de mort. Il peut disposer du tiers par donation entre-vifs, si elle contient une réserve d'usufruit au profit du donateur (art. 543). On ne peut donner l'usufruit que de la quotité dont il est permis de donner la propriété, excepté dans les cas déterminés par les art. 318, 320 et 321 (art. 544).

Plusieurs choses méritent d'être remarquées dans ce projet :

1° Le tiers en usufruit des immeubles du conjoint prédécédé garanti au conjoint survivant, à défaut de toute stipulation entre eux; 2° réduction de ce tiers à une portion héréditaire, lorsque le donataire avait déjà des enfants qui lui survivaient; 3° prohibition de disposer en usufruit d'une quotité supérieure à celle dont on pouvait disposer en pleine propriété, sauf les exceptions établies par les articles précités; 4° faculté de dis-

poser d'un dixième déclarée par l'art. 540 *indépendante* des libéralités entre époux. Exposant les motifs de ces dispositions, l'auteur du projet disait, relativement au tiers en usufruit des immeubles du
conjoint prédécédé, accordé au survivant, indépendamment de toute stipulation : *Il nous a sem-
blé juste de donner au survivant des époux une sorte
de douaire, lorsqu'il n'y aurait eu aucune sorte d'a-
vantages singuliers ou réciproques* (1). Ainsi, qu'on
le remarque avec soin, deux ans après la loi de
nivôse, qui avait aboli les gains de survie coutumiers, ceux qui préparaient les bases de la nouvelle législation songeaient à les reproduire.

Ce projet renfermait donc, sous plus d'un rapport, un notable progrès sur la loi du 17 nivôse
an II. Quatre ans après la présentation de ce travail, qui ne reçut aucune sanction, le conseil des
Cinq-Cents nomma une commission de législation;
un nouveau projet de loi fut présenté, et communiqué à cette commission par Jacqueminot, le
30 frimaire an VIII. On y lisait les dispositions
suivantes, propres à traduire les graves modifications qui s'étaient opérées dans les mœurs
publiques pendant le cours des quatre années
écoulées depuis les propositions législatives de
Cambacérès : les donations, soit entre-vifs soit

_____

(1) Fenet, *ibid.*, page 156.

à cause de mort, ne peuvent excéder le quart des biens du donateur, s'il laisse à son décès des enfants ou descendants; la moitié, s'il laisse des ascendants, ou des frères ou sœurs, ou des descendants de frères et sœurs; les trois quarts, s'il laisse des oncles ou grands oncles, ou des cousins germains.

A défaut de parents, dans les degrés ci-dessus exprimés, les donations pouvaient épuiser la totalité des biens du donateur (art. 16, tit... *Des donations, § 1er, De la portion disponible*). La donation en usufruit ne pouvait excéder la portion dont on pouvait disposer en propriété, de telle sorte que le don d'un usufruit ou d'une pension était réductible au quart, à la moitié, aux trois quarts du revenu total du donateur, dans les cas ci-dessus exprimés; sans préjudice, néanmoins, de ce qui était réglé à l'égard des époux (1).

Et dans la section 8 du même titre, ayant pour rubrique; *Des Donations entre époux, soit par contrat de mariage, soit pendant le mariage,* on lisait:

« L'époux peut, soit par contrat de mariage, soit
« pendant le mariage, pour le cas où il ne lais-
« serait point d'enfants ni de descendants, donner
« en propriété à l'autre époux tout ce qu'il pour-
« rait donner à un étranger, et en outre, l'usufruit

---

(1) Fenet, *ibid.*, page 371-372.

« de la totalité de la portion dont la loi prohibe la
« disposition au profit des étrangers.

« Et pour le cas ou l'époux donateur laisse
« des enfants ou descendants, il peut donner à
« l'autre époux ou un quart en propriété et un
« autre quart en usufruit, ou la moitié de tous
« ses biens en usufruit seulement (art. 151)(1). »

Il importe essentiellement de noter avant d'aller
plus loin : 1° que ce dernier article, le 151ᵉ du
projet, rapproché des art. 16 et 17 qui détermi-
naient la quotité disponible ordinaire, établissait
en faveur du conjoint une quotité disponible supérieure, dans tous les cas, et quel que fut le nombre des enfants, à la quotité disponible en faveur
des étrangers ; 2° que cet art. 151 est devenu,
mot pour mot, l'art. 1094 du Code civil.

Quant aux dispositions faites par un époux
ayant des enfants d'un précédent mariage, elles
étaient réglées par l'art. 156, ainsi conçu :
« L'homme ou la femme qui convole à de secon-
« des noces, ayant des enfants ou descendants
« d'un précédent mariage, ne peut donner à son
« nouvel époux qu'une part d'enfant légitime le
« moins prenant, et en usufruit seulement. »

« Il ne peut disposer à titre gratuit ni oné-
« reux, des immeubles qu'il a recueillis de son

---

(1) Fenet, *ibid*, tome 1ᵉʳ, page 392.

« époux ou de son épouse précédente, tant que les
« enfants issus du mariage duquel sont provenus
« ces dons existent, sauf cependant ce qui sera dit
« au titre des successions sur le partage des biens. »

Le douaire proposé en faveur de l'époux survivant, dans le projet de Cambacérès, indépendamment de toute stipulation, ne fut pas adopté ;
on le laissa tout entier dans le domaine des stipulations ou des libéralités des époux ; et c'est pour
qu'ils eussent plus de latitude à cet égard que le
projet étendait, en leur faveur, les limites de
la quotité disponible ordinaire, avec cette précision que l'excédant en faveur des époux, consistait
seulement en usufruit dans le cas d'existence d'enfants, comme le douaire des pays de coutumes,
comme l'augment, le contre-augment et la quarte
du conjoint pauvre des pays de droit écrit, précision intentionnelle qui avait pour objet d'établir
le lien destiné à relier le droit ancien au droit
nouveau de la France.

Le principe d'après lequel les époux ne pouvaient se faire entre eux que des donations révocables pendant le mariage, et qui nous venait du
droit romain, fut religieusement conservé.

Des jurisconsultes d'un grand mérite, avaient
pris part à la rédaction de ce travail (1). Nous ne

---

(1) Notamment, MM. Grenier, Hua, Porriquet, etc.

devons pas être surpris, dès-lors, des emprunts que lui firent MM. Portalis, Tronchet, Bigot-Préameneu et Maleville, chargés le 24 thermidor an VIII, par les consuls, de comparer l'ordre suivi dans la rédaction des projets du Code civil jusqu'à ce jour, de déterminer les plans qui leur paraissaient les plus convenables, d'adopter et de discuter ensuite les principales bases de la législation en matière civile.

Le projet de ces commissaires du gouvernement fut calqué, pour ses divisions et ses subdivisions, sur le projet Jacqueminot ; la correspondance entre les numéros des articles fut aussi conservée. Ainsi l'art. 16 du nouveau projet était destiné, comme l'art. 16 du projet prémentionné, à régler la quotité disponible, et toute la différence qu'on remarquait entre eux, consistait en ce que le projet Jacqueminot accordait, parmi les collatéraux, un droit de réserve aux oncles, grands-oncles, cousins germains, tandis que le projet des commissaires du gouvernement n'en accordait à d'autres collatéraux que les neveux ou nièces, enfants au premier degré des frères et sœurs. L'art. 17 maintenait l'article correspondant du premier projet relatif au principe que la donation en usufruit ne pouvait excéder la quotité dont on pouvait disposer en propriété. Enfin, dans le chapitre *des Donations entre époux, soit par contrat de mariage,* soit *pendant le mariage*, l'art. 156 relatif à la quotité disponible entre époux, reproduisit littéralement l'art. 151 du projet primitif, comme l'art. 161 relatif aux secondes noces, reproduisit tout aussi fidèlement l'art. 156 du travail présenté à la commission de législation du conseil des Cinq-Cents.

Le seul changement qu'apportèrent donc, en ces matières, les commissaires du gouvernement au projet de Jacqueminot, fut spécial à la réserve des collatéraux.

Bientôt après, le projet ainsi arrêté par MM. Portalis, Tronchet, Bigot-Préameneu et Maleville, fut communiqué aux tribunaux d'appel.

On sait que ces tribunaux se livrèrent à des observations qui amenèrent souvent d'importants résultats, et exercèrent une heureuse influence sur les destinées de la loi. On regrette, sans doute plus d'une fois, que plusieurs de ces tribunaux n'aient pu, à cause de la briéveté du temps qui leur fut accordé, se livrer qu'à un examen superficiel et incomplet; mais il en est, sur le nombre, qui transmirent des mémoires longuement développés et portant sur toutes les parties du projet (1). La substance des réflexions qu'ils renfer-

---

(1) Nous avons particulièrement remarqué les observations transmises par les tribunaux d'appel de Paris, Lyon et Rouen.

ment dédommage ainsi de la concision et souvent de la sécheresse des autres.

Les bases que les commissaires du gouvernement avaient adoptées pour fixer la quotité disponible devinrent le sujet d'un examen tout spécial.

Les articles 16 et 156 réglant la quotité disponible ordinaire et la quotité disponible entre époux y furent appréciés en sens divers.

Le tribunal d'appel de Paris, influencé sans doute par les traditions de l'ancienne coutume de cette ville, voulait qu'à son imitation, la légitime des enfants ou descendants fut fixée à la moitié de leur portion héréditaire. Sur l'article 156, il présentait les observations suivantes :

« L'art. 156 ne permet aux époux de se don-
« ner, soit par contrat de mariage, soit pendant
« le mariage, pour le cas où ils laissent des en-
« fants ou descendants qu'un quart en propriété
« de leurs biens, et un autre quart en usufruit,
« ou la moitié en usufruit seulement. Cette dis-
« position est conséquente à l'art. 16 ci-des-
« sus, suivant lequel les donations, soit entre
« vifs, soit à cause de mort, ne peuvent excéder
« le quart des biens du donateur lorsqu'il laisse des
« enfants ou descendants. Mais si on lui per-
« met de disposer de la moitié, même en ce
« cas, comme nous l'avons cru raisonnable,
« il pourra gratifier l'autre époux de cette moitié

« et alors l'article devra être amendé ainsi qu'il
« suit :

« Et pour le cas ou l'époux donateur laisse des
« enfants ou descendants, il peut donner à l'autre
« époux la moitié de ses biens en propriété. »

Sur l'art. 161, devenu comme on sait l'art.
1098, et qui disposait : « L'homme ou la femme
« qui ont convolé à de secondes noces, ayant
« enfants ou descendants d'un précédent mariage,
« ne peut donner à son nouvel époux qu'une part
« d'enfant légitime le moins prenant, et en usu-
« fruit seulement, » le tribunal disait :

« Cette disposition paraît trop dure ; on a loué
« la sagesse et l'équité de l'édit des secondes no-
« ces, pris dans les lois romaines, en ce qu'ayant
« à mettre un frein à la passion la plus impérieuse
« de toutes, il lui a prescrit ce semble le tempé-
« ramment le plus raisonnable, en égalant l'amour
« conjugal à l'amour paternel. Mais l'un ne doit
« pas rester au dessous de l'autre, et il n'est pas
« juste que lorsque l'enfant aurait sa part en pro-
« priété, l'époux n'ait la sienne qu'en usufruit(1). »

Le tribunal d'appel de Rouen était loin de partager l'opinion de celui de Paris, sur l'étendue de
la quotité disponible entre époux. Après avoir cri-
tiqué l'art. 16, de ce qu'il n'accordait d'autre ré-

(1) Fenet, tome 5, *ibid*, page 268.

serve en ligne collatérale que celle en faveur des frères et sœurs, et méconnaissait ainsi les droits de la famille, il critiquait plus vivement encore l'art. 156, qui autorisait les époux à disposer l'un en faveur de l'autre, quel que fut le nombre des enfants, d'un quart en propriété et d'un autre quart en usufruit : « A l'égard des droits de donation,
« disait-il, même différence dans nos opinions ;
« les rédacteurs du Code n'ont guère saisi d'autres
« bases que l'attachement si recommandable entre
« époux, et qui surtout lorsqu'ils n'ont ni enfants
« ni descendants, ni frères ou sœurs, ni neveux
« ou nièces au 1er degré, semble devoir être ex-
« clusif. Mais cette mesure peut être bonne pour
« les parties, sans l'être également pour la société ;
« est-il donc fort avantageux que deux époux, ou-
« bliant leur famille entière, et toute espèce d'in-
« térêt social, puissent se rendre étrangers à tout,
« ne voir et n'envisager qu'eux, tout rapporter à
« eux seuls, et se concentrer sans aucune réserve
« dans leurs propres jouissances et dans le cercle
« étroit de leur affection mutuelle? En leur ac-
« cordant la libre disposition de l'usufruit qui
« passe, il convient donc de réserver une grande
« partie de la propriété pour la famille qui survit
« et se perpétue (1). »

----

(1) Fenet, *ibid*, tome 5, page 529.

Le tribunal d'appel de Lyon, s'associait à des idées semblables :

« La donation d'un époux à un époux, doit être
« restreinte à la portion disponible, encore est-ce
« beaucoup permettre ; le donateur ruiné en ca-
« pitaux et en usufruit ne pourra donc recom-
« penser un service, laisser des aliments à un
« vieux serviteur, à un ami..... On a prouvé qu'il
« serait sage de réduire les dons entre époux à
« l'usufruit ; tant qu'il existe des enfants, il est
« évident qu'ils ne peuvent absorber les deux
« tiers de la réserve, de la part légale des en-
« fants ; que c'est bien assez qu'ils en absorbent
« un tiers. »

Il proposa la rédaction suivante :

« Et pour le cas ou l'époux donateur laisse des
« enfants ou descendants, il ne peut donner à
« l'autre époux que l'usufruit de la moitié des
« biens seulement, et si les dispositions, à quel-
« que époque qu'elles aient été faites, contien-
« nent des dons de propriété, soit mobilières soit
« immobilières, elles seront restreintes, tant qu'il
« restera des enfants ou descendants, à l'usufruit
« des choses qui en seront l'objet, sans que la tota-
« lité des usufruits donnés puisse excéder la moitié
« du revenu de la totalité des biens. Cet usufruit
« se prend d'abord sur le quart disponible. »

Le tribunal proposait encore d'autres observations sur l'ensemble du chapitre des *Donations entre époux :*

« Le Code ne présente aucune disposition en
« faveur de l'époux pauvre et sans fortune à qui
« l'époux prédécédé n'a rien donné ni par contrat
« de mariage, ni par dispositions à cause de mort.
« Les lois romaines avaient accordé à la femme
« pauvre le quart des biens de son mari, soit en
« usufruit, soit en propriété, suivant les circons-
« tances. Les tribunaux des départements qui
« étaient régis par le droit romain, ont plusieurs
« fois accordé ces secours à des veuves.

« Il est affreux pour l'époux qui vivait dans l'o-
« pulence, ou même dans la médiocrité, de se
« trouver tout-à-coup réduit à la pauvreté, sur-
« tout dans un âge qui ne lui permet plus de tra-
« vailler, ou au sortir d'une position qui lui en
« a fait perdre l'habitude.

« Quand même l'époux prémourant aurait eu
« des sujets de mécontentement, ce serait une
« barbarie de sa part de plonger l'époux qui lui
« survit dans les horreurs de l'indigence. Et, au-
« jourd'hui que la loi permet le divorce, on ne
« peut plus lui en supposer de grands. Il faut ré-
« parer les torts de l'ingratitude, de l'injustice et
« même de l'insouciance.

« Les droits et les devoirs des époux étant les
« mêmes dans le mariage, tout devait être égal

« dans l'union conjugale ; on pense que pour
« ce secours alimentaire, il ne doit être établi
« aucune distinction entre les époux des deux
« sexes.

« En conséquence, on propose la distinction
« suivante :

« Dans le cas où l'époux qui survit n'aurait pas
« une fortune suffisante pour exister dans un état
« analogue à la fortune qu'il partageait avec l'é-
« poux prédécédé, il aura, à titre de pension ali-
« mentaire, le quart du revenu des biens de l'é-
« poux prémourant, s'il laisse des enfants, et la
« moitié, s'il n'en a pas laissé (1). »

Le tribunal d'appel de Toulouse ne fit aucune
observation, ni sur la quotité disponible ordinaire,
ni sur la quotité disponible entre époux ; mais il
fit remarquer sur l'art. 17, qui prohibait de disposer en usufruit d'une part supérieure à celle
dont on pouvait disposer en pleine propriété, que :

« Cet article, introduisait une innovation qui,
« sans aucun motif, peut contrarier les senti-
« ments les plus légitimes, et même les devoirs
« les plus sacrés.

« La modicité de la portion disponible en usu-
« fruit, privera souvent, ou un ami, ou un parent

---

(1) Fenet, *ibid*, tome 4, page 170-172.

5

« de la douceur de donner une marque de recon-
« naissance ou d'attachement à un ami ou à un
« parent non successible, auquel il peut avoir de
« grandes obligations.

« Ces considérations font espérer qu'on per-
« mettra de disposer en usufruit d'une quotité plus
« forte qu'en toute propriété (1). »

Enfin la Cour de cassation ne fit d'observation
que sur le ? 1er de l'art. 156, en proposant d'autoriser les époux à se donner l'universalité des
biens en toute propriété, dans le cas où ils ne laisseraient pas d'enfants ni ascendants. Rien dans
ce cas ne pouvant à son avis, limiter la faculté de
donner entre époux (2).

Telles sont les principales observations que nous
avons rencontrées dans l'analyse des mémoires
des tribunaux souverains, afférents à la quotité
disponible entre époux.

C'était en l'an IX que ces tribunaux furent con-
sultés.

Dans le cours de l'an XI, le nouveau projet fut
discuté dans le sein du conseil-d'état.

Il avait conservé, du moins en grande partie,
les errements du premier. Comme dans ce premier projet, la réserve des descendants demeu-

---

(1) Fenet, *ibid*, tome 5, page 606.
(2) Fenet, tome 2, page 711.

rait fixée aux trois quarts ; celle des ascendants à la moitié ; quant à celle des frères et sœurs, elle fut réduite de la moitié qu'elle comprenait auparavant, au quart, auquel fut également fixée celle des descendants des frères et sœurs. Mais tandis que par le premier projet, les neveux et nièces au 1er degré seulement avaient droit à cette réserve, le nouveau projet en accordait indistinctement à tous les descendants des frères et sœurs.

Ce projet se distinguait encore du premier, en ce que les collatéraux au profit desquels une réserve était établie, ne pouvaient, à raison de cette réserve, évincer en tout ou en partie les donataires des biens à eux donnés.

Ces rapports et ces différences dans les deux projets se trouvaient traduits par l'art. 18 de la section 1re du chapitre 2, intitulée : *de la Portion disponible,* qui remplaça l'art. 16 de la section correspondante du premier projet :

« S'il y a des enfants ou descendants au temps
« du décès, ils auront à titre de légitime les trois
« quarts de ce qu'il leur reviendrait par succes-
« sion, s'il n'y avait pas de donations entre vifs ou
« testamentaires.

« A défaut de descendants, s'il y a des ascen-
« dants la légitime sera de moitié.

« A défaut de descendants et d'ascendants, s'il
« y a au temps du décès des frères et sœurs ou

« des descendants d'eux, la loi leur réserve le
« quart de ce qui leur reviendrait s'il n'y avait
« pas de donations entre vifs ou testamentaires,
« sans néanmoins qu'à raison de cette réserve,
« les donataires par acte entre vifs, autres que les
« successibles, puissent être en tout ou en partie
« évincés des biens à eux donnés. »

L'art. 17 du premier projet qui défendait de
donner en usufruit une portion supérieure à celle
dont on pouvait disposer en propriété, fut supprimé et remplacé par une disposition nouvelle
qui devint l'art. 19 du nouveau travail. Cette disposition était ainsi conçue :

« Si la donation par acte entre vifs ou par tes-
« tament est d'un usufruit ou d'une rente viagère,
« les héritiers auront l'option, ou d'exécuter la
« disposition ou de faire l'abandon de la quotité
« disponible. »

Quant aux donations entre époux, il ne fut fait
aucune innovation aux art. 156 et 161 du projet
précédent ; seulement les numéros de ces articles
furent changés, l'art. 156 devint l'art. 172, et
l'art. 161 devint l'art. 176.

Le titre *des Donations* fut soumis partiellement,
et chapitre par chapitre, à la discussion du Conseil-d'État. M. Bigot-Préameneu fut chargé de
cette présentation.

Deux séances furent spécialement consacrées à

l'examen de l'art. 18 sur la portion disponible, la séance du 30 nivôse an XI, (20 janvier 1803) et 21 pluviôse an XI (10 février 1803) (1).

M. Bigot-Préameneu présenta un rapport vraiment remarquable, contenant une analyse rapide, mais complète, de tous les principes du droit romain et de notre ancienne jurisprudence, sur le droit de légitime. Ce rapport servit de base à toute la discussion.

Elle fut sérieuse, approfondie et digne de l'importance du sujet.

Les plus graves intérêts étaient engagés dans le débat. Il fallait reconstituer la famille brisée par les malheurs des temps passés; restituer à la propriété, amortie et désaffectionnée, son aiguillon le plus naturel; donner aux besoins de restauration qui se produisaient de toutes parts, des garanties suffisantes, en évitant tout ce qui aurait eu l'air d'une réaction.

Le Conseil avait, sans doute, déjà dessiné ses tendances par l'adoption du titre *des Successions;* mais la disposition de l'homme faisant cesser celle de la loi, ce n'était là qu'un moyen impuissant de réorganisation. Le sort de la famille était nécessairement tout entier dans le titre *des*

---

(1) Fenet, *ibid*, tome 12, page 244 et suivantes, 300 et suivantes.

Donations, réglementaire de la quotité disponible.

Le consul Cambacérès proposa un amendement qui avait pour objet de graduer la quotité disponible sur le nombre des enfants ; de fixer la légitime aux trois quarts s'il y avait plus de deux enfants ; aux deux tiers s'il n'y en avait que deux ; à la moitié s'il n'y en avait qu'un.

Cet amendement était donc une extension à la quotité disponible, telle qu'elle se trouvait réglée par le projet.

Le Conseil se divisait, comme il arrive d'ordinaire dans toutes les assemblées délibérantes, en deux camps assez tranchés ; l'un inclinait vers le mouvement, l'autre vers la résistance ; et le mouvement d'alors, c'était un grand éloignement des idées démocratiques qui s'agitaient encore dans quelques esprits. — La résistance ne voulait pas, sans doute, le maintien des lois révolutionnaires ; mais elle ne s'associait pas à l'extension que l'amendement du consul Cambacérès avait proposée ; elle voulait rester dans les limites de la loi de germinal. On vit se prononcer en faveur de cette opinion, M. Tronchet, qui ne faisait pourtant pas partie de la gauche du conseil ; M. Réal, qui se montrait d'accord avec ses opinions ordinaires ; M. Boulay, qui avait été chargé de présenter la loi de germinal, et qui était naturellement enclin à défendre son œuvre.

Dans un sens contraire, les hommes les plus éminents du Conseil, MM. Portalis, Maleville, le premier Consul, prirent plusieurs fois la parole pour exprimer les vœux et les besoins de la société nouvelle, qui s'était si visiblement transformée, et l'amendement du consul Cambacérès fut adopté à une grande majorité.

Il n'est pas sans intérêt de placer ici sous les yeux du lecteur quelques fragments des discours qui furent prononcés à ce sujet: ils donneront une idée exacte des sentiments dont l'assemblée était animée. M. Maleville disait: « Les peines « et les récompenses sont le ressort le plus puis- « sant des actions des hommes, et le législateur « ne serait pas sage qui croirait pouvoir les di- « riger uniquement par l'amour de leurs devoirs. « *Il faut donc mettre de grands moyens dans la* « *main des pères si l'on veut compter sur l'obéis-* « *sance et la moralité des enfants.* »

Puis, caractérisant la loi de germinal an VIII, il ajoutait: « Si la loi de germinal an VIII fut accueil- « lie par la nation, ce n'est pas qu'elle remplit en- « tièrement ses espérances, mais c'est parce- « qu'elles présentaient un *acheminement* à un « meilleur ordre de choses, et qu'elle réparait « une partie des maux produits par la loi du « 17 nivôse an II.

« Les pères sont la providence des familles,
« comme le gouvernement est la providence de
« l'État ; *il serait impossible à celui-ci de main-*
« *tenir l'ordre, s'il n'était efficacement soutenu par*
« *les premiers.*

« Là où le père est législateur, disait M. Por-
« talis, la société se trouve déchargée d'une
« partie de sa sollicitude. Qu'on ne dise pas que
« c'est là un droit aristocratique ; il est tellement
« fondé sur la raison, que c'est dans les classes
« inférieures que le pouvoir du père est le plus
« nécessaire. Un laboureur, par exemple, a eu
« d'abord un fils qui, se trouvant le premier
« élevé, est devenu le compagnon de ses travaux.
« Les enfants nés depuis, étant moins néces-
« saires au père, se sont répandus dans les villes
« et y ont poussé leur fortune. Lorsque ce père
« mourra, serait-il juste que l'aîné partageât éga-
« lement le champ amélioré par ses labeurs avec
« des frères qui sont déjà plus riches que lui ?

« Il faut donc donner au père une latitude,
« non absolue, mais très grande. Ainsi la raison
« et l'intérêt de la société s'opposent à ce que la
« légitime des enfants soit portée aux trois quarts
« des biens. »

M. Tronchet, qui combattait l'amendement du
consul Cambacérès, pour s'en tenir à la loi de
germinal, compara, pour justifier son opinion,

les divers systèmes qui s'étaient succédé, en remontant jusqu'aux lois romaines; et venant à la
loi du 17 nivôse an II, il la qualifiait ainsi :

« Il ne parlera pas de cette loi qui réduisit la
« quotité disponible au profit d'un étranger, et
« qui ne permettait aucune espèce de disposition
« entre enfants. C'était l'abus de l'imagination,
« échauffée par une théorie puissante de méta-
« physique; *la destruction de toute autorité pa-*
« *ternelle;* une égalité injuste, qui interdisait
« tout secours pour l'enfant disgrâcié de la na-
« ture ou frappé par l'inconstance de la fortune. »

Si M. Tronchet voulait rester en-deçà de l'a-
mendement, le premier Consul, s'inspirant de
ses idées politiques, estimait, au contraire, qu'on
devait aller au-delà.

Il dit que : « plus on se rapprocherait des lois ro-
« maines dans la fixation de la légitime, et moins
« on affaiblirait le droit que la nature semble avoir
« confié aux chefs de chaque famille. Le législa-
« teur, en disposant sur cette matière, doit avoir
« en vue les fortunes modiques. La trop grande
« subdivision de celles-ci met nécessairement un
« terme à leur existence, surtout quand elle en-
« traîne l'aliénation de la maison paternelle, qui
« en est, pour ainsi dire, le point central. »

Enfin, M. Jollivet, apportant dans la discussion
un point de vue nouveau, dit, à l'appui du même

système, que « jusqu'ici on n'a consulté que l'in-
« térêt des enfants ; mais *qu'il ne faut pas perdre*
« *de vue, quand on règle la disponibilité des pères,*
« *que beaucoup de mariages sont arrêtés sous la*
« *condition des avantages faits aux époux , et qu'ils*
« *deviendraient impossibles si le père n'avait une*
« *grande latitude* (1). »

Le Conseil-d'État était donc divisé en trois caté-
gories d'opinions : les partisants de l'amendement
du consul Cambacérès , ceux qui voulaient rester
en-decà pour s'en tenir à la loi de germinal, et
ceux qui proposaient de déborder l'amendement
lui-même pour reprendre le système du droit romain.

L'adoption de l'amendement Cambacérès fut,
dans ces circonstances, un fait éminemment si-
gnificatif. — Cette adoption , c'est, en dehors de
toute réaction , la tyrannie de la loi de nivôse pro-
clamée ; l'insuffisance de la loi de germinal recon-
nue ; c'est la révolution vaincue, la puissance paternelle réhabilitée, la propriété restaurée, la
famille rétablie sur ses bases légitimes.

On ne saurait assez réfléchir sur cette délibération importante qui fixa les destinées de la
quotité disponible. Elle doit nécessairement dominer toutes les théories de cette matière ; car,

---

(1) Fenet, 12, page 244, 300 et suiv.

pour bien interpréter les lois, il faut toujours remonter à leur source. Toute opinion qui ne s'é-
clairera pas des rayons dérivés du foyer dans lequel la loi a reçu la vie, sera, par cela même,
une opinion sans force comme sans vérité. Il n'est
pas permis de substituer des raisonnements à des
faits ou à des votes dont le caractère est évident.

Le jugement que portèrent sur les lois révolutionnaires, et notamment sur la loi de nivôse,
ceux-là même qui faisaient de l'opposition à
l'amendement adopté, mérite aussi d'être particulièrement retenu.

La légitime des ascendants fut conservée telle
qu'elle était fixée par le projet; mais celle des
frères et sœurs et de leurs descendants ne fut
maintenue qu'après une vive opposition. Il fut
même décidé qu'il n'y aurait point de réserve
pour les neveux venant de leur chef, hors le cas
où ils concourraient par représentation avec les
frères de leur auteur.

L'art. 19 qui remplaçait l'art. 17 du premier
projet et qui disposait: « Si la disposition entre-
« vifs ou testamentaire est d'un usufruit ou d'une
« rente viagère, les héritiers auront l'option,
« d'exécuter la disposition, ou d'abandonner la
« quotité disponible, » fut discuté aussi et adopté
dans la séance du 18 pluviôse.

Dans la séance du 27 ventôse suivant (18 mars

1803), M. Bigot-Préameneu présenta au conseil le chapitre VIII *des Donations entre époux*. L'art. 172 qui remplaçait, comme on sait, l'art. 156 du premier projet, et réglait la quotité disponible entre époux, ne donna lieu à aucune discussion.

Il en fut autrement de l'art. 176, qui remplaçait l'art. 161 du premier projet, et réglait la quotité disponible entre époux pour le cas de secondes noces.

Il fut ainsi rédigé, d'après deux amendements proposés, l'un par le consul Cambacérès, l'autre par M. Berlier :

« L'homme ou la femme qui, ayant des enfants
« d'un autre lit, contractera un second et subsé-
« quent mariage ne pourra donner à son nouvel
« époux qu'une portion d'enfant légitime le moins
« prenant, *et sans que, dans aucun cas, ces dona-*
« *tions puissent excéder le quart des biens.* »

Six jours après, c'est-à-dire le 3 germinal an XI (24 mars 1803), M. Bigot-Préameneu présenta au Conseil-d'État une nouvelle rédaction faite d'après les amendements proposés. Le Conseil l'adopta en ces termes, sans aucune discussion :

Section 1re — De la portion de biens disponible.

« ART. 21. Les libéralités, soit par acte entre-
« vifs soit par testament, ne pourront excéder la
« moitié des biens du disposant s'il ne laisse à
« son décès qu'un enfant; le tiers, s'il laisse deux

« enfants; le quart, s'il en laisse trois ou un plus
« grand nombre. »

« ART. 22. Sont compris dans l'article précé-
« dent, sous le nom d'enfants, les descendants
« en quelque degré que ce soit: néanmoins, ils
« ne sont comptés que pour l'enfant qu'ils repré-
« sentent dans la succession du disposant. »

« ART. 23. Les libéralités par actes entre-vifs
« ou testamentaires ne pourront excéder:

« La moitié des biens, si le défunt ne laisse
« pour héritier que des ascendants dans chacune
« des lignes paternelles et maternelles; — La
« moitié et un huitième des biens, s'il ne laisse
« pour héritiers que ses père et mère, et des
« frères ou sœurs; — Les trois quarts moins un
« seizième des biens, s'il ne laisse pour héritiers
« que son père ou sa mère, et des frères ou
« sœurs; — Les trois quarts des biens, s'il ne
« laisse pour héritiers que des frères ou sœurs,
« ou s'il ne laisse que des ascendants dans une
« des lignes, et des héritiers collatéraux autres
« que des frères ou sœurs dans l'autre ligne. »

« ART. 24. Lorsque dans le cas où, suivant
« l'article précédent, la portion disponible sera
« de la moitié et un huitième des biens, et dans
« le cas où, suivant le même article, elle sera
« des trois quarts moins le seizième, les héritiers
« y dénoncés seront en concurrence avec les en-

« fants d'autres frères ou sœurs prédécédés; les
« dispositions pourront comprendre les quotités
« prémentionnées, et, en outre, ce que les en-
« fants des frères ou sœurs prédécédés auraient
« à recueillir dans le surplus des biens, à raison
« de leur part héréditaire.

« ART. 25. Dans le cas où le défunt laisserait
« pour héritiers des frères ou sœurs en concur-
« rence avec des enfants d'autres frères ou sœurs
« prédécédés, les dispositions pourront aussi
« comprendre les trois quarts des biens, et en
« outre, ce que les enfants des frères ou sœurs
« prédécédés auraient à recueillir dans le sur-
« plus des biens, à raison de leur part hérédi-
« taire.

« ART. 26. A défaut d'ascendants, de descen-
« dants et de frères ou de sœurs, les libéralités
« par actes entre-vifs ou testamentaires pourront
« épuiser la totalité des biens. »

« ART. 27. Si la disposition par acte entre-vifs
« ou par testament est d'un usufruit ou d'une
« rente viagère dont la valeur excède la quotité
« disponible, les héritiers au profit desquels la loi
« fait une réserve auront l'option ou d'exécuter
« cette disposition, ou de faire l'abandon de la
« quotité disponible. »

CHAP. VIII. *Des Donations entre époux.*

L'article 205 reproduisit l'article 172 de l'avant-dernier projet, sur la quotité disponible entre époux. L'article 209 remplaça l'article 161 du même projet, sur les donations faites entre époux pour le cas de secondes noces.

Ce projet ayant été communiqué à la section de législation du tribunat, elle s'en occupa dans les séances des 10 germinal an XI (31 mars 1803) et jours suivants.

Sur l'art. 23 qui réglait la réserve des collatéraux la section proposa une changement important; elle fut unanimement d'avis, que tout individu qui n'avait ni ascendants ni descendants devait avoir une liberté illimitée de disposer de ses biens, et par suite, elle demanda le retranchement pur et simple des art. 24 et 25 du projet du gouvernement et une rédaction nouvelle de l'art. 23.

Enfin sur l'art. 205 qui réglait la quotité disponible entre époux, elle proposa des changements que nous aurons bientôt occasion de faire connaître.

Par suite de ces observations, une conférence s'engagea entre les sections de législation du Conseil-d'Etat et du tribunat le 24 germinal an XI (24 avril 1803), M. Bigot-Préameneu, rendit compte au Conseil-d'Etat du résultat de cette conférence, et le Conseil adopta les modifications proposées par le tribunat en ce qui concernait la réserve des collatéraux. Il ne fut fait aucune observation sur les modifications proposées à la rédaction de l'art. 205.

M. Bigot-Préameneu présenta la rédaction définitive du titre :

Section 1re, *de la Portion de Biens disponible.*

Art. 21. « Les libéralités soit par acte entre vifs,
« soit par testament, ne pourront excéder la
« moitié des biens du disposant, s'il ne laisse à
« son décès qu'un enfant légitime; le tiers, s'il
« laisse deux enfants; le quart, s'il en laisse trois
« ou un plus grand nombre. »

Art. 22. « Sont compris dans l'art. précédent
« sous le nom d'enfants, les descendants à quel-
« que degré que ce soit : néanmoins ils ne sont
« comptés que pour l'enfant qu'ils représentent
« dans la succession du disposant. »

Art. 23. « Les libéralités par acte entre vifs ne
« peuvent excéder la moitié des biens, si, à dé-
« faut d'enfant, le défunt laisse un ou plusieurs
« ascendants dans chacune des lignes paternelles
« et maternelles; et les trois quarts s'il ne laisse
« d'ascendants que dans une seule ligne. »

« Les biens ainsi réservés au profit des ascen-
« dants seront par eux recueillis dans l'ordre ou
« la loi les appelle à succéder. Ils auront seuls
« droit à cette réserve dans tous les cas ou un
« partage en concurrence avec des collatéraux

« ne leur donnait pas la quotité des biens à la-
« quelle elle est fixée.

Art. 24. « A défaut d'ascendants et de descen-
« dants, les libéralités par acte entre-vifs ou tes-
« tamentaires pourront épuiser la totalité des
« biens.

« Art. 25. Si la disposition par acte entre-vifs
« ou par testament, est d'un usufruit ou d'une
« rente viagère dont la valeur excède la quotité
« disponible, les héritiers au profit desquels la loi
« fait une réserve, auront l'option, ou d'exécuter
« cette disposition, ou de faire l'abandon de la
« quotité disponible. »

CHAP. VIII. *Des Dispositions entre époux.*

« Art. 201. L'époux pourra, soit par contrat
« de mariage, soit pendant le mariage, pour les
« cas où il ne laisserait point d'enfants ni descen-
« dants, disposer en faveur de l'autre époux, en
« propriété de tout ce dont il pourrait disposer
« en faveur d'un étranger, et en outre de l'usu-
« fruit de la totalité de la portion dont la loi pro-
« hibe la disposition au préjudice des héritiers. »

« Et pour le cas où l'époux donateur laisserait
« des enfants ou descendants, il pourra donner
« à l'autre époux, ou un quart en propriété et un
« quart en usufruit, ou la moité de tous les biens
« en usufruit seulement. »

Art. 205. L'homme ou la femme qui,

7

« ayant des enfants d'un autre lit, contractera un
« second ou subséquent mariage, ne pourra don-
« ner à son nouvel époux qu'une part d'enfant lé-
« gitime, le moins prenant, et sans que, dans au-
« cun cas, ces donations puissent excéder le quart
« des biens. »

Cette rédaction fut bientôt après convertie en
loi, et par suite du classement général des articles, l'art. 21 devint l'art. 913 du Code civil; l'art.
22 devint l'art. 914; l'art. 23 devint l'art. 915;
l'art. 24 devint l'art. 916; l'art. 25 devint l'art.
917; l'art. 201 devint l'art. 1094; enfin l'art. 205
devint l'art. 1098.

Telles sont les transformations successives
qu'ont subi, avant d'être érigés en lois, les textes
qui doivent devenir l'objet particulier de notre
examen.

Nous avons parcouru rapidement ces transformations à travers six projets qui sont : 1° le projet Cambacérès; 2° le projet Jacqueminot, et
quatre projets présentés successivement au nom
du gouvernement.

Ce qu'il y a de plus saisissant dans ces méta-
morphoses, et ce qu'il importe le plus de noter
pour le moment, peut être résumé de la manière
suivante :

1° Absence, dans le projet Jacqueminot et dans
les projets ultérieurs du gouvernement, des gains

de survie que proposait le projet Cambacérès, à défaut de toute stipulation de la part des époux ;

2° Graduation de la réserve, eu égard au nombre des descendants, mise à la place d'une réserve uniforme, d'après l'amendement extensif de Cambacérès, adopté par le Conseil-d'Etat ;

3° Substitution, selon le vœu manifesté par le tribunal d'appel de Toulouse, de l'art. 917 du Code, à toutes les dispositions des projets antérieurs qui prohibaient de disposer, à titre d'usufruit d'une portion supérieure à celle dont on pourrait disposer en pleine propriété ;

4° Faculté, accordée d'après les amendements Cambacérès et Berlier, à l'époux qui a des enfants d'un premier lit de disposer en faveur de son nouvel époux d'une part d'enfant, le moins prenant, en toute propriété, sans que cette portion puisse, en aucun cas, excéder le quart ; tandis que tous les projets antérieurs ne permettaient à l'époux de disposer que d'une part d'enfant en usufruit seulement ;

5° Suppression de toute réserve au profit des collatéraux opérée dans le dernier projet d'après les observations de la section du tribunat ;

6° Contraste frappant entre les fortunes diverses ou l'élaboration des articles qui ont servi à fixer la quotité disponible ordinaire, et l'élaboration de celui qui a réglé la quotité disponible entre époux, car si les articles des divers projets correspondants aux art. 913 et 915 du Code ont subi dans le cours de ces épreuves de nombreux remaniements, il en est tout autrement des articles correspondants à l'art. 1094, dont la rédaction n'a jamais subi la plus légère modification. Il est bien toujours mot par mot (1), l'art. 151 du projet Jacqueminot dont il est issu, l'art. 156 du premier projet du gouvernement, l'art. 172 du second, l'art. 205 du troisième, enfin l'art. 201 du quatrième, d'où il s'est échappé pour passer dans le Code.

Nous verrons bientôt quelle influence ces travaux préparatoires du Code doivent naturellement exercer sur la solution des questions que nous avons à traiter.

Après avoir ainsi exposé quelques idées générales sur le droit romain, sur l'ancienne jurisprudence, la législation transitoire et les travaux préparatoires du Code, nous abordons la seconde partie destinée à l'examen de la première question proposée.

_____

(1) Sauf le mot *pourra*, qui, dans le troisième projet, fut substitué au mot *peut....* changement assurément fort inoffensif.

DEUXIÈME PARTIE.

L'article 1094 du Code civil n'est, en aucun cas, restrictif de la quotité disponible ordinaire réglée par l'article 913 du même Code.

Nous venons de parcourir les travaux préparatoires du Code civil sur l'art. 1094 et les articles correspondants.

Il importe maintenant d'exposer l'interprétation que ces articles reçoivent au point de vue des deux questions capitales qui font l'objet spécial de notre travail. Sur la première question, qui consiste à savoir si l'art. 1094 est, en aucun cas, restrictif de la quotité disponible de l'art. 913, un arrêt de la Cour de Nîmes, du 10 juin 1807, est venu donner le signal de la plus vicieuse interprétation. Cette Cour décida, en effet, que l'époux qui ne laissait à sa survivance qu'un seul enfant, n'avait pu donner à son conjoint qu'un quart en propriété et un autre quart en usufruit, tandis qu'il aurait pu disposer en faveur d'un étranger de la moitié en pleine propriété (1). Cette décision, qui est la seule qu'on puisse invoquer sur cette thèse, a été adoptée par tous les auteurs. Ainsi, M. Toullier a posé comme un principe que la quotité disponible entre les époux était tantôt supérieure et tantôt inférieure à la quotité disponible ordinaire en faveur des étrangers. Voici comment s'explique cet auteur (2) : « En compa- « rant l'art. 1094, qui détermine la portion de « biens que les époux peuvent se donner, avec « l'art. 913, qui détermine la portion disponible « dans les cas ordinaires, on voit que le premier « forme pour les époux un droit particulier qui « s'écarte, en plusieurs points, des règles ordinai- « res. Il est possible qu'en certains cas l'époux do- « nataire puisse recevoir plus qu'un étranger ; mais « en d'autres cas il ne peut recevoir autant. — « Celui qui n'a qu'un enfant peut donner à un « étranger la moitié de ses biens en propriété ; « *il ne peut donner à son conjoint que le quart en* « *propriété et un autre quart en usufruit.* » — « Si « l'époux donateur laisse trois enfants ou plus, « il ne peut donner que le quart de ses biens à un « étranger, et il peut donner à son conjoint un

_____

(1) Dalloz, *Recueil général*, tome 6. V° *Dispositions entre- vifs et testamentaires*, page 271-272.

(2) Tome 5, n° 869, pages 777-778.

« quart en pleine propriété et un autre quart
« en usufruit. » — M. Grenier alla encore beaucoup plus loin ; car il écrivait : « On aurait peine
« à croire que, dans le cas où il n'y a qu'un enfant,
« on eût élevé la prétention qu'un des époux pou-
« vait disposer en faveur de l'autre de la moitié
« des biens en pleine propriété ; c'est cependant
« ce qui a eu lieu.... mais cette prétention est
« proscrite, avec raison, par un arrêt de la Cour
« de Nîmes du 10 juin 1807 (1). »

Ainsi, ceux-là qui auraient dû frayer une route
sûre à la jurisprudence, contribuèrent les premiers à l'égarer.

M. Rolland (de Villargues) reproduisit, quelques
années plus tard, dans son Répertoire du Notariat, les doctrines et jusqu'aux expressions de
M. Grenier (2). M. Guilhon les adoptait aussi sans
penser qu'elles pussent devenir l'objet d'un doute
sérieux (3). M. Delvincourt naturalisa les mêmes
théories dans l'École de Droit de Paris (4). Il ne
pouvait s'empêcher de reconnaître ce qu'il y avait
de singulier dans cette solution ; mais il l'expli-
quait en disant que l'on avait pensé qu'un père se

---

(1) Des Donations, 2, n° 286.
(2) Tome 5, v° Portion disponible, page 457, n° 149.
(3) Des Donat., n° 259 et suivants.
(4) Cours de Code civil, 2, 65.

*porterait plus difficilement à dépouiller ses enfants
en faveur d'un étranger qu'en faveur de sa femme.*
Or, comme dit Vinnius (Inst., liv. 2, tit. VIII),
lex arctiùs prohibet quod faciliùs, etc., (1). Enfin,
MM. Duranton (2), Dalloz (3), Vazeille (4), qui
ont écrit les derniers sur ces matières n'ont pas
songé, de leur côté, à s'élever contre ces idées ;
de telle sorte qu'on peut considérer comme à peu
près universellement reçu que l'art. 1094, qui est
extensif de la quotité disponible quand il y a trois
enfants, ou un plus grand nombre, est restrictif
de cette même quotité dans les autres cas.

Pour nous, déclinant ces diverses autorités,
nous allons développer cette doctrine, que l'article 1094, extensif de la quotité disponible ordinaire quand il y a trois enfants ou un plus grand
nombre, n'est jamais restrictif de cette quotité,
et que l'époux qui n'a qu'un ou deux enfants,
pourra, profitant du droit commun de l'art. 913,
disposer en faveur de son conjoint comme il le
pourrait en faveur d'un étranger, de la moitié
ou du tiers de ses biens en pleine propriété.

Quand il n'y a qu'un enfant, il y a avantage

---

(1) *Ibid.,* note 4 de la page 65.
(2) Tome 9, n° 793.
(3) *Disposit. entre-vifs,* pag. 271.
(4) Tome 3, page 326, n° 47.

évident pour l'époux de pouvoir être gratifié, en vertu de l'art. 913. — Quand il y en aura deux, le plus souvent il aimera mieux être gratifié, en vertu de l'art. 1094, parce qu'un quart en propriété et un autre quart en usufruit valent généralement plus qu'un tiers en toute propriété, qui est le disponible de l'art. 913. Mais quelquefois, cependant, à raison de son âge avancé, l'époux donataire sera intéressé à profiter de la disponibilité de l'art. 913; et il le pourra, selon nous. C'est en ce sens qu'il faut entendre notre proposition que l'art. 1094 n'est, en aucun cas, restrictif de l'art. 913.

Pour arriver à la démonstration de cette proposition, et, par suite, pour mettre en relief le vice de la doctrine qui a prévalu, nous aurons à invoquer plus d'arguments qu'il n'en faut pour établir une vérité juridique. Nous allons, en effet, nous prévaloir successivement : 1º des textes; 2º de l'esprit ou de l'intention du législateur; 3º de la raison, qui est supérieure aux textes et à leur esprit, ou de la philosophie du droit; 4º de l'histoire générale du droit.

I.

EXAMEN DES TEXTES.

Nous avons entendu quelques personnes prendre un argument en faveur de la doctrine qui va être professée, dans ces mots du § 2 de l'art. 1094: « Et pour le cas où l'époux donateur *laissera des* « *enfants ou descendants,* » pour en induire que le législateur ne s'était occupé, puisqu'il parle au pluriel, que des cas où il y a plusieurs descendants, et qu'ainsi ces dispositions sont inapplicables au cas où il n'y en a qu'un. Mais, indépendamment de cette considération, que cet argument laisserait la solution intacte pour le cas où il y a deux enfants, nous sommes convaincus qu'elle n'est qu'une argutie; car il y a dans le Code mille textes où des locutions semblables à celle que renferme l'art. 1094 s'entendent du singulier comme du pluriel (1). Défendre une thèse par des raisons de cette nature, c'est la compromettre, ou plutôt la ruiner d'avance.

Essayons donc une argumentation à la fois plus large et plus digne.

---

(1) Voir notamment les art. 731, 746, 753, 915, 916, 951, 1048, 1049, 1081 du Code civil.

Il est un principe certain d'interprétation, c'est que pour apprécier sainement les textes et comprendre toute leur autorité, il ne faut pas les isoler les uns des autres. On doit au contraire les combiner entre eux, les rapprocher, et, de cet ensemble, conclure à leur véritable portée.

En appliquant cette règle élémentaire à l'art. 1094, nous le rapprocherons des art. 902 et suivants, 913 et 1098 du Code civil, qui régissent tous la matière des donations, et font tous partie du même titre, celui des *Donations entre-vifs et des testaments* (tit. 2 du liv. 3).

Dans le chapitre 2 de ce titre, intitulé : *De la capacité de donner ou de recevoir par donations entre-vifs ou par testaments*, nous trouvons, nettement formulé, ce grand principe de droit naturel à savoir que : « *Toutes personnes peuvent* « *disposer et recevoir, soit par donations entre-* « *vifs, soit par testament, excepté celles que la* « *loi déclare incapables.* »

D'un autre côté, l'art. 913, faisant partie du chapitre III, *De la portion disponible et de la réduction*, dispose « que les libéralités, soit par « acte entre-vifs, soit par testament, ne pourront « excéder la moitié des biens du disposant, s'il « ne laisse à son décès qu'un enfant légitime ; le « tiers, s'il en laisse deux ; le quart, s'il en laisse « trois ou un plus grand nombre. »

Les époux seront donc capables de disposer et de recevoir, entre eux, dans les proportions déterminées par cet article, si nous ne rencontrons aucun texte qui les en déclare incapables.

Or, cette incapacité n'est point établie dans le chapitre II précité, et puisque nous ne l'y trouvons point, bien qu'il offre le tableau des diverses incapacités absolues ou relatives, il faudra, si elle existe, que nous la rencontrions dans le chapitre IX du même titre, spécial *aux dispositions entre époux, soit par contrat de mariage, soit pendant le mariage.*

Eh bien! dans ce chapitre spécial, je ne trouve qu'une incapacité partielle ou relative, entre époux; elle s'applique aux cas de secondes noces, lorsque l'époux qui a convolé a des enfants vivants issus d'un précédent mariage: elle est écrite dans l'art. 1098 du Code, ainsi conçu: « L'homme ou « la femme qui, ayant des enfants d'un autre lit, « contractera un second mariage, *ne pourra* don- « ner à son nouvel époux qu'une part d'enfant « légitime, le moins prenant, et sans que, dans « aucun cas, ces donations puissent excéder le « quart des biens. » — Mais je ne puis voir une incapacité dans le § 2 de l'art. 1094 qui dispose: « *Et pour le cas où l'époux donateur laisserait des* « *enfants ou descendants, il* POURRA *donner à* « *l'autre époux ou un quart en propriété et un*

« *quart en usufruit, ou la moitié de tous ses biens*
« *en usufruit seulement.* »

Qu'on pèse bien cette formule purement facultative *l'époux* POURRA, et on en induira nécessairement qu'elle ne peut consacrer une incapacité.

Le droit a, comme toutes les sciences exactes,
une langue qui lui est propre ; quand les types en
ont été une première fois fondus et acceptés, il
est bien rare qu'on puisse les briser. Or, dans
cette langue, les incapacités ne se formulent pas
par des locutions *potestatives*, mais, au contraire,
par des locutions *négatives, prohibitives...*

Ce sont là des habitudes prises depuis long-
temps : elles se sont perpétuées jusqu'à nous par
des traditions non interrompues. Et il ne faut pas
s'en étonner, car si le langage ordinaire, le langage de la littérature surtout, est capricieux, in-
constant, mobile, selon l'observation du poète :

> Multa renascentur quæ jam cecidere ; cadent que,
> Quæ nunc sunt in honore, vocabula ;

le langage du droit, au contraire, est essentiellement conservateur. La littérature vit autant de
fictions que de réalités ; le droit est tout entier
dans les réalités ; aussi son langage est-il simple,
sévère ; de cette simplicité, de cette sévérité qui
conviennent si bien à la majesté des lois. En lui,
ce n'est pas la forme qui conserve le fond, c'est

au contraire le fond qui conserve la forme (1).
Voyez dans le droit romain et dans l'ancienne
législation, sans sortir de notre sujet, les formules
dont se servirent les législateurs, lorsqu'ils vou-
lurent frapper les époux de diverses incapacités !
Les empereurs romains, touchés, comme nous
l'avons vu, du tendre intérêt qu'inspirent les enfants du premier lit, veulent-ils restreindre la
capacité de l'époux du second lit? Ils manifes-
tent leur volonté en ces termes : « *Hac edictali*
« *lege in perpetuum valiturâ sancimus, si ex priore*
« *matrimonio, procreatis liberis, pater mater ve*
« *ad secunda, vel tertia, aut alterius repetiti matri-*
« *monii, vota migraverit,* NON SIT EI LICITUM, *no-*
« *vercæ vel vitrico,* etc., *conferre quam filio, vel*
« *filiæ, si unus, vel una extiterit* (2). Au seizième
siècle (juillet 1560), le chancelier de l'Hospital
rédige un édit qui doit rendre obligatoire dans
toute la France les principes de cette constitution,
et il maintient la même formule prohibitive; le
fond et la forme sont exactement conservés. Le
premier chef de l'édit est ainsi conçu : « Les
« femmes veuves (3), ayant enfants, ou enfants

---

(1) C'est là un point capital dans l'histoire de la philosophie du droit.

(2) Constit. 6, Cod. *De secund. nupt. ad proem.*

(3) La lettre de l'édit ne parlait que des femmes veuves ; mais

« de leurs enfants, *ne peuvent et ne pourront*, en
« quelque façon que ce soit, donner de leurs biens
« meubles à leurs nouveaux maris, etc. »

Enfin, lorsque les rédacteurs de la coutume de
Paris songèrent, à une époque contemporaine de
cet édit, à prohiber les dons entre mari et femme,
voici comment ils s'exprimèrent en l'art. 282 :
« Homme et femme conjoints par mariage *ne se*
« *peuvent avantager* l'un l'autre par donation en-
« tre-vifs, par testament ou ordonnance de der-
« nière volonté, ou autrement, directement ne
« indirectement, sinon par don mutuel comme
« dessus. »

La formule des incapacités était donc façonnée
depuis longtemps quand les rédacteurs du Code
civil s'occupèrent de remplir la haute mission qui
leur avait été confiée ; ils n'ont eu qu'à l'accepter
et à la maintenir, et c'est ce qu'ils ont fait. Par-
courez les diverses incapacités énumérées dans les
articles 903 et suivants, et partout vous rencontre-
rez cette locution prohibitive : *ne pourra... ne pour-*
ront... (art. 907, 908, 909). Et non-seulement nous
la trouvons toujours employée dans le chapitre II,
mais ce qui est digne d'être particulièrement noté,
nous la trouvons encore à côté de l'art. 1094

---

tous les auteurs étaient d'accord d'étendre ses dispositions aux
hommes devenus veufs.

lui-même , dans le chapitre dont il fait partie ,
c'est-à-dire dans l'art. 1098 précité. « L'homme
« ou la femme qui, ayant des enfants d'un autre
« lit, contractera un second ou subséquent
« mariage, *ne pourra* donner à son nouvel époux
« qu'une portion d'enfant légitime, le moins pre-
« nant, et sans que, dans aucun cas, ces donations
« puissent excéder le quart des biens. »

Et quand il s'agit, au contraire, des donations
ordinaires entre époux, l'art. 1094 nous présente
une rédaction toute opposée, c'est le langage
facultatif, qui prend tout-à-coup, et par un contraste frappant, la place du langage *prohibitif.*

Dans ce tableau, il faut distinguer un trait
particulier sur lequel l'œil doit se fixer d'une
manière toute spéciale; c'est la différence des
rédactions de l'art. 913 et 1094... L'art. 913 dit :
« Les libéralités, soit par actes entre-vifs, *ne*
« *pourront* excéder la moitié des biens du dispo-
« sant, s'il ne laisse, etc..... »

L'art. 1094 dit : l'époux *pourra.*

Ces simples rapprochements pris dans la lettre
même des textes ne sont-ils pas décisifs? Qui oserait avancer que ces différences si essentielles
sont l'effet du hasard, qu'elles n'ont rien d'intentionnel?

Quant à ces derniers mots du § 2 de l'art. 1094,
ou en usufruit SEULEMENT *,* ils n'ont rien de limi-

tatif, d'après la construction grammaticale, ils ne peuvent se rapporter qu'au quart en *propriété*, mis en opposition avec l'*usufruit*, et non à la proposition toute entière du paragraphe lui-même.

Il y a même cela de remarquable que, lorsque le Code a voulu établir des incapacités entre époux, il l'a dit non-seulement dans le chapitre IX lui-même, comme on l'a vu à l'art. 1098, pour le cas de secondes noces; mais on retrouve encore, dans d'autres titres, l'influence du rappel de cette incapacité. Il suffit, pour s'en convaincre, de lire les art. 1496, § 2, et 1527, § 3, sous le titre du *Contrat de mariage, régime de la communauté.*

Mais on a dit : l'art. 1094 constitue un droit particulier pour les époux ; il établit une exception aux règles du droit commun posées en matière de quotité disponible, dans l'art. 913. Il permet aux époux de disposer l'un en faveur de l'autre d'une quotité de biens uniforme et invariable. Ils ne peuvent, en aucun cas, disposer d'une quotité supérieure, puisque c'est dans l'art. 1094, et dans cet article seul, qu'il faut chercher la mesure de leur capacité. Tout l'indique ; et l'intitulé du chapitre dont l'art. 1094 fait partie, et sa rédaction elle-même, qui n'est faite que pour les époux spécialement. L'art. 913 gradue la quotité disponible ordinaire d'après le nombre des enfants, elle est variable et inégale. L'art. 1094, au contraire, n'a

8

aucun égard au nombre des enfants ou descendants, elle est donc uniforme et invariable quel que soit le nombre des enfants ou descendants.

Je comprendrais volontiers la portée de cet argument, s'il ne s'agissait pas d'une question d'*incapacité* et si nous étions sous l'influence d'une règle générale autre que celle qui est posée dans l'art. 902 du Code civil. Ainsi supposons, par exemple, que ce Code, renversant le principe du droit naturel (comme on l'avait fait, à Rome, pour le droit de tester)(1), eût déclaré que toutes personnes étaient incapables de disposer et de recevoir entre-vifs, excepté celles que la loi en déclare capables; la rédaction de l'art. 1094, viendrait alors tout entière à l'appui de la doctrine que nous combattons. On dirait avec raison aux époux : par exception à la règle générale, qui est l'incapacité, vous êtes déclarés capables de disposer et de recevoir par donation entre-vifs et par testament; mais en même temps que la loi vous déclare capables, elle limite elle-même la mesure de la capacité qu'elle vous accorde. Dans le cas ou vous aurez des enfants, vous pourrez disposer réciproquement, l'un en faveur de l'autre, d'un quart en propriété et d'un autre quart en usufruit,

---

(1) C'était, à Rome, la conséquence du principe que le droit de tester était un démembrement du pouvoir législatif.

ou de la moitié en usufruit seulement. Vous ne pouvez donc prétendre à une capacité plus étendue.

Ce raisonnement serait décisif.

Mais nous sommes précisément placés dans une situation toute contraire.

La règle générale, c'est la capacité; l'incapacité, c'est l'exception. Les époux sont donc capables de disposer et de recevoir dans les proportions tracées par l'art. 913, qui est la consécration du droit commun, comme ils pourraient disposer en faveur d'un étranger et recevoir de lui, s'ils n'en sont déclarés incapables par aucun texte spécial. Or, nous avons démontré que d'après les habitudes du législateur, d'après son vocabulaire déjà fort ancien, un texte facultatif ne pouvait formuler une incapacité. Ne disons donc plus : les époux peuvent disposer réciproquement l'un en faveur de l'autre du quart en propriété et d'un autre quart en usufruit, quel que soit le nombre des enfants issus du mariage; donc, ils ne peuvent disposer d'une portion supérieure, et participer au bénéfice du droit commun de l'art. 913. Mais disons, au contraire : pour que les époux aient le droit de disposer l'un en faveur de l'autre de la quotité de l'art. 913, et ne soient pas exclus de la règle générale, il suffit que l'art 1094 ne les prive pas de cette capacité, car cette capacité, ils la tiennent de l'art. 902 combiné avec l'art. 913;

et puisqu'ils la tiennent de ces deux articles, il faudrait que l'art. 1094 la leur eût ravie. Les incapacités sont de droit étroit: elles ne sauraient être suppléées. Il ne faut rien moins qu'un texte, et qu'un texte prohibitif ou privatif. Si les auteurs des projets primitifs avaient estimé qu'une disposition exceptionnelle, et littéralement explicite, était nécessaire pour augmenter en faveur des époux la quotité disponible ordinaire, quand leur qualité même rendait cette extension si naturelle et si favorable, quand tout conspirait pour elle, n'aurait-on pas estimé qu'une disposition encore plus *explicite* était indispensable, quand il fallait, malgré leur qualité, les exclure du bénéfice du droit commun, c'est-à-dire les frapper d'incapacité?

Lorsque le législateur a voulu restreindre la capacité des époux dérivant pour eux du droit commun, il n'a pas manqué de le dire, comme on le voit dans l'art. 1098, et non-seulement il ne l'a pas dit dans l'art. 1094, mais il s'est servi d'une locution qui implique un sens tout contraire. L'antithèse dans les mots ne doit-elle pas nécessairement faire supposer l'antithèse dans les idées?

Nous verrons bientôt l'argument pressant que va fournir le même art. 1098 considéré par rapport à la limitation qui le termine.

C'est pour ne s'être pas placés au point de vue

d'une question d'incapacité co-relative de disposer et de recevoir, et pour n'avoir pas mis l'art. 1094 en regard avec les textes qui seuls peuvent l'expliquer, que la doctrine s'est égarée au détriment des droits les plus sacrés.

Que sera-ce maintenant si nous éclairons ces textes par l'examen des travaux préparatoires du Code, d'où va jaillir saisissante l'intention du législateur ?

II.

DE L'ESPRIT DES TEXTES.

—

Nous avons jusqu'ici raisonné comme si les art. 913 et 1094 avaient toujours été dans les mêmes rapports; comme si l'art. 913 eût surgi d'un seul jet dans le Code; et néanmoins nous avons prouvé que, même à ce point de vue, la doctrine généralement reçue devait être proscrite. Mais examinons les fortunes diverses qu'ont éprouvé ces deux articles, et reprenons rapidement les travaux préparatoires du Code civil à cet égard.

Quels étaient les rapports qui existaient primitivement entre la quotité disponible ordinaire et

la quotité disponible entre époux? Il faut, comme
on l'a déjà vu, remonter pour les saisir aux origines de nos textes, c'est-à-dire au projet présenté en thermidor de l'an VIII, par Jacqueminot,
à la commission législative du conseil des Cinq-
Cents. La quotité disponible ordinaire était dans
ce projet réglée par l'art. 16, dont voici la teneur :
« Les donations, soit entre-vifs, soit à cause de
« mort, ne peuvent excéder le quart des biens du
« donateur, s'il laisse après son décès des enfants
« ou descendants ; la moitié, s'il laisse des ascen-
« dants, des frères et sœurs ou des descendants
« des frères et sœurs ; les trois quarts, s'il laisse
« des oncles, grands-oncles, ou des cousins-ger-
« mains (1). »

Voilà comment se trouvait réglée la quotité
disponible ordinaire. Elle n'était donc pas graduée comme dans la loi de germinal qui venait
d'être publiée, comme elle l'est aujourd'hui, d'a-
près le nombre des enfants ou descendants ; qu'il
n'y en eût qu'un seul, qu'il y en eût deux, trois,
ou un nombre supérieur, la quotité disponible
était uniforme comme dans le droit romain du
Digeste, et invariablement fixée au *quart* des
biens.

---

(1) Fenet, 1, page 370.

Et la quotité disponible entre époux, comment était-elle réglée? — Comme elle l'est actuellement dans l'art. 1094 du Code, que nous allons retrouver tout entier dans l'art. 151 du projet précité, sauf le mot *pourra* qui a été plus tard substitué au mot *peut;* ce qui ne constitue, ainsi qu'il a été déjà noté, qu'une substitution essentiellement inoffensive :

« L'époux *peut*, soit par contrat de mariage,
« soit pendant le mariage, pour le cas où il ne
« laisserait point d'enfants ni descendants, don-
« ner à l'autre époux, en propriété, tout ce qu'il
« pourrait donner à un étranger; et, en outre,
« l'usufruit de la totalité de la portion dont la loi
« prohibe la disposition au préjudice des héri-
« tiers. Et pour le cas où l'époux donateur laisse
« des enfants ou descendants, il *peut* donner à
« l'autre époux un quart en propriété et un quart
« en usufruit, ou la moitié en usufruit seule-
« ment (1). »

Du rapprochement de l'art. 16 avec l'art 151, il résultait donc d'une manière évidente que, *dans tous les cas possibles,* la quotité disponible entre époux était supérieure à la quotité disponible ordinaire. — N'existait-il qu'un enfant? Le père de famille ne pouvait disposer que d'un quart en fa-

---

(1) Fenet, *ibid,* page 392.

veur d'un étranger ; mais il pouvait disposer d'un quart en propriété et d'un quart en usufruit en faveur de son conjoint. Ainsi de suite, et, à plus forte raison, dans tous les autres cas.

Il est donc certain que la rédaction de l'art. 151, devenu notre art. 1094, conçu en termes facultatifs, correspondait parfaitement à son objet, qui était de favoriser les époux, et d'augmenter, dans tous les cas possibles, la quotité disponible ordinaire à leur profit. Et il était doublement extensif, car il autorisait les époux à disposer entre eux de l'usufruit de la moitié ; tandis que, vis-à-vis d'un étranger, ils ne pouvaient jamais disposer que d'un quart, même en usufruit, d'après la règle de l'art. 17 de ce projet, qui disposait : « La do-« nation en usufruit ne peut excéder la quotité « dont on peut disposer en propriété. »

Cet article avait eu le soin de réserver l'exception qui était arrêtée et combinée d'avance dans l'esprit des rédacteurs ; il se terminait par ces mots: « Sans préjudice, néanmoins, de ce qui est réglé à « l'égard des époux. » — L'art. 151 avait donc été fait en même temps que l'art. 17, et sa rédaction facultative avait été ménagée tout exprès pour faire contraste avec la rédaction restrictive de l'art. 16 du projet (devenu l'art. 913), et qui portait : « Les donations soit entre-vifs soit à cause « de mort, ne peuvent excéder le quart des biens, »

et avec le texte tout aussi restrictif de l'art. 17 :
« La donation en usufruit *ne peut* excéder, etc. »
— Ces contrastes étaient donc tout-à-fait inten-
tionnels; on a vu qu'ils s'étaient maintenus dans
les rapports de l'art. 913, issu de l'art. 16, avec
l'art. 1094, issu de l'art. 151. L'art. 151 n'avait
donc pas été fait pour engager en rien, vis-à-vis
des époux, le principe du droit commun. Son but
unique, notons le bien, était d'étendre la liberté
du défunt, pour le cas où il ferait des dispositions
gratuites en faveur de son conjoint. Il ne s'agissait
pas, dans l'art. 151, de conférer aux époux, entre
eux, le bénéfice de la règle générale de l'art. 16,
et de dire qu'ils pourraient recevoir l'un de l'autre,
en propriété, autant que d'un étranger; il s'agissait uniquement de déclarer qu'ils pouvaient recevoir l'un de l'autre *plus* que d'un étranger.
Tel était l'objet exclusif de l'article.

Tous les développements que recevrait, plus
tard, la quotité disponible ordinaire, devaient
donc nécessairement profiter aux époux, par la
force même des choses, et par les principes du
droit commun, l'art. 151, conçu dans un but
tout différent, ne pouvant opposer aucun obstacle
à ce résultat.

Cette précision est capitale ; elle domine toute
la question.

Ces circonstances expliquent donc parfaitement
la rédaction facultative de l'art. 1094.

Que s'est-il passé après la rédaction de ce projet?

Les commissaires du gouvernement consulaire adoptèrent, on le sait, purement et simplement, cette partie de l'œuvre Jacqueminot (1).

Le premier projet des commissaires, renfermant cette adoption, est soumis en l'an IX aux divers tribunaux d'appel du royaume, et sur le mérite de ces dispositions, Lyon et Rouen se plaignirent des faveurs trop larges accordées aux dispositions entre époux. A leur avis, il ne fallait pas sacrifier l'intérêt des familles à l'élan de l'affection réciproque des conjoints. *Il suffirait* de leur accorder la libre disposition de *l'usufruit qui passe, et de réserver la propriété pour la famille qui survit et se perpétue* (2). Paris, au contraire, demandait que si l'on étendait la quotité disponible ordinaire, on l'étendît également par rapport aux dispositions entre époux, qui devaient être traités dans tous les cas aussi favorablement que les étrangers (3). — Le tribunal de cassation, allant beaucoup plus loin que le tribunal d'appel de Paris, et partageant sur la question un sentiment diamétralement opposé à celui des tribunaux d'ap-

---

(1) Fenet, tome II, page 276-299,
(2) Fenet, tome V, page 528-529.
(3) *Ibid*, page 268.

pel de Lyon et de Rouen, voulait qu'au cas où il n'y aurait point d'enfants, rien ne dût limiter la faculté de disposer entre époux (1).

Le gouvernement n'eut aucun égard à ces observations en sens divers, et son second projet fut sur ce point entièrement conforme au premier, sauf la différence des numéros ou articles.

Ce second projet fut soumis au Conseil-d'Etat par M. Bigot-Préameneu, mais partiellement et chapitre par chapitre. Le chapitre II, qui comprenait l'art. 16 du projet, réglant la quotité disponible ordinaire, fut discuté dans la séance du 21 pluviôse an XI (10 février 1803); et dans cette séance, après une longue et solennelle discussion (2), fut adopté l'amendement du consul Cambacérès, qui proposait de graduer la quotité disponible ordinaire sur le nombre des enfants, et d'autoriser le disposant à donner la moitié, s'il n'avait qu'un enfant; le tiers, s'il en avait deux; le quart, s'il en avait trois ou un plus grand nombre. Ainsi l'art. 913 naquit de l'amendement Cambacérès et data seulement du 21 pluviôse an XI; tandis que l'art. 1094, qui est toujours resté le même, conservait son origine première, qui datait du pro-

---

(1) Fenet, tome II, page 711.

(2) Fenet, tome XII, page 244 et suivantes, 300 et suivantes. Vid. ci-dessus, pages 86 et suiv.

jet Jacqueminot, dont il était issu, c'est-à-dire de thermidor de l'an VIII.

L'économie des rapports qui existaient en l'an VIII entre la quotité disponible ordinaire et la quotité disponible entre époux, se trouva donc changée.

Le chapitre IX dans lequel figurait l'art. 151 devenu l'art. 172, et plus tard l'art. 1094, fut adopté sans discussion trente-six jours après, c'est-à-dire le 27 ventôse an XI (18 mars 1803). On discuta encore le même jour l'art. 176, devenu l'art. 1098, et réglant la quotité disponible entre époux, pour le cas de secondes noces. On n'a pas oublié la teneur de cet art. 176 : « L'homme ou la femme « qui, ayant des enfants d'un autre lit, contrac- « tera un second ou subséquent mariage, ne « poura donner à son nouvel époux qu'une part « d'enfant légitime, le moins prenant, et en *usu-* « *fruit* seulement. »

Des amendements furent proposés sur cet article par le consul Cambacérès et par M. Berlier. Il est indispensable d'exposer ici cette partie importante de la discussion.

Le consul Cambacérès, reprenant les observations qui avaient été faites par le tribunal d'appel de Bruxelles et par celui de Paris (1) dit que

---

(1) Fenet, tome 3, page 219-180. *Ibid,* tome 2, 268.

« l'intérêt des enfants du premier lit oblige de
« faire une distinction entre les deux mariages ;
« qu'il suffit au surplus de laisser à l'époux qui
« se remarie la disposition d'une part d'enfant ;
« mais qu'on pourrait lui permettre de la donner
« en *toute propriété* à son nouvel époux.

« M. Berlier observe qu'en accordant au nou-
« vel époux la faculté de recevoir une part d'en-
« fant, *même en propriété,* ce qui est raisonnable,
« il est peut-être convenable de modifier cette
« règle, car, s'il n'y avait *qu'un enfant ou deux du*
« *premier mariage, et point du second,* le nouvel
« époux pourrait, en partageant avec eux, avoir
« *la moitié* ou le *tiers* de la succession.

« L'opinant pense qu'il serait juste d'établir à
« côté de la règle principale, relative à la portion
« d'enfant, une exception portant qu'elle ne
« pourra pas, à l'égard du nouvel époux, excéder
« une quotité de la succession ; par exemple, le
« quart.

« L'article est adopté avec les amendements
« proposés par le consul Cambacérès, et par
« M. Berlier (1). »

Qui ne voit l'argument décisif qui s'induit de
ces faits ?

Si le **27** ventôse an **XI**, trente-six jours après

---

(1) Fenet, tome **12**, page 416-417.

l'adoption du principe de l'art. 913, et quelques instants après l'adoption de l'art. 1094, M. Berlier, jurisconsulte distingué, remarquable surtout par la sévérité de sa dialectique, qui a pris la part la plus active aux travaux du Conseil et aux œuvres législatives les plus importantes accomplies depuis la révolution, fait observer qu'il faut limiter la part dont le nouvel époux pourra être gratifié, parce que, sans cette limitation, il pourrait, dans le cas où il n'y a qu'un ou deux enfants du mariage précédent, le second mariage étant resté stérile, recevoir la moitié ou le tiers de la succession ; c'est qu'il reconnaissait sans doute que, dans le même cas, l'époux du premier lit aurait pu être gratifié de la même quotité.

En effet, si l'époux du premier lit, qui se trouvait environné des faveurs de la loi, n'avait pu, en aucun cas, quand il y aurait des enfants, recevoir la moitié ou le tiers de la succession de son conjoint, l'époux du second lit, moins favorisé qu'un étranger, à cause de l'intérêt qu'inspirent les enfants d'un mariage précédent, n'aurait pas pu, dans des cas identiques, prétendre à une part supérieure. La limitation était dans ce cas parfaitement inutile. Elle se trouvait écrite dans l'art. 172, devenu l'art. 1094, et n'avait pas besoin d'être reproduite par une disposition nouvelle. Mais c'est parce que M. Berlier et le Conseil tout entier, savaient très-bien que les nouveaux rapports qui venaient d'être établis entre les art. 913 et 1094 ne s'opposaient pas à ce que l'époux du premier lit reçût de son conjoint la moitié ou le tiers de la succession, quand il n'y aurait qu'un ou deux enfants, qu'ils ont voulu restreindre cette capacité à l'égard de l'époux du second lit.

Que serait-il advenu si le Conseil n'avait pas estimé que l'époux du premier lit ne devait, en aucun cas, recevoir plus d'un quart en propriété; qu'il ne devait pas profiter de l'extension de la quotité disponible précédemment adoptée? On aurait répondu à M. Berlier: votre amendement est inutile; nous venons à l'instant même d'adopter l'art. 172 (devenu l'art. 1094). — Eh bien! d'après cet article qui est là, sous nos yeux, l'époux du premier lit ne peut jamais recevoir la moitié ou le tiers de la succession; il est donc oiseux de dire dans l'article en discussion (1098) que l'époux du second lit ne pourra pas recevoir d'avantage; et au lieu de cela le Conseil consacre la limitation demandée, en déclarant que la part d'enfant dont celui-ci pouvait être gratifié, ne pourrait, *dans aucun cas*, excéder le quart des biens.

Dans aucun cas... expressions très remarquables et qui traduisent d'une manière énergique l'intention du Conseil-d'État, s'associant à la pensée de M. Berlier en adoptant son amendement. — C'était dire, en effet, fort nettement: l'époux du premier lit, quand il n'y aura qu'un ou deux enfants, pourra recevoir de son conjoint la moitié ou le tiers de la succession; mais l'époux du second lit sera moins favorisé, à cause de l'intérêt qu'inspirent les enfants du premier lit; même lorsqu'il n'y aurait qu'un ou deux enfants du premier mariage, et point du second, *en aucun cas*, il ne pourra être gratifié au-delà du quart des biens.

Voilà comment le Conseil manifesta sa pensée. Pouvait-il en donner une manifestation plus significative, alors surtout que les constitutions des empereurs romains, et l'édit des secondes noces avaient pris pour base de la capacité du second époux, la part d'enfant légitime le moins prenant, soit qu'elle s'élevât ou qu'elle ne s'élevât pas au-delà du quart en propriété?

Pourquoi donc interpréterions-nous ces articles autrement que le Conseil lui-même?

A cet argument décisif, selon nous, pour attester l'intention du législateur, on pourrait pourtant opposer deux objections.

On peut dire d'abord: l'art. 176 du projet, relatif aux secondes noces, reproduisait, l'amendement du consul Cambacérès une première fois admis, une rédaction fort ancienne dans le droit, en mesurant la part dont l'époux pouvait être gratifié par son conjoint binube à une part d'enfant légitime le moins prenant. La capacité de l'époux du second lit était donc nécessairement variable. Or, dans le cas où il n'y aurait eu qu'un ou deux enfants du précédent mariage, et point du mariage subséquent (1), l'époux du second lit n'aurait pas manqué de se prévaloir du texte de la loi. Il aurait dit: la part de l'enfant légitime le moins prenant est de la moitié ou du tiers; je puis recevoir, d'après la loi, une part égale; donc j'ai pu être gratifié de la moitié ou du tiers en pleine propriété.

Ce raisonnement ne pouvait être sérieux qu'autant qu'il aurait été préalablement reconnu que dans la même situation l'époux du premier lit aurait pu prétendre à une part égale. La défaveur et l'incapacité partielles des époux du second lit, quand il y a des enfants existants d'un précédent mariage, était établie depuis trop long-temps pour que ces époux eussent jamais pu prétendre à une capacité supérieure à la capacité des époux du premier lit.

L'art. 1094 établissant entre époux une règle

---

(1) Nous reproduisons les propres paroles de M. Berlier.

générale, cette règle n'aurait pu être détruite en faveur des époux du second lit qu'au moyen d'un texte spécial, texte qu'on n'aurait pu trouver dans la disposition qui prenait pour mesure de leur capacité une part d'enfant le moins prenant : car il aurait amené à des conséquences inouies en législation, le privilége de l'époux du second lit sur l'époux du premier.

L'argument pris de la limitation adoptée d'après l'amendement Berlier subsiste donc dans toute sa force.

Ajouterait-on : L'époux du premier lit, lorsqu'il n'y a qu'un ou deux enfants, peut recevoir, d'après l'art. 1094, un quart en pleine propriété et un quart en usufruit, ou la moitié en usufruit seulement. Eh bien! la limitation de l'art. 1098 a été votée précisément afin que dans la même position, l'époux du second lit ne pût recevoir qu'un quart en propriété seulement. Elle crée ainsi, au préjudice de cet époux, une différence de capacité jusqu'à concurrence d'un quart en usufruit.

Nous répondrions à cet argument avec le texte même du procès-verbal de la séance du Conseil-d'État.

N'oublions jamais, en effet, les causes qui ont provoqué l'amendement Berlier, et la manière dont les faits se sont enchaînés. On proposait de

n'autoriser l'époux binube à disposer en faveur
de son nouvel époux que d'une part d'enfant, le
moins prenant, et *en usufruit seulement*. Le consul
Cambacérès proposa d'autoriser la disposition
d'une part d'enfant le moins prenant, en *toute
propriété*. Et aussitôt, M. Berlier présente son
amendement limitatif, afin que l'époux du second
lit ne puisse, *en aucun cas,* avoir, comme l'époux
du premier lit, la moitié ou le tiers de la succession. Cette moitié ou ce tiers ne peuvent donc
s'entendre soit d'après la valeur ordinaire des
mots, soit d'après leur corrélation avec l'amendement du consul Cambacérès, que de la pleine
propriété; or, un quart en propriété et un quart
en usufruit ne sont ni la moitié ni le tiers d'une
succession.

D'ailleurs cette différence de capacité entre les
époux du premier et du second lit, réduite à la
quotité d'un quart en usufruit seulement, dans le
cas particulier où nous sommes placés, aurait été
insuffisante; elle n'aurait pas couvert d'une manière efficace les intérêts des enfants nés d'un
précédent mariage contre l'influence d'un mariage subséquent. Elle eût été en opposition trop
manifeste avec les errements de l'ancienne législation et contrariait d'ailleurs trop directement
l'intention qu'avaient manifesté, dans leur premier projet, les rédacteurs du Code civil.

Qu'on se rappelle en effet les deux premiers projets du gouvernement, et l'on verra quelle était la capacité relative qu'ils se proposaient de faire aux époux du premier lit, aux étrangers et aux époux du second lit, lorsqu'il y avait des enfants issus d'un mariage précédent.

L'époux du premier lit était plus favorisé dans tous les cas que les étrangers.

Les étrangers, à leur tour, étaient plus favorisés que les époux du second lit : ceux-ci ne pouvaient, d'après ces projets, recevoir qu'une part d'enfant, et *en usufruit seulement*.

C'était dans ces proportions que la gradation des capacités était tracée par des textes positifs. Il y avait donc entre les époux du premier lit et ceux du second un intervalle immense.

Et cependant, s'il fallait en croire les partisans de la doctrine actuelle, toutes ces proportions auraient été renversées de fond en comble par les amendements Cambacérès, dont l'un gradua la quotité disponible ordinaire, le 21 pluviôse ; dont l'autre autorisa l'époux ayant des enfants du premier lit, à disposer en faveur de son conjoint, en propriété, d'une part d'enfant légitime le moins prenant. Le résultat de ces amendements aurait été d'abord de rendre la quotité disponible ordinaire supérieure accidentellement à la quotité disponible entre époux, et de combler tout l'inter-

valle qui séparait la capacité des époux du premier
et du second lit, en ne laissant plus subsister
entre eux, dans l'espèce que nous agitons, d'autres différences de capacité que pour un quart en
usufruit seulement. Ce bouleversement n'a jamais
été dans l'intention du législateur.

Concluons donc de tout ce qui précède que
le 27 ventôse an XI, lors de la discussion du
second projet, il fut reconnu par le Conseil-
d'État que les rapports nouveaux établis entre les
art. 913 et 1094 n'empêcheraient pas l'époux de
donner à son conjoint, quand il n'y aurait qu'un
ou deux enfants du mariage, la moitié ou le
tiers en pleine propriété.

Continuons.

Le troisième projet, rédigé d'après les amendements adoptés, fut communiqué officieusement
à la section de législation du tribunat. D'après ce
projet, l'art. 21 chapitre II, *De la portion de biens
disponible,* se trouva rédigé tel que nous le lisons
dans l'art. 913 : les premiers paragraphes de
l'art. 33 réglaient la réserve des ascendants et
les derniers paragraphes étaient destinés à régler
la réserve des collatéraux ; quant à l'art. 205,
(devenu l'art. 1094), il était toujours le même.

La section du tribunat proposa une nouvelle
rédaction pour être substituée à celle du projet.
Voici ce qu'on lit à cet égard dans les procès-ver-

baux : « La section propose de substituer à cet
« article la rédaction suivante : L'époux pourra,
« soit par contrat de mariage, soit pendant le
« mariage, pour le cas où il ne laisserait pas
« d'enfants ni descendants, donner à l'autre
« époux, en propriété, *par dispositions entre-vifs*
« *et testamentaires*, tout ce qu'il pourrait donner
« à un étranger, et, en outre, l'usufruit de la tota-
« lité de la portion dont la loi prohibe la dispo-
« sition au préjudice des *ascendants*.

« Et pour le cas où l'époux donateur laisserait
« des enfants ou descendants, il pourra donner
« à l'autre époux *tout ce dont il pourrait disposer*
« *en propriété,* ou la moitié de tous ses biens en
« usufruit seulement. »

La section du tribunat motivait ces changements
de rédaction par les observations suivantes :

« D'abord, pour les dispositions faites pendant
« le mariage, il était à propos de dire qu'elles
« pourraient l'être par *actes entre-vifs ou testa-*
« *mentaires;* ce qui était omis dans l'article du
« projet.

« Ensuite, à la fin du premier paragraphe, il
« était convenable de dire *au préjudice des ascen-*
« *dants,* au lieu de *au préjudice des héritiers,*
« parce que, dans le cas dont il est question dans
« ce premier paragraphe, il n'y a d'autres héri-
« tiers que les ascendants.

« Enfin, dans le cas où il y aurait des enfants,
« *la section pense qu'il est juste qu'un époux puisse*
« *donner à l'autre tout ce dont il pourrait disposer*
« *en propriété, c'est-à-dire autant qu'il pourrait*
« *donner à un étranger,* ou la moitié de ses biens
« en usufruit. » (Fenet, 12, 466-7).

Il ne fut donné, de la part du Conseil-d'Etat,
aucune suite à ces observations.

Les procès-verbaux officiels gardent à ce sujet
le silence le plus absolu, et, dans le quatrième
projet qui fut converti en loi, la rédaction de
l'art. 205 (art. 1094), fut reproduite purement
et simplement, sans aucune modification.

Que faut-il induire de là? Que le Conseil-d'État
n'adoptait pas l'opinion du tribunat, d'après laquelle les époux devaient être, dans tous les cas,
traités aussi favorablement que les étrangers?
Mais ce Conseil avait manifesté depuis long-temps
une opinion conforme, et son silence ne prouvait
qu'une chose, c'est que, dans sa pensée, la rédaction du projet était suffisante pour exprimer ce
principe. Pour qu'il en fût autrement, il faudrait
admettre que le Conseil eût changé d'opinion, et
s'il en avait changé, ce changement était trop important pour qu'il ne fût pas exprimé. Et comment pouvait-il en avoir changé, lorsque, dans
le projet même communiqué au tribunat, se trouvait l'art. 176 (1098), amendé ainsi qu'il avait

été décidé, sur la proposition Berlier, dont l'amendement devait rester, pour toujours, la preuve vivante des intentions si explicites qui l'avaient produit.

Telle est la cause qui justifie le silence du Conseil sur la substitution de rédaction proposée par la section du tribunat. Il la jugea inutile et ne vit dans les observations qui lui étaient soumises qu'une question de mots et non de choses.

Remarquons, en effet, le caractère des divers changements de texte proposés. La section du tribunat demandait d'abord deux additions au § 1er de l'art. 1094; elle pensait qu'il était à propos de dire que les dispositions faites pendant le mariage, entre époux, pouvaient l'être *par acte entre-vifs ou par testament*, ce qui était omis dans l'article du projet. Mais était-ce bien là une omission? et ne résultait-il pas de tous les textes déjà votés que les époux pouvaient disposer entre eux de ces deux manières sans qu'il fût besoin de le répéter dans l'art. 1094?

Puis, au lieu de ces mots: *au préjudice des héritiers,* la section du tribunat proposait de dire: *au préjudice des ascendants,* parce que, dans le cas dont il est question au § 1er, il n'y a d'autres héritiers à réserve que les ascendants. Cette rédaction eût été sans doute plus exacte et plus irréprochable, dès l'instant que la réserve des collatéraux serait supprimée; mais elle ne consistait en réalité qu'à substituer un mot propre à une locution générique sur le sens de laquelle il était impossible d'équivoquer. La question était donc purement grammaticale.

Quant à l'addition proposée pour le § 2 de l'article, de ces mots: *Et il pourra disposer en pleine propriété de tout ce dont il pourrait disposer en faveur d'un étranger,* elle aurait été plus nette, il est vrai, et aurait coupé court à tous les faux systèmes qui se sont établis; mais le Conseil-d'État pouvait-il penser qu'on se méprendrait à ce point sur la portée de l'art. 1094? qu'on irait, dans certains cas, jusqu'à l'entendre dans un sens restrictif de la quotité disponible ordinaire, tandis qu'il avait été fait, dans un but toujours extensif de cette quotité? qu'on le considérerait comme *engageant* la quotité disponible du droit commun, quand il n'avait été rédigé uniquement que pour l'étendre? — Pouvait-il croire que la liaison qui unissait les deux paragraphes de l'article, leur rédaction conçue en des termes facultatifs, les principes du droit commun qui n'étaient que la consécration du droit naturel, et surtout la limitation apportée par l'art. 1098 à la capacité de l'époux du second lit, ne suffiraient pas pour protéger les époux contre les interprétations erronées dont ils ont pourtant à souffrir?

Ce sont là les raisons qui empêchèrent le Conseil-d'État d'accueillir les observations de la section du tribunat sur l'art. 1094.

J'admettrais plus facilement l'induction qu'on voudrait puiser dans le silence du Conseil-d'État, si ce Conseil avait fait droit à quelques unes des observations de la section du tribunat sur la rédaction de l'article ; s'il avait ajouté au premier paragraphe les mots *dispositions entre-vifs ou testamentaires*, ou substitué le mot *ascendants* aux mots *héritiers au profit desquels la loi fait une réserve*, sans s'expliquer sur le changement de rédaction proposé sur le § 2. On pourrait dire alors, avec une grande autorité de raison : le Conseil-d'Etat a cru devoir accueillir quelques-unes des modifications qui lui étaient demandées par la section du tribunat; il ne s'est pas expliqué sur les autres ; donc il les a jugées mal fondées, donc il y avait dissentiment. Mais, loin de là, le Conseil-d'État ne donne suite à aucune des observations de la section du tribunat. Que devons-nous en conclure? Qu'il ne vit, ainsi qu'on l'a déjà dit, qu'une pure question de mots dans tous les changements proposés.

Il y avait donc accord parfait entre les idées du Conseil-d'État et celles de la section du tribunat; les intentions du Conseil-d'État résultent des motifs de l'amendement Berlier, celles du tribunat de l'opinion par lui émise et qui était comme on

l'a vu explicite... Cet accord n'a pu cesser d'être
l'esprit de la loi votée, lorsqu'on sait que d'après
les principes constitutionnels de l'époque, le corps
législatif privé de la faculté d'amender les projets,
était placé dans l'alternative de les rejeter ou de
les adopter purement et simplement, tels qu'ils lui
étaient soumis au nom du gouvernement, et en
fait cinq codes ont été votés sans un seul amendement.

C'est cette même vérité que faisait ressortir
M. Dupin, lorsque parlant devant la Cour de cassation (1), au sujet de l'adoption des enfants naturels, de l'influence que devaient avoir sur l'interprétation de la loi les discussions du Conseil-d'État,
il disait : « Une loi, à moins qu'elle ne soit amen-
« dée, est toujours censée votée dans le sens où
« elle a été proposée ; et comme le sens dans le-
« quel le Conseil-d'Etat l'avait proposée n'est pas
« douteux, le vote du corps législatif ne peut pas
« être supposé avoir eu un autre sens. Autre-
« ment la conséquence ne serait pas que la loi
« votée dût s'entendre dans un sens différent de
« celui qui y attachait le Conseil-d'Etat ; mais
« cette conséquence serait qu'il n'y aurait pas eu
« de loi votée, puisqu'il y aurait eu dissenti-

---

(1) Audience de la section civile de la Cour de cassation, du 28
avril 1841. — *Moniteur* du 5 mai.

« ment. Il est en effet de l'essence des lois qui se
« font par le concours de trois pouvoirs, qu'elles
« soient comme les contrats *duorum vel pluriun*
» *in idem placitum consensus.*

L'exposé des motifs fait par M. Bigot-Préameneu au corps législatif dans la séance du 2 floréal
an XI (22 avril 1803), contient, il est vrai, des
fragments contraires à notre solution. L'orateur
disait en effet sur l'art. 1094 : « Il sera permis à
« l'époux de donner à l'autre époux, soit par le
« contrat de mariage, soit pendant le mariage
« dans le cas où il ne laisserait point de postérité,
« tout ce qu'il pourrait donner à un étranger et
« en outre l'usufruit de la totalité de la portion
« dont la loi défend de disposer au préjudice des
« héritiers.

« S'il laisse des enfants, ces donations *ne pour-*
« *ront* comprendre que le quart de tous les biens
« en propriété et l'autre quart en usufruit, ou la
« moitié de tous les biens en usufruit seule-
« ment. »

Et quelques lignes plus bas, il ajoutait :

« Si l'époux laisse des enfants, son affection
« se partage entre eux et son époux, et lors-
« même qu'il se croit le plus assuré que l'autre
« époux survivant fera de la totalité de la fortune
« l'emploi le plus utile aux enfants... Les devoirs
« de paternité sont personnels, et l'époux dona-

« teur y manquerait s'il les confiait à un autre ;
« *il ne pourra donc être autorisé à laisser à l'autre*
« *époux qu'une partie de sa fortune*, et cette quo-
« tité est fixée à un quart de tous les biens en
« propriété et un autre quart en usufruit, ou la
« moitié de la totalité en usufruit.

« *Après avoir borné ainsi la faculté de disposer*,
« il ne restait plus qu'à prévenir les inconvé-
« nients qui peuvent résulter des donations faites
« entre époux pendant le mariage (1). »

Le rapport fait par le tribun Jaubert, à l'assemblée générale du tribunat, au nom de la section de législation, le 9 du même mois de floréal,
est peut-être encore plus explicite.

Il disait, en effet, sur le même article :

« Quant à l'émolument des dispositions entre
« époux, soit par donation, soit par testament,
« il faut distinguer : s'il reste des enfants du ma-
« riage, l'époux survivant ne peut avoir qu'un
« quart en propriété et qu'un quart en usufruit
« ou la moitié de tous les biens en usufruit seu-
« lement ; *si la disposition avait excédé ces bor-*
« *nes, elle serait réduite proportionnellement.*

« Il était utile de permettre que même en cas
« d'enfants, l'époux survivant pût avoir un quart

_____

(1) Fenet, 12, 573.

« en propriété, soit pour s'en aider dans les be-
« soins personnels, soit pour donner de l'appui
« au respect qui lui est dû par les enfants (1). »

Pour ce qui est du discours fait, au nom du
tribunat, au corps législatif, par le tribun Favard, le 13 du même mois, il est tout-à-fait indifférent, l'orateur n'ayant fait que reproduire le
texte pur de l'art. 1094 (2).

L'exposé de motifs de M. Bigot-Préameneu, et
le rapport fait au tribunat, au nom de la section
de législation, par M. Jaubert, tendent donc à
faire considérer l'art. 1094 comme établissant
entre époux une quotité disponible uniforme, et,
par suite, comme restrictif de la quotité disponible ordinaire de l'art. 913.

Mais M. Bigot-Préameneu a-t-il pu, de son autorité privée, donner à l'article un sens autre que
celui que le Conseil-d'Etat lui avait précédemment attribué? L'orateur parlait au nom du gouvernement, et le gouvernement lui-même présentait au corps législatif le projet tel qu'il avait
été arrêté et expliqué par son Conseil. Les paroles
de M. Bigot-Préameneu ne peuvent donc atténuer
en rien la force des déductions puisées dans les
délibérations dont nous avons parlé.

---

(1) Fenet, *ibid.*, page 621.
(2) Fenet, *ibid.*, page 645.

Quant à M. Jaubert, qui parlait au nom de la section de législation du tribunat, pouvait-il légalement manifester une opinion différente de celle que la section elle-même avait manifestée dans sa conférence avec la section du Conseil-d'État, le 24 germinal précédent?

Si la section du tribunat eût changé d'avis, elle n'avait qu'un moyen de le prouver, c'était de proposer le rejet du projet; mais puisqu'elle en proposait l'adoption, elle persévérait, par cela même, dans sa première opinion, et s'associait aux idées du Conseil-d'Etat. Le tribunat n'a pu d'ailleurs adopter le projet que tel qu'il lui était présenté.

La précipitation qui présida trop souvent aux travaux préparatoires du Code, peut seule justifier le défaut d'harmonie que l'on a signalé plus d'une fois entre les discours des orateurs du gouvernement et du tribunat et le véritable esprit du projet. MM. Bigot-Préameneu et Jaubert s'étaient-ils préoccupés des rapports de l'art. 1094 avec l'art. 913, et les textes de leurs discours ne prouvent-ils pas évidemment qu'ils avaient considéré *isolément* l'art. 1094?

Reconnaissons donc que le seul résultat des changements ou du mouvement qu'a subi la quotité disponible ordinaire, et, par suite, la rédaction de l'article correspondant à l'art. 913 d'une part, et l'uniformité constante de rédaction de l'art. 1094

d'autre part, consiste en ce que la quotité disponible de ce dernier article, au lieu d'être supérieure, comme elle l'était originairement dans
tous les cas à la quotité disponible ordinaire, est
devenue l'égale de cette quotité quand il n'y a
qu'un ou deux enfants (sauf toujours pour ce dernier cas le droit réservé à l'époux de disposer d'un
quart en propriété et d'un quart en usufruit), et
qu'elle ne conserve plus sa supériorité sur la quotité disponible ordinaire que dans le cas où il y a
trois enfants ou un plus grand nombre. — Si
l'art. 151 du projet (devenu l'art. 1094), avait été
fait pour attribuer aux époux le bénéfice du droit
commun de l'art. 16 de ce projet, la rédaction
de l'art. 151 étant restée la même, on pourrait
dire que les époux n'ont pas profité de l'extension donnée à la quotité disponible ordinaire, des
transformations de l'art. 16. — Mais n'oublions
jamais que ce n'était pas là le but de l'art. 151 ;
qu'il ne reproduisait le droit commun que pour
constater l'extension en faveur des époux, et que
par suite le mouvement de ce droit commun,
leur a nécessairement profité.

Qu'on cesse donc de nous dire : le législateur
a établi en faveur des époux une quotité disponible uniforme et invariable.

Cette allégation est complètement fausse.

Le législateur, dans le premier jet de l'art. 1094,

sur la légitime. Eh bien! la raison permet-elle de croire maintenant que d'après le § 2 du même article, lorsqu'il y aura des enfants ou descendants, le mariage sera considéré comme une cause d'incapacité au préjudice des époux!

Les enfants, dit-on, sont beaucoup plus favorisés que les ascendants: il n'est donc pas surprenant que la position des époux ne soit pas en ce cas la même. Mais si la faveur des enfants devait être la cause de cette incapacité, ils la produiraient *à fortiori* quand ils sont au nombre de trois ou d'un nombre supérieur; cependant dans ce cas, le deuxième paragraphe de l'art. 1094 est extensif de la quotité disponible ordinaire, il établit une faveur au profit des époux; comment donc concilier des résultats si contradictoires?

L'époux qui aura trois enfants ou un plus grand nombre, pourra disposer en faveur de son conjoint d'un quart en propriété et d'un quart en usufruit, tandis qu'il ne pourra disposer que d'un quart en propriété en faveur d'un étranger; et quand il n'aura qu'un enfant, il ne pourra donner qu'un quart en propriété et un quart en usufruit à son époux, tandis qu'il pourra donner la moitié en propriété à un étranger!

Il faudra donc consentir à dire que plus la réserve des enfants sera modique et plus l'époux sera favorisé. Quand chaque enfant n'aura à titre

11

de réserve qu'un quart, qu'un cinquième, qu'un sixième, l'époux pourra recevoir une part plus large; et quand l'enfant unique aura pour lui seul la moitié en propriété à titre de réserve, l'époux sera plus maltraité.... M. Delvincourt dit, grâce faisant, que cela est assez *singulier*. Nous disons nous, que cela est *absurde*.

Nous aurons donc désormais deux règles en sens inverse pour calculer la quotité disponible... Celle des étrangers sera inégale, variable, selon le nombre des enfants; celle entre époux sera invariable, uniforme. Mais s'il en est ainsi tant qu'il s'agira des époux du premier lit, elle reviendra inégale et graduée quand il sera question des époux du second lit!

On est d'accord d'expliquer, nous le verrons bientôt, l'excédant de la quotité disponible entre époux sur la quotité disponible ordinaire, quand il y a trois enfants ou un plus grand nombre, par la communauté de jouissance qui s'établira entre l'époux survivant et les enfants nu-propriétaires, par l'espoir qu'ont les réservataires de retrouver un jour dans la succession du conjoint gratifié et qui est leur auteur, une partie des revenus qu'aura produit l'excédant, qui est d'un quart en usufruit. Cet espoir est sans contredit le même quand il n'y a qu'un seul héritier réservataire, et pourtant on ne permet plus à l'époux, dans ce cas, de donner à son conjoint tout ce dont il pourrait disposer en faveur d'un étranger.

D'où il suit que l'analyse de l'art. 1094 va nous présenter ce résultat vraiment monstrueux et par cela même inadmissible :

1° Quand il n'y aura ni ascendants ni descendants, l'époux pourra recevoir de son époux autant qu'un étranger (art. 916-1094);

2° Quand il y aura des ascendants réservataires, il pourra recevoir plus qu'un étranger (art. 1094, § 1er);

3° Quand il y aura des descendants, il pourra, en certains cas, recevoir encore plus qu'un étranger, et, dans d'autres cas, moins qu'un étranger (art. 1094, § 2).

Ainsi, non-seulement dans le même article, mais dans le même paragraphe, le mariage est tour à tour, selon le nombre d'enfants, une cause de faveur ou d'incapacité!!... L'art. 1094 débordera, en certains cas, l'art. 913; mais, en certains cas aussi, il sera débordé par lui!! Ma raison ne s'inclinera jamais devant de telles conséquences.

Quand le législateur a considéré le mariage comme une cause d'incapacité ou comme devant modifier les rapports du droit commun entre époux, il n'a pas manqué de le dire. Ainsi, dans l'art. 1096, il a modifié le droit commun, en disposant que toutes donations faites entre époux pendant le mariage, fussent-elles qualifiées entre-vifs, seraient toujours révocables; dans l'art. 1595, il a déclaré que le contrat de vente ne pouvait avoir lieu entre époux que dans les trois cas qui s'y trouvent énumérés, etc.

La théorie qu'on nous oppose est donc en dehors de toutes les prévisions comme elle est en dehors de toutes les législations ancienne et moderne.

IV.

HISTOIRE DU DROIT.

Il est arrivé, dans l'histoire du droit, que les époux ont été frappés d'incapacité par rapport aux dispositions à titre gratuit qu'ils auraient voulu se faire entre eux. Ainsi le droit romain de la 3e période nous a présenté, sous Auguste, les incapacités dérivant des lois Pappiennes.

Nous avons, d'après Ulpien (1) et Cujas (2), analysé les points les plus culminants de ce chef de la loi Pappia-Poppæa; et il est résulté de cette

(1) Ulpien, *Fragm.*, titre XV et XVI.
(2) Tome 2 de ses œuvres, page 578-579.

analyse que les époux avaient intérêt à se prévaloir, 1° du nombre des enfants, issus d'un précédent mariage, puisque chacun de ces enfants autorisait son auteur à recevoir un dixième de plus;
2° des enfants, issus d'un mariage commun, et
qui avaient été surpris par la mort dans les premiers jours de leur existence (*ante nominum diem
amissi*). Mais nous avons constaté aussi que l'existence d'un seul enfant survivant, issu du mariage,
suffisait pour retirer les époux, l'un vis-à-vis de
l'autre, de l'état d'infériorité dans lequel ils étaient
par rapport aux étrangers.

Et si la loi Pappia-Poppæa l'avait réglé ainsi,
si elle avait voulu que les époux n'eussent la faculté de se donner l'un à l'autre, à cause de mort,
qu'un dixième en propriété, tandis qu'ils pouvaient recevoir la moitié d'un étranger, c'est
qu'elle s'était inspirée des motifs qui avaient déjà
fait passer dans les mœurs l'incapacité des époux
de se donner entre-vifs. Cette incapacité dérivait,
comme nous l'avons vu, de l'influence légitime
du mariage. La loi Pappia-Poppæa s'alarma aussi
de cette influence; inquiète, soupçonneuse,
préventive comme toutes les lois politiques, elle
porte la sollicitude beaucoup plus loin que le droit
commun; elle défend aux époux de faire entre
eux, même par donation à cause de mort, ce
qu'un étranger aurait pu faire à leur égard. Elle

sait bien qu'elle ne peut arriver à ce résultat qu'en sacrifiant le droit naturel; mais qu'importe le droit naturel aux législateurs qui sacrifient aux idées politiques?

Le nombre des enfants, *jus liberorum*, ouvre des droits au mari, quand il s'agit des excuses de la tutelle; à la femme, quand elle veut se prévaloir du sénatus-consulte Tertullien (1); mais quant au point de vue dont nous parlons, le nombre des enfants était indifférent, un seul suffisait pour soustraire les époux à l'influence pourtant si tyrannique des lois Pappiennes. L'époux pouvait recevoir de son conjoint tout aussi largement que d'un étranger (2).

Dans notre ancienne jurisprudence, les coutumes avaient aussi, par d'autres considérations, disposé que les époux ne pourraient s'avantager par des dispositions entre-vifs ou testamentaires, mais avec cette précision notable que celles des coutumes qui avaient voulu tempérer la rigidité de cette prohibition prenaient, dans tous les cas et quel que fût le nombre des enfants, la capacité des étrangers pour mesure de la capacité des époux, car il ne leur paraissait pas naturel qu'un

---

(1) *Instit.*, liv. III, *de senat.-cons. Tertulliano*, § 3. — Paul Sent., liv. IV, tit. IX.

(2) Ulpien, *Dict. los.* Gaïus, *Fragm.* 48. *De verbor. signific.*

époux put donner à son conjoint moins qu'à un étranger (1).

Et ce qu'il importe de remarquer encore avec autant de soin, c'est que les coutumes qui régissaient le nord de la France ne défendaient pas aux époux de s'avantager antérieurement au mariage ; c'était seulement leur qualité d'époux qui établissait l'incapacité dont nous venons de parler.... On n'a pas oublié le texte si énergique de la coutume de Paris : « Homme et femme *conjoints par* « *mariage* ne se peuvent avantager l'un l'autre « par donation entre-vifs. »

Ils pouvaient donc s'avantager *par leur contrat de mariage*, quand ils n'étaient pas encore *conjoints*.

C'est ce qu'exprimait la coutume d'Orléans en ces termes : « En traité de mariage et avant la foi « baillée et bénédiction nuptiale, homme et « femme peuvent faire et apposer toutes condi- « tions, douaire, donations et autres conven- « tions que bon leur semblera.

Et Pothier faisait remarquer que cette disposition n'était point locale ; qu'elle établissait un point de droit commun (2).

---

(1) Pothier, *des Donations entre mari et femme*, 6, 550.

(2) *Introduction au Traité de la Communauté*, tome 6, page 41.

Dans notre droit, au contraire, la prétendue incapacité contre laquelle nous protestons existerait pour les donations faites par *contrat de mariage*, comme pour celles qui seraient faites pendant le mariage. L'art. 1094, s'il était limitatif ou restrictif de la quotité disponible ordinaire, serait le même à l'égard de toutes ces donations, puisqu'il porte : « L'époux pourra, soit par *contrat de mariage*, soit pendant le mariage, etc. ; » d'ailleurs la rubrique du chapitre IX dont cet article fait partie suffirait pour entraîner ce résultat, car elle embrasse aussi les unes et les autres : « *Des dispositions entre époux, soit par contrat de mariage, soit pendant le mariage.* » Et tandis que la faveur du mariage fait fléchir, à l'égard des donations qui sont faites aux futurs époux par leurs ascendants, par des étrangers, comme à l'égard de celles qu'ils peuvent se faire entre eux, la sévérité des règles générales du droit (chap. VIII et IX, art. 1082-1084-1086-1087 et suivants et 1093 combinés), par une contradiction inexplicable, cette considération du mariage frapperait les époux futurs d'une incapacité partielle s'ils n'avaient de leur union qu'un ou deux enfants. — Ce serait vouloir faire revivre les priviléges attachés, dans certains cas, par les Romains, au nombre des enfants ; priviléges injustes, parce qu'ils supposent des incapacités plus injustes en-

core, abolis définitivement par Justinien (1) (et
pourtant on a vu qu'eux mêmes ne les admettaient pas ici); que les auteurs du Code civil n'ont
conservé comme lui qu'en un cas exceptionnel,
lorsqu'il s'agit des excuses de la tutelle (art. 436).

L'ancien droit, rapproché du nouveau, n'offre
donc aucun précédent favorable au système anor-
mal contre lequel nous luttons.

Veut-on interroger les monuments législatifs
qui régissent l'Europe moderne ? On arrivera au
même résultat.

Nous aurons bientôt à constater que la plupart
des Codes de l'Europe se sont montrés beaucoup
plus favorables aux intérêts des époux que notre
Code civil; qu'ils ont presque tous considérablement augmenté en leur faveur la quotité disponible ordinaire. Quelques uns cependant ont permis aux époux de se donner l'un à l'autre moins
en propriété qu'à un étranger, sauf une large
compensation pour les dons en usufruit seulement. Mais ceux qui ont cru devoir établir cette
différence, l'ont admise indépendante du nombre
des enfants. Nous pouvons en citer pour exemples
les Codes du canton de Vaud (art. 573 et 703
combinés), et le Code sarde (art. 712-727) (2).

---

(1) *Instit.*, de Senat., Tertul, § 4; Cod. *de jure, liberor.*
(2) M. de St-Joseph, *Concordance entre le Code Napoléon et
les codes étrangers.*

C'est donc mettre fort gratuitement les auteurs du Code civil au ban de tous les législateurs anciens et modernes, que de leur supposer un système si étrange et qui est repoussé à la fois par les textes, par l'esprit, par la raison, enfin par l'histoire générale du droit.

Nous terminerons cette argumentation par deux observations :

La première est prise dans l'intérêt sainement entendu des légitimaires eux-mêmes.

Est-il en effet de leur avantage bien compris de contester la capacité de l'époux survivant qui est leur propre auteur? Si le père de famille a une fois arrêté dans sa pensée de réduire ses descendants à leur légitime, il arrivera que, ne pouvant donner toute la quotité disponible ordinaire à son conjoint, il gratifiera un étranger de la part qui constitue la différence de la quotité dont l'époux ne pourrait être gratifié, et les légitimaires se trouveront ainsi définitivement privés de ce complément, tandis que si l'époux survivant eût reçu la quotité disponible ordinaire toute entière, les légitimaires l'auraient retrouvée un jour dans la succession du donataire.

Nous avons vu des exemples de semblables dispositions.

La seconde observation est prise dans un des faits législatifs les plus importants qui se soient accomplis depuis la publication du Code.

Ce fait, c'est l'abolition du divorce par la loi du 8 mai 1816.

Cette loi a rendu au mariage sa sainteté et sa pureté primitives.

Quand les rédacteurs du Code civil avaient considéré comme une cause de faveur, un lien qu'ils avaient déclaré dissoluble, moins par conviction que par respect humain, pourrions-nous l'envisager plus longtemps comme une cause d'incapacité, maintenant qu'il a été déclaré indissoluble, et mis à couvert contre les passions qui l'avaient si considérablement énervé?

On peut, d'après ce qui précède, se former une idée de l'exagération de M. Grenier, qui ne comprenait pas comment l'opinion que nous venons d'établir par un concours de raisons si décisives, pût être sérieusement proposée.

M. Maleville, qui avait pris une part beaucoup plus large que M. Grenier aux travaux préparatoires du Code civil, et dont la rectitude de jugement était, à notre avis, d'une portée bien supérieure à celle de son collègue, prouvait bien, au moins d'une manière implicite, mais très significative, qu'il n'entendait pas l'art. 1094 comme on l'a entendu depuis, lorsque dans son *Analyse raisonnée de la discussion du Code civil*, œuvre à la fois si exacte et si substantielle, contemporaine à la publication du Code dont l'esprit était encore palpitant, il écrivait sur cet article :

« Cet article forme un droit nouveau pour tous
« les pays tant de droit écrit que de droit coutu-
« mier.

« Dans les pays de droit coutumier, les époux
« ne pouvait se faire que ce qu'on appelait com-
« munément un don mutuel.

« Dans les pays de droit écrit, les époux pou-
« vaient, par le contrat de mariage, se faire toutes
« donations de même qu'ils le peuvent aujour-
« d'hui par l'art. 1091 ; mais ces donations, non
« plus que celles faites pendant le mariage, ne
« pouvaient pas préjudicier aux légitimaires, et
« les légitimes devaient toujours demeurer in-
« tactes; au lieu que, suivant notre article, les
« époux peuvent se donner tous les biens, quand
« ils n'ont ni descendants, ni enfants et cela est
« très juste. Mais de plus, ils peuvent se donner,
« outre la portion disponible, l'usufruit même de
« la légitime des ascendants, quand ils n'ont que
« des ascendants; et s'ils laissent des enfants, ils
« peuvent à leur choix, se donner un quart en
« propriété et un quart en usufruit, ou bien la
« moitié de l'usufruit de tous leurs biens.

« Dans ces dernières dispositions, l'article s'é-
« carte des règles ordinaires, de celles même
« posées dans l'art. 913, et forme un droit parti-
« culier pour les époux.

« Cette innovation n'est pas, à mon sens, ce qu'il

« y a de mieux dans l'article; elle peut bien n'avoir
« pas de grands inconvénients relativement aux
« enfants, car les pères et mères jouissent avec
« eux, et pour leur avantage; mais il en est autre-
« ment pour les ascendants, et il est véritable-
« ment dérisoire de les renvoyer pour la jouissance
« de leur légitime, à la mort de leurs gendres ou
« de leurs belles-filles, qui ont de moins qu'eux,
« l'âge d'une génération (1).

Voilà tout ce qu'a dit M. Maleville sur l'article
1094, et dans cette courte analyse il a mis en relief toutes les innovations qu'il renferme.

L'auteur compare d'abord, au point de vue
historique, l'art. 1094 au droit qui régissait les
époux dans les pays de coutume et dans le midi
de la France.

Puis, au point de vue théorique, il compare les
principes du droit commun au droit exceptionnel
qu'il consacre.

Ces exceptions ou innovations sont au nombre
de deux:

La 1re consiste en ce que l'époux peut donner
à son conjoint, d'après l'art. 1094, un quart en
usufruit de plus qu'à un étranger;

La 2e, en ce que l'époux peut priver les ascendants de l'usufruit de leur réserve au profit de son

---

(1) *Analyse raisonnée de la discussion du Code*, art. 1094.

conjoint. Voilà sous quels rapports l'art. 1094 constitue un droit particulier pour les époux. Puis il apprécie tour à tour ces innovations d'une manière différente.

Au fond, il n'approuve, il est vrai, ni l'une ni l'autre : mais la première ne lui paraît pas offrir de graves inconvénients relativement aux enfants, car, *les père et mère ne jouissent que pour l'avantage de leurs enfants.* Quant à la seconde, il déclare qu'il est dérisoire de renvoyer les ascendants pour la jouissance de leur légitime, à la mort de leurs gendres et belles-filles qui ont moins qu'eux l'âge d'une génération.

Telles sont les innovations que signale M. Maleville ; telle est la manière dont il les apprécie.

Il ne voit donc dans l'art. 1094, en rapport avec l'art. 913, qu'une seule dérogation ; mais il la reconnaît exclusivement extensive, puisqu'il dit *qu'elle n'a pas de grands inconvénients, car, les père et mère jouissent pour l'avantage de leurs enfants.* C'était dire, bien évidemment : la réserve des enfants est diminuée dans ce cas, et par suite la quotité disponible étendue ; mais la communauté de jouissance des ascendants et de leurs enfants, atténue ou efface cette diminution de la réserve et cette extension co-relative de la quotité disponible.

Comment donc se fait-il que M. Maleville ne signale pas l'exception du cas dans lequel l'article 1094 deviendrait *restrictif* de l'art. 913?

Il aurait dû pourtant la signaler la première, car elle est la plus saisissante de toutes. Les deux autres avaient au moins un prétexte plausible, la faveur du mariage; mais l'incapacité des époux n'en avait pas.

Il indique comment l'article a fait cesser l'incapacité dont la coutume de Paris avait frappé les époux, et il n'aurait pas indiqué que cette incapacité avait été remplacée par une autre!

La doctrine que nous combattons est, d'après ses partisans eux-mêmes, bizarre, contradictoire, inouie, sans précédents dans l'histoire du droit; et cependant elle aurait échappé à l'auteur, qui résume avec tant de soin l'article dans toutes ses parties, au point de vue historique comme au point de vue théorique! à l'auteur si éminemment analytique, et qui fait précisément, sur l'art. 1094, une expérimentation si exacte de cette qualité dominante de son esprit!!

Si M. Maleville ne signale pas cette prétendue exception, c'est qu'elle n'existe pas. Lui, qui faisait partie du Conseil-d'État, n'ignorait pas le motif, qui dans la séance du 27 ventôse an XI, avait fait adopter l'amendement Berlier; et alors, on comprend très-bien qu'il n'ait pas songé à indiquer une innovation qui n'avait jamais été dans la pensée du législateur.

Le raisonnement nous entraîne à ces conséquences.

Et si nous ouvrons l'*Analyse* de M. Maleville
sur l'art 1098, nous les trouvons entièrement
vérifiées.

Traçant l'historique de cet article, il dit (1),
après avoir fait allusion à l'amendement Cambacérès : « On observa cependant (on sait que l'au-
« teur de l'observation est M. Berlier); qu'il
« faudrait mettre une limite à la faculté de dis-
« poser accordée à l'époux qui convole; et *qu'il*
« *serait dur s'il n'avait qu'un ou deux enfants*
« *du premier lit, qu'il pût donner à son second*
« *conjoint la moitié ou le tiers de ses biens*. Et l'on
« réduisit au quart la portion en pareil cas dis-
« ponible. »

On le voit donc bien, l'auteur ne pouvait pas
enseigner sur l'art. 1094 que l'époux d'un premier lit ne pouvait recevoir, n'ayant qu'un ou
deux enfants, la moitié ou le tiers de la succession de son conjoint, puisque sur l'art. 1098, il
reproduisait un amendement limitatif qui faisait
présupposer nécessairement le contraire. Et l'auteur ne fait aucune observation sur cet amendement; il ne dit pas qu'il y a eu préoccupation;
lui qui pourtant jugeait avec tant d'indépendance

---

(1) *Ibid*, page 541.

les travaux préparatoires auxquels il avait pris part !

Ce suffrage est plus puissant pour nous que celui de tous les autres qui, prenant isolément le texte de l'art. 1094, ont dit sans autre examen : il établit une quotité particulière, uniforme entre époux.

Celui qui le premier a professé cette opinion est M. Toullier.

Mais cet auteur avait-il sur ce point des idées définitivement arrêtées?

Oui, sans doute, si l'on s'en rapporte au fragment que nous avons emprunté *au tome 5* de son *Droit civil français*. Mais dans la 1re partie du tome 12, où il traite du *Contrat de Mariage*, chapitre *des dispositions générales*, l'auteur se montre pénétré d'idées tout-à-fait contraires.

Expliquant l'origine de l'art. 1395, qui porte que *les conventions matrimoniales ne peuvent recevoir aucun changement, après la célébration du mariage*, par les principes de la coutume de Paris, il développe ce système, que, à la différence de cette coutume, les époux peuvent se faire des donations pendant le mariage, et que, par suite, l'art. 1395 combiné avec l'art. 1094 ne peut pas être considéré comme prononçant la nullité de tous les changements et modifications apportés aux donations faites par le contrat de mariage et

12

qui sont pourtant des conventions matrimoniales. Et, à ce sujet, après avoir parlé de l'incapacité dont les époux étaient frappés par les coutumes, il ajoute : « Le Code a rejeté avec beau-
« coup de raison cette injuste incapacité, mani-
« festement incompatible *avec la faculté qu'il*
« *laisse aux époux de se donner* TOUT CE DONT ILS
« PEUVENT DISPOSER EN FAVEUR D'UN ÉTRANGER (1).»

Cette proposition se trouve reproduite presque
à chaque pas dans cette dissertation, dont elle est
devenue le fondement.

Il parle de la loi du 17 nivôse an II, et dit ensuite (2) :

« L'art. 1094 du Code permet aux époux de
« se donner pendant le mariage *tout ce dont ils*
« *peuvent disposer en faveur d'un étranger*.

« Il n'existait donc plus de motifs pour main-
« tenir la nullité des contrats postérieurs à la cé-
« lébration du mariage, et des changements faits
« aux contrats antérieurs sous le prétexte qu'ils
« contiennent un avantage au moins indirect en
« faveur de l'époux, car dès-lors qu'il leur est
« permis de s'avantager directement, ils peuvent
« le faire indirectement, n'importe sous quelle
« forme. La jurisprudence de la Cour de cassa-

(1) Tome 12, page 63.
(2) *Ibid*, page 52.

« tion, a consacré la validité des donations dé-
« guisées sous la forme d'un autre contrat, elles
« sont valides jusqu'à concurrence de la portion
« disponible. Ainsi le législateur ne pouvait plus
« répéter la nullité absolue, ni des conventions
« postérieures à la célébration, ni des change-
« ments faits depuis aux conventions matrimo-
« niales antérieures, sans être dans une contra-
« diction évidente avec lui-même, et avec la
« disposition qui permet aux époux de s'avan-
« tager pendant le mariage et de se donner *tout*
« *ce. dont ils pourraient disposer en faveur d'un*
« *étranger* (1).

   « Il nous paraît donc bien démontré que non-
« seulement les motifs qui faisaient autrefois pro-
« noncer la nullité absolue des conventions ma-
« trimoniales postérieures à la célébration, n'exis-
« tent plus dans notre nouvelle législation, mais
« encore qu'on ne pouvait plus répéter cette nul-
« lité absolue, *sans être en contradiction avec*
« *les principes du Code sur les donations entre*
« *époux.* »

   On voit donc que c'est là un principe bien certain dans la pensée de M. Toullier, qu'il est
permis aux époux de disposer entre eux *de tout*

---

(1) Notez bien que ces mots sont écrits en caractères italiques
dans le texte de M. Toullier.

ce dont ils pourraient disposer en faveur d'un étranger. L'art. 1094 n'est donc plus restrictif en aucun cas, à ses yeux, comme il paraît qu'il l'avait été d'abord, lorsqu'il écrivit le *tome 5* de son traité.

C'est cependant sur sa première doctrine que s'est édifiée celle de tous les auteurs qui sont venus après lui.

Cette opinion a fait son temps, il est d'autant plus urgent de la proscrire qu'elle a envahi un point capital en jurisprudence, puisqu'elle a créé une incapacité au préjudice des époux, abaissé sous elle un principe de droit naturel et porté une atteinte profonde à la dignité du mariage.

Nos convictions à cet égard n'ont jamais varié; mais si elles eussent pu grandir, la lecture d'un fragment de l'œuvre de M. le professeur Zachariæ, sur notre Code civil, ayant pour titre : *Manuel du droit civil français,* aurait produit ce résultat.

Voici comment ce jurisconsulte, un des plus savants de l'Allemagne, et dont la publication a produit parmi nous une si vive sensation, a cru devoir apprécier le système qui a prévalu jusqu'ici (1).

---

(1) La traduction de MM. Aubry et Rau, professeurs à la Faculté de Droit de Strasbourg, n'a point encore reproduit cette

Au § 688, 2° *du cas de l'art.* 1094, il s'exprime ainsi: « L'exception que l'art. 1094 apporte aux
« règles des art. 913 et 915 a pour but d'étendre
« la liberté du défunt à l'égard de la disposition
« de ses biens pour le cas où il fera une disposi-
« tion gratuite en faveur de son conjoint : *Donc,*
« *on ne devrait pas expliquer ce 2ᵉ paragraphe en*
« *ce sens que si un défunt laisse des descendants,*
« *il ne pourrait pas disposer gratuitement de la*
« *quotité disponible, d'après le droit commun, en*
« *faveur de son conjoint comme au profit d'une*
« *autre personne.* »

Puis, M. Zachariæ ajoute, en note (1) :

« Que la règle de l'art. 1094, § 1ᵉʳ, ne tende à
« ce but, c'est ce qui ressort des termes clairs de
« cette règle elle-même. Par contre, tous les
« commentateurs que je connais (par exemple :
« Duranton, IX-787), prétendent que, selon la
« différence des cas, le § 2 de cet article établit
« tantôt une diminution et tantôt une augmen-

---

partie de l'original allemand. Nous sommes redevables à M. Gus-
tave Bressoles, docteur en droit, et actuellement professeur pro-
visoire à l'Ecole de Droit de Toulouse, de cette traduction insérée
dans le *Mémorial de jurisprudence des Cours royales du Midi,*
tome 41, page 205-206.

(1) Cette note ne se trouve point dans le *Mémorial de jurisprudence,* mais M. Bressoles a eu la bonté de nous la communi-
quer.

« tation de la quotité disponible ordinaire. Ils
« soutiennent notamment que le disposant ne
« peut donner à son époux *seulement* que la por-
« tion disponible, d'après l'art. 1094. Ainsi, s'il
« laisse par exemple seulement un enfant, il pour-
« rait disposer, au profit d'un étranger, de la
« moitié de ses biens; s'il laisse trois ou plusieurs
« enfants, il pourrait disposer, en faveur d'un
« étranger, d'un quart de ses biens (en propriété).
« Ainsi, d'après cette opinion, le disponible se
« trouverait diminué dans la première supposi-
« tion, et augmenté dans la seconde. L'unique
« fondement de cette opinion paraît être placé
« dans la locution de l'article : « Il pourra donner
« à l'autre époux ou un quart en propriété et un
« autre quart en usufruit, ou la moitié de ses
« biens en usufruit seulement. » Je réponds :
« 1° La proposition est conçue en termes pure-
« ment facultatifs: *L'époux pourra donner,* etc.
« Le mot *seulement* ne se rapporte pas à l'entière
« proposition, mais seulement à ces paroles: *ou*
« *le quart,* etc.; 2° cette explication est d'ailleurs
« la seule juste, puisque l'art. 1094, comme une
« exception aux art. 913 et 915 est *strictissimæ*
« *interpretationis;* 3° l'article fut communiqué au
« tribunat comme il est rédigé dans le Code à
« propos de quoi il fit la remarque suivante: il
« proposa de le rédiger ainsi: *Et pour le cas où*

« *l'époux donateur laisserait des enfants ou des-*
« *ccndants, il pourra donner tout ce dont il* POURRAIT
« DISPOSER EN PROPRIÉTÉ, *ou la moitié de tous ses*
« *biens en usufruit seulement.* Le tribunat ajouta :
« *On a pensé qu'il est juste qu'un époux puisse*
« *donner à l'autre autant qu'il pourrait donner à*
« *un étranger.* Cette remarque demeura cepen-
« dant sans qu'on y eût égard. Pourquoi? — Le
« Conseil-d'État ne donna aucun motif pour la
« repousser; mais elle était si évidemment juste,
« qu'on ne se trompe pas beaucoup en supposant
« que la rédaction demeura sans changement,
« parce que la proposition dont le tribunat faisait
« la motion , existait déjà dans l'article, c'est-à-
« dire qu'elle ressortait déjà de la liaison exis-
« tante entre le § 1er et le § 2. L'opinion contraire
« amène à ce résultat choquant *legem esse sine*
« *ratione.* La Cour de Nîmes a cependant jugé
« selon cette opinion en 1807. »

Si M. Zachariæ est arrivé à cette solution en
ne prenant qu'un point de vue dans les travaux
préparatoires du Code civil, nous devons l'em-
brasser avec d'autant plus de raison , que tous les
autres points de vue pris dans ces mêmes travaux,
confirment, comme on l'a vu , la décision du professeur d'Heidelberg.

Les savants professeurs de la Faculté de Droit
de Strasbourg qui ont traduit et commenté cette

œuvre importante, ont adopté sans hésiter la même opinion (1).

Il reste donc établi que l'art. 1094 n'est, en aucun cas, restrictif de la quotité disponible de l'art. 913, et que l'époux qui n'a qu'un ou deux enfants peut disposer en faveur de son conjoint, en propriété, de tout ce dont il pourrait disposer en faveur d'un étranger.

---

(1) Nous avons consulté à cet égard M. Aubry, qui nous a fait l'honneur de nous répondre ce qui suit, en juin dernier :

« Du reste, j'ai toujours enseigné, qu'en aucun cas, l'art. 1094 « n'a pour objet de restreindre le patrimoine disponible de droit « commun; je suis sur ce point parfaitement d'accord avec « vous et avec M. Zachariæ. Je regarde même l'opinion contraire « comme *insoutenable,* et je vous autorise de grand cœur à citer « mon sentiment comme conforme au vôtre. »

TROISIÈME PARTIE.

Les époux ayant trois enfants ou un plus grand nombre, peuvent disposer l'un en faveur de l'autre de l'usufruit de la moitié des biens qu'ils laisseront à leur décès et d'un quart en nue-propriété en faveur d'un enfant ou d'un étranger. — Conséquences. — Modifications. — Applications.

Dans l'examen de la thèse précédente, nous avons eu à combattre à la fois l'autorité presque unanime des auteurs et le précédent de la Cour de Nîmes. Sur le nouveau terrain où nous allons nous placer, nous rencontrerons au contraire de nombreux auxiliaires, car nous ne connaissons aucun auteur qui ait émis une opinion défavorable à notre solution. Mais en retour, nous avons à lutter, sur un des chefs principaux de cette seconde proposition, contre une jurisprudence beaucoup plus menaçante.

Nous allons d'abord exposer ici le tableau de cette jurisprudence en y joignant l'indication rapide des opinions des auteurs.

Ce tableau nous montrera comment des solutions long-temps exactes se sont corrompues, et comment d'un système légal on est arrivé, par des conséquences immodérées, à un système essentiellement illégal.

Si le rapprochement des art. 913 et 1094, donne lieu à la difficulté que nous avons résolue dans notre *seconde partie*, alors qu'il ne s'agissait que d'une seule libéralité faite entre conjoint, cette combinaison doit en engendrer de plus sérieuses encore lorsqu'il s'agit du concours ou de la collision de libéralités faites à un étranger et à un conjoint, par le même acte ou par des actes successifs.

La Cour d'Agen, appelée la première à statuer sur un concours de cette nature, pensa que l'on pouvait cumuler en leur entier les deux quotités disponibles établies dans le chap. III, section Ire du titre II, liv. III, *de la Portion de Biens disponible*, et dans le chap. IX du même titre, et par suite, qu'un père, qui laisse à sa survivance trois enfants ou un plus grand nombre et son conjoint, pouvait valablement disposer, d'abord d'un quart en pleine propriété et d'un quart en usufruit, aux termes de l'art. 1094, et d'un autre quart en pleine propriété aux termes de l'art. 913, système qui n'était rien moins que la ruine du droit de réserve (1).

---

(1) Boucaut contre Boucaut, 27 août 1810, Dalloz, 6, page 271.

La Cour royale de Toulouse ne s'était pas laissé surprendre par cette exagération; car elle avait déjà jugé que lorsqu'un père laissant des enfants, avait donné un tiers de ses biens en toute propriété à l'un de ses enfants par acte irrévocable, et plus tard l'usufruit de la moitié de ses biens à son épouse, celle-ci ne pouvait avoir qu'un douzième de ses biens (1). Cette décision irréprochable consacra donc le principe de la combinaison ou de la fusion des deux quotités disponibles, élevées à la quotité la plus forte; on ne s'en est plus écarté depuis l'arrêt prémentionné de la Cour d'Agen.

L'année suivante, la Cour de Toulouse eût encore à se prononcer sur le concours de deux libéralités, émanées dans le cas de secondes noces, d'une femme qui, ayant des enfants d'un premier lit, avait donné à son nouvel époux l'usufruit de la moitié des biens. La Cour jugea que l'usufruit de la moitié des biens donné par contrat de mariage, n'avait pu concourir avec le don postérieur d'un quart en pleine propriété fait à une fille du second lit; elle déclara que le premier don était équivalent à un quart en pleine propriété, et conséquemment elle annula le second (2). Il

---

(1) D'Hautpoul C. de Gardouch, 20 juin 1809, Dalloz, *ibid*, 272.
(2) Cazes et Hocquart, 13 août 1810, *ibid*, 272.

y eût pourvoi en cassation, mais la section des requêtes rejeta le pourvoi par arrêt du 21 juillet 1815 (1).

C'est pour la première fois que nous trouvons consacré le principe de l'évaluation de l'usufruit de moitié ou quart en pleine propriété. Il ne faudra pas oublier qu'il l'est dans un cas de secondes noces.

Quelques années avant l'arrêt de la Cour de cassation se présentait devant la Cour de Turin, le concours de libéralités faites par *le même testament* en faveur du conjoint survivant et des enfants. Cette Cour décida que le legs de l'usufruit de moitié, en faveur du conjoint survivant, et du quart en nue-propriété fait à un enfant, avaient pu être valablement cumulés et que la demande en réduction formée par les réservataires devait être rejetée (2).

Cette solution a été également consacrée par arrêt de la Cour de Limoges (3).

En 1822, la cour de Paris eut à juger une nouvelle espèce qui présentait le concours de libéralités faites par un époux à son conjoint et à ses enfants. Elle décida que le don de l'usufruit de la

---

(1) *Ibid*, 275.

(2) Cotella C. Cotella, 15 avril 1810, Dalloz, *ibid*, page 272.

(3) Chapmeil C. Chapmeil, 24 août 1822, Dalloz, *ibid*, page 273.

moitié des biens, fait au conjoint par son contrat de mariage, n'avait pu concourir avec le legs postérieur de *rentes en argent et en blé;* elle évalua l'usufruit de moitié à un quart en pleine propriété, suivant en cela les errements qui avaient été déjà posés, et annulla toutes les autres libéralités (1).

Le recours en cassation dirigé contre cet arrêt fut rejeté le 7 janvier 1824 par la section des requêtes (2).

Ainsi se formait la jurisprudence, sur la combinaison du § 2 de l'art. 1094 avec l'art. 913.

La combinaison du § 1er de l'art. 1094 avec l'art. 915, devait encore donner lieu à d'assez vives controverses.

L'arrêt précité de la Cour de Toulouse, du 20 juin 1809 (Gardouch C. D'Hautpoul), avait le premier jugé qu'il n'y avait pas deux quotités disponibles; qu'il fallait les confondre en une seule. Le même principe avait été consacré primitivement par les Cours de Turin et de Limoges, qui admettant le concours des libéralités de l'usufruit de la moitié et du legs d'un quart en nue-propriété faits *dans le même testament,* prouvaient que l'art. 1094 n'était ni exclusif ni indivisible.

---

(1) Rouzelle C. Ratard, 31 août 1822, Dalloz, *ibid.*
(2) *Ibid.*

Consacré à l'égard de la quotité disponible relative aux descendants, il va l'être de nouveau à l'égard de la réserve des ascendants.

Le 29 janvier 1824, la Cour de Lyon jugea qu'un testateur, laissant à sa survivance sa mère, son épouse et un étranger pour légataire universel, avait pu dans le même testament, léguer à l'étranger toute la quotité disponible de l'art. 915, et à son épouse, l'usufruit de la réserve de sa mère (1).

La Cour de cassation rejeta le pourvoi contre cet arrêt le 3 janvier 1826 (2).

Le principe de l'évaluation de l'usufruit établi par les arrêts des Cours de Paris et de Toulouse fut appliqué, en 1831 et 1833 par les cours royales d'Agen et de Limoges dans une espèce différente de celles qui avaient été soumises aux deux premières Cours.

Il s'agissait d'un legs du quart en nue propriété fait par un testateur qui avait antérieurement disposé, par contrat de mariage de l'usufruit de la *totalité* de ses biens en faveur de son conjoint. Le legs postérieur d'un quart en nue propriété fut en conséquence annullé (3). Ainsi, la Cour d'Agen

---

(1) Tardy et Tondut, Dalloz, 1825, 2-26.

(2) *Journal du Palais*, à sa date...

(3) Agen, 30 août 1831, Glady c. Glady, Dalloz, 1832, 2, 219. — Limoges, 26 mars 1833, Gory c. Gory, Dalloz, 1834, 2, 48.

tombait dans un extrême opposé à son arrêt
de 1810, et se montrait moins bien inspirée dans
l'interprétation de l'art. 1094 qu'elle ne l'avait été
dans celle de l'art. 857, au sujet duquel elle avait
eu l'honneur de provoquer de la part de la Cour
suprême un changement de jurisprudence consacré par le célèbre arrêt du 8 juillet 1826.

Le recours en cassation dirigé contre l'arrêt
de la Cour royale de Limoges, qui avait jugé dans
le même sens, fut rejeté par la section civile,
le 21 mars 1837 (1).

La même Cour royale appliqua encore quelques années après, le principe de l'évaluation;
mais dans un cas de secondes noces (2).

En 1836, s'était présenté pour la première fois
devant la Cour royale de Lyon la question du
cumul de l'usufruit de moitié fait en faveur du
conjoint, par contrat de mariage, et du quart en
nue propriété fait postérieurement à un étranger;
et par arrêt du 10 février, la Cour déclara que ce
cumul n'avait rien d'excessif (3).

La Cour d'Aix, au contraire, dans la même
année (18 avril 1836), tombant dans l'extrême

---

(1) Sirey, 1837, 1, 573.
(2) 9 février 1837, Verrier c. Ribiére. — *Album judiciaire
de la Cour de Limoges*, 1837-38, pages 218 et suiv.
(3) Goyne c. Goyne, Sirey 1836, 2, 177.

opposé à la Cour de Lyon, et donnant une extension jusqu'alors inusitée au système de l'évaluation, jugea qu'il était applicable au don d'usufruit de la moitié et du legs d'un quart en nue
propriété fait à un étranger *dans le même testament* (1).

La Cour de Grenoble refusa, en 1838, de s'associer à cette extension. Elle donna la préférence
à la doctrine des arrêts de Turin de 1810, et de
Limoges de 1822 sur celui de la Cour d'Aix (2).

Le 24 juillet 1839, la Cour de cassation, donnant, par un abus qui est devenu le principe de
l'erreur que nous combattons, à la doctrine de
l'évaluation d'usufruit consacrée par ses trois
arrêts précédents, le caractère d'une règle générale, cassa l'arrêt de la Cour de Lyon du 10 février 1836.

Et cet arrêt dont la Cour de Besançon, saisie par
le renvoi, s'appropria purement et simplement les
principes (3), eut assez d'influence, 1° pour faire
admettre le pourvoi contre l'arrêt de la Cour de

---

(1) Evrard c. Evrard, Dalloz 1836, 2, 47 et 48.

(2) 26 mars 1838, Cret c. Cret, *Mémorial de Jurisprudence*,
tome 37, 454.

(3) 13 février 1840, *Mémorial de Jurisprudence*, tome 40,
page 170. — Cet arrêt est encore rapporté à sa date dans le *Journal du Palais*.

Grenoble du 26 mars 1838 (1); 2° pour ressusciter les difficultés qu'elle avait jugées le 3 janvier 1826 au sujet de la divisibilité de l'art. 1094, au point de vue de la réserve des ascendants. La Cour de Toulouse avait pensé que le sieur Timoléon de Bonnemain avait pu, comme l'avait fait le sieur Tardy en 1824, donner valablement à un étranger toute la quotité disponible de l'art. 915, et léguer, par le même testament, la réserve de sa mère à son épouse. Sur le recours en cassation, M. l'avocat-général Delangle soutint qu'il y avait lieu de casser l'arrêt de la Cour de Toulouse; mais le pourvoi fut rejeté par arrêt de la section civile du 18 novembre 1840 (2).

L'arrêt de la Cour de cassation du 24 juillet 1839 qui avait entraîné l'admission du pourvoi contre l'arrêt de la Cour de Grenoble, et ravivé la question de divisibilité de l'art. 1094, au point de vue de la réserve des ascendants, avait par cela même jeté des doutes graves sur la validité du cumul des deux libéralités dans le même testament. Aussi la Cour de Toulouse eut-elle à juger encore la question en 1840 (3). Mais elle déclara que le cumul était valable.

---

(1) 12 novembre 1839, journal *le Droit*, du 15 novembre.

(2) Dalloz, *Recueil périodique*, 1841, 1, 18 et suiv.

(3) 6 juillet 1840, Barutaut c. Darnaud (arrêt inédit).

Tel est le dernier état de la jurisprudence. Le moment n'est pas encore venu d'apprécier ses divers éléments. Nous voulons seulement indiquer ce qu'il y a de plus important dans cette progression, que l'on peut résumer de la manière suivante :

1° La divisibilité de la quotité de l'art. 1094, dans son premier comme dans son 2e paragraphe, et la fusion de ces deux quotités avec la quotité disponible ordinaire des art. 913 et 915 ;

2° Le principe de l'évaluation de l'usufruit au quart en pleine propriété, consacré pour la première fois dans un cas de *secondes noces* où il y avait collision de l'usufruit de moitié et d'un *quart en pleine propriété;* ensuite, et successivement, dans un cas où il y avait concours du don de l'usufruit de moitié avec avec des *legs de rentes viagères;* plus tard, dans un cas où l'époux avait donné la *totalité* de l'usufruit de ses biens à son conjoint; et enfin, dans le cas où le don de l'usufruit de moitié avec le don *d'un quart en nue-propriété* était en dehors des secondes noces ;

3° Ce principe écarté quand les deux libéralités sont faites par un *seul et même acte;* et par suite, le concours des deux libéralités, admis dans ce cas, et défendu dans des *actes successifs;*

4° L'opposition entre la jurisprudence du 24 juillet 1839 et celle qui s'est formée définitivement sur les art. 845 et 857; la première étant *restrictive*, et la seconde étant au contraire *extensive* de la quotité disponible.

Ainsi, nous avons le droit de conclure jusqu'ici que la jurisprudence établie sur l'art. 1094 se compose d'éléments hétérogènes, contradictoires entre eux, et contradictoires encore avec la jurisprudence générale sur la quotité disponible.

Les auteurs ont eu plus de fixité dans leurs idées, plus d'assurance et d'unité dans la marche qu'ils ont suivie.

On vit quelques jurisconsultes d'un mérite éminent prendre un instant parti pour la doctrine si excentrique de la Cour d'Agen, et professer qu'il y avait deux quotités disponibles distinctes, et qu'elles pouvaient marcher de front dans toute leur étendue. M. Laviguerie partagea quelques instants cette erreur; mais cet homme si savant, qui était devenu dans le Midi la personnification vivante de ce beau portrait du jurisconsulte romain qu'Ulpien nous a représenté investi d'un véritable sacerdoce, *juris... sacerdos* (1), M. Laviguerie, dont le nom a laissé parmi nous un si suave et si précieux parfum, avait acquis le droit de se tromper quelquefois....

M. Grenier contesta bientôt après la divisibilité

---

(1) Frag. 1, *De justitia et jure.*

de la quotité disponible de l'art. 1094; mais il ne tarda pas à se rétracter (1). A part cette double dissidence, qui ne dura qu'un moment, les auteurs furent bientôt unanimes pour reconnaître: 1° qu'il n'y avait qu'une seule quotité disponible qui, dans le concours de libéralités excessives faites par l'époux à son conjoint et à des étrangers, devait s'élever au *maximum* de la plus forte quotité; 2° que, par suite, la quotité de l'art. 1094 était divisible: ils suivirent donc sur ce point les errements de la jurisprudence, mais ils se distinguèrent d'elle dans l'application, car ils admirent le concours des libéralités, du don de l'usufruit de moitié, et d'un quart en nue-propriété, soit qu'ils eussent été faits dans le même acte, ou par des actes successifs, sans qu'il y eût à s'occuper de l'ordre respectif des libéralités.

M. Toullier ouvrit la marche (2), et son opinion fut bientôt reproduite par tous les auteurs qui écrivirent après lui sur le Code. Ainsi ses maximes furent adoptées implicitement par M. Delvincourt (3) et par M. Grenier (4).

Elles le furent également et d'une manière ex-

---

(1) *Des Donations*, 2e édition.
(2) tome 5, 870 et 871-871 bis.
(3) tome 2, page 931, n° 4.
(4) Tome 3, 2e édition, *Des Donations*, n° 584.

plicite par MM. Guilhon en 1818 (1), Duport-La-
vilette à une époque contemporaine (2), Rolland
de Villargues en 1824 (3); par M. Dalloz en
1831 (4); enfin par M. Vazeille en 1837 (5).

On est dans l'usage de citer en sens contraire
MM. Proudhon (6) et Duranton (7); mais nous
verrons bientôt que c'est mal à propos, du moins
à notre avis.

Toutefois, comme la jurisprudence que nous
avons à combattre ne s'est formée qu'à une époque beaucoup plus récente que celle qu'on lui as-
signe vulgairement, il ne faudra pas s'étonner si
les jurisconsultes dont nous venons de parler n'ont
pas, dans leurs ouvrages, fait d'avance une opposition sérieuse et soutenue.

Mais aujourd'hui que nous sommes en mesure
d'apprécier les motifs que la jurisprudence a invoqués, il faut nécessairement les examiner et les
combattre.

---

(1) Tome 2, n° 266.

(2) *Questions de Droit*, v°, *Quotité disponible*, tome 5, n° 715.

(3) *Répertoire de Notariat*, 25, v°, *Portion disponible*, page 465.

(4) Consultation dé libérée par ce jurisconsulte dans l'intérêt du
sieur Achille Sembauzel, insérée dans le *Recueil périodique* 1832,
2, page 220 et suivantes.

(5) *Des Donations*, 2, n° 7, pages 328-329.

(6) *De l'Usufruit*, 1, 360.

(7) Tome 9, n° 794-795-796.

Et, pour arriver plus facilement à ce résultat, nous devons faire précéder notre examen de quelques aperçus philosophiques, qui sont nécessaires si l'on veut restituer à la thèse qui va être agitée les larges proportions qu'on lui a mal à propos ravies.

Nous exposerons donc, avant d'aborder la refutation des doctrines qui nous sont contraires, des principes généraux relatifs, 1° aux obligations réciproques des époux, et aux devoirs que leur impose le mariage, au point de vue des droits que doit avoir le survivant sur les biens du prédécédé; 2° aux dispositions du Code civil sur cet objet, comparées avec l'ancien droit et la législation de l'Europe moderne.

Ces aperçus doivent dominer toute la discussion des questions particulières que nous aurons à résoudre : ils sont destinés à la vivifier et à rendre palpables les conséquences désastreuses attachées à l'établissement du système contraire.

I.

DES OBLIGATIONS DÉRIVANT DU MARIAGE,

AU POINT DE VUE DES GAINS DE SURVIE.

—

Le mariage est l'union parfaite de l'homme et de la femme.

Les textes sacrés, voulant donner une idée de la perfection de l'association conjugale, de la fusion qu'elle établissait, avaient traduit les premiers le principe de l'unité des époux, par ces paroles énergiques : *Erunt duo in carne unâ.*

Les jurisconsultes romains définirent à leur tour le mariage avec autant d'élégance que de vérité : *Viri et mulieris conjunctio, consortium omnis vitæ, divini atque humani juris communicatio.*

Ces idées n'ont pu changer ; aussi n'avions-nous pas besoin d'un texte dans le Code pour nous apprendre que « les époux se doivent mutuellement *fidélité, secours, assistance* (art. 212). »

Mais l'obligation des époux de se fournir l'un à l'autre *secours et assistance* cessera-t-elle avec le mariage ? La mort est-elle destinée à effacer jusqu'à la dernière trace des liens qui les ont unis pendant leur vie ? Ne reste-t-il plus rien, quand la tombe s'est fermée sur l'un d'eux, de ces rapports si étroits que leur consentement mutuel avait formés, que la société avait consacrés, que la religion avait bénis ? — L'athée peut bien jeter du doute sur la solution de ces questions ; mais celui qui se nourrit des maximes de vie n'hésite pas à répondre que la dissolution du mariage ne peut déshériter le survivant des époux de l'avantage résultant des obligations qu'ils avaient contractées l'un vis-à-vis de l'autre, par le seul fait du mariage.

Aussi les législateurs, organes fidèles des croyances de l'humanité, ont bien pu varier sur la manière dont ils ont réglé les droits qui étaient dus à l'époux survivant sur le patrimoine de l'époux prédécédé ; mais, à toutes les époques et chez tous les peuples, on rencontre cette pensée, née du saint dogme de l'immortalité des âmes, qu'il était du devoir et de la dignité des époux d'assurer mutuellement leur sort par leurs libéralités, lorsque les lois elles mêmes ne l'auraient pas fait pour eux. On retrouve la preuve de cette pieuse et tendre sollicitude au milieu des fêtes de leurs fiançailles, au sujet des conventions qui précèdent le mariage, la pensée de la mort, destinée à troubler toutes les joies humaines, venant leur conseiller de stipuler des gains de survie ordinairement réciproques.

L'obligation qui lie les époux l'un vis-à-vis de

l'autre, incontestable, même lorsque le mariage est resté stérile, devient plus saisissante encore lorsque le mariage a été fécondé. L'époux qui a cessé de vivre est représenté par ses enfants; dans le sein de la société qui l'a perdu, tout semble encore témoigner de sa présence; on croirait que la mort a été impuissante pour briser les liens qui l'unissaient à son époux, et qui continuent encore, même au point de vue du droit civil, d'étreindre et d'unir les membres des deux familles. Nous en trouvons la preuve positive dans les textes mêmes de nos lois. (Cod. civ., art. 206 — Cod. procéd.; 283, 378, — d'instr. crim., 322).

S'il est vrai que la femme a été la compagne et l'égale de son mari; si elle a participé à son rang, à ses honneurs, à ses dignités, *socia humanæ et divinæ domus*, faudra-t-il donc, si elle n'a pas de fortune personnelle qu'à la mort de son mari elle se trouve dans la cruelle alternative, ou de redescendre dans une condition inférieure, de retomber dans un état de gêne, peut-être de pauvreté primitive, ou de chercher dans un nouvel hymen l'aisance qu'elle a perdue? Et dans une situation inverse, la même alternative imposée au mari honorera-t-elle la mémoire de son épouse prédécédée?

Le mari qui par son industrie, par une administration active et intelligente aura augmenté le patrimoine de son épouse, ne pourra se voir privé sans injustice de tout droit sur ce patrimoine. Il en sera de même de la femme qui, par son labeur, son économie, et la direction éclairée imprimée par elle au gouvernement intérieur de sa maison, aura plus d'une fois fondé, conservé ou agrandi la fortune de la famille.

Il serait donc permis de ne tenir aucun compte d'une vie toute entière de soins, de dévouement, de sacrifices? Et, bien qu'ils n'aient été que l'accomplissement d'un devoir, sera-t-il loisible à l'époux qui a reçu ces soins, qui a été l'objet de ce dévouement, qui a recueilli le fruit de ces sacrifices, de les laisser sans rémunération?

Les libéralités d'époux à époux établies par les usages ou les lois, à défaut de toutes stipulations, ou résultant de ces stipulations, ne constituent donc pas une libéralité proprement dite; elles ne sont, ainsi que l'avait très-bien vu l'ancienne jurisprudence, que la reconnaissance et l'acquittement d'une dette sacrée résultant du fait même du mariage.

Supprimez ces libéralités, et vous faites plus d'une fois violence à la conscience des époux en obligeant le survivant à convoler à de secondes noces.... Il s'était pourtant, dans sa foi pour le mariage, attaché à cette pensée si pure, que la fidélité à une première union était entièrement exclusive d'une union nouvelle ; que si l'esprit du christianisme n'est pas antipathique aux seconds ou subséquents mariages, il ne se refuse pas pourtant à reconnaître plus d'abnégation et un zèle plus méritant dans le dévouement à un premier lien, qui peut bien avoir été rompu visiblement sur la terre, mais qui subsiste toujours dans le ciel (1). C'est l'Apôtre lui-même qui nous l'apprend (2).

Exactes pour le mari survivant, ces idées le sont encore à un degré plus éminent pour la veuve. L'antiquité, toute travaillée qu'elle était de préjugés que nous avons proscrits, honorait d'une manière toute particulière les veuves qui mouraient dans la religion de leur premier deuil ; et nous avons lu quelque part (5) qu'une de ses femmes illustres se faisait un titre de gloire de ce qu'on lirait un jour sur la pierre de son tombeau qu'elle n'avait eu qu'un seul époux : *Uni nupta fuisse legar*. Les romains eux-mêmes, malgré la corruption du divorce, et le joug des lois Pappiennes, ne se faisaient pas illusion sur l'opinion qu'il fallait se former des veuves convolant trop facilement à de nouvelles noces. Il en est de la conscience des peuples comme de celle des individus :

---

(1) « Les mariages, disait Loisel, se font dans le ciel et se con-« somment sur la terre. »

(2) Epitre II de St-Paul aux Corinthiens.

(3) Dans les *Héroïdes* d'Ovide, probablement.

on peut bien la violenter, mais jamais la détruire (1).

Les enfants eux-mêmes issus du mariage, sont intéressés à ce que le sort de l'époux survivant soit assuré, puisque s'il en est autrement ils sont souvent menacés d'un convol dont les conséquences sont toujours désastreuses pour eux. Et l'époux prédécédé, par les libéralités dont nous parlons, n'a fait d'ailleurs, en acquittant sa propre dette, qu'acquitter celle de ces descendants eux-mêmes, qui seraient au besoin obligés de fournir des aliments au conjoint survivant, qui est leur propre auteur.

Tout concourt donc, non pas seulement à favoriser, mais à consacrer ces libéralités entre époux, quels que soient leur rang, leur position, leur fortune; pour les uns, c'est une question de dignité, d'honneur; pour les autres, c'est bien plus encore, puisqu'il s'agit de préserver le survivant des horreurs de l'indigence; pour tous, c'est l'accomplissement des devoirs du mariage; c'est un acte que l'affection inspire, mais que la justice commande. Les idées morales, religieuses, et l'intérêt sainement entendu des enfants nés du mariage, amènent à ce résultat.

(1) Vid. Plutarque, *Quest. romain.*, 15. — Macrobe, *Saturnales*, 3.

Et il est sensible que ces libéralités seront souvent une condition du mariage, et comme le seul moyen de combler la différence des âges, des fortunes, des conditions.

II.

THÉORIES DU CODE CIVIL

SUR LES OBLIGATIONS MENTIONNÉES DANS LE § PRÉCÉDENT.

Nous savons ce qu'avait fait le droit romain de Justinien et notre ancienne jurisprudence des pays de coutumes et des pays de droit écrit en faveur des époux survivants. Sous Justinien, nous avons rencontré la quarte du conjoint pauvre; dans les pays de coutumes, le douaire des veuves, sans préjudice de certains gains réciproques entre les époux de race noble; dans les pays de droit écrit, l'augment des veuves et le contre-augment des maris, indépendamment de la quarte du conjoint pauvre; institutions pleines de sagesse, et qui conciliaient avec un rare bonheur, comme nous l'avons fait remarquer, les devoirs des époux avec l'intérêt des enfants.

Ces gains de survie coutumiers étaient dus de

plein droit aux époux dans les proportions que nous avons précédemment indiquées. La convention des époux pouvait bien les modifier; mais, à défaut de toute convention, les usages avaient sû garantir les droits du survivant.

La loi de nivôse an II, qui va rompre de front avec ces traditions antiques, supprime ces institutions, réduit les gains de survie qui ont été stipulés dans le passé comme ceux qui pourront être stipulés à l'avenir à l'usufruit de la moitié des biens de l'époux prédécédé. Le douaire, l'augment, le contre-augment, la quarte de conjoint pauvre, ne consistaient qu'en usufruit, quand il y avait des enfants issus du mariage; c'est en une quotité d'usufruit que sont fixés les gains de survie conventionnels. Les novateurs renversent les institutions qu'ils trouvent vivantes; mais, nous l'avons déjà noté comme un fait important, en les détruisant, ils leur empruntent le caractère de celles qu'ils vont mettre à leur place.

La loi ne stipule donc plus rien désormais en faveur de l'époux survivant: dès-lors, les gains de survie seront exclusivement conventionnels.

C'était là une innovation profonde, et sans grand profit pour les idées politiques qui venaient de triompher.

Aussi deux ans après, en l'an IV, le jurisconsulte qui sera chargé de préparer un projet de codification générale, Cambacérès, propose-t-il formellement certains gains de survie coutumiers, c'est-à-dire le tiers de l'usufruit des immeubles qui appartiennent au prédécédé (art. 322 du projet).

En l'an VIII, le projet Jacqueminot donne la préférence sur ce point à la loi de nivôse sur le projet Cambacérès, et les idées du projet sont adoptées par les commissaires du gouvernement consulaire.

Mais quelques tribunaux d'appel, et notamment celui de Lyon réclament avec énergie contre cette omission du rétablissement des gains de survie légaux ou coutumiers, et le second projet sur le titre des successions *ab intestat*, est conçu avec cette idée, qu'ils seront rétablis. On discute le projet dans le sein du Conseil-d'Etat; c'est M. Treilhard qui fut chargé d'en faire la présentation. Le chapitre V de ce titre, intitulé: *Des Successions déférées au conjoint survivant*, dans le projet du gouvernement, et correspondant à la section II du chapitre IV du Code, intitulé: *Des Droits du conjoint survivant et de l'Etat* (art. 767 du Code et suivants), fut soumis à la discussion dans la séance du 9 nivôse an XI; et on y remarquait, ce qui n'était d'ailleurs que la conservation des principes du droit romain et de notre ancienne jurisprudence, que les époux n'étaient successibles l'un de l'autre qu'à défaut de parents, du moins d'un degré très éloigné.

Cette jurisprudence a été érigée en loi sans éprouver aucune opposition (Code civ. art. 767).

Tous les articles de ce chapitre IV ayant été adoptés presque sans discussion, M. Maleville fit l'observation suivante ; je copie textuellement le procès-verbal : (1) « M. Maleville observe qu'on « a omis dans ce chapitre une disposition reçue « par la jurisprudence, qui donnait une pension à « l'époux survivant , lorsqu'il était pauvre et « qu'il ne recueillait pas la succession. M. Trei- « lhard répond que, par l'art. 40, on lui accorde « l'usufruit du tiers des biens... »

Or, quel était cet article 40 ? C'était l'article du projet qui est devenu l'art. 754 du Code civil, et qui dispose : « dans le cas de l'article précédent » (c'est-à-dire lorsqu'ils sont en concours avec des collatéraux autres que les frères et sœurs ou des- cendants d'eux), « le père ou la mère survivant « a l'usufruit du tiers des biens auxquels il ne « succède pas en propriété (2). »

L'intention des auteurs du projet, et celle du

---

(1) M. Locré, *Législation civile*, 10, page 102 et 103.

(2) M. Locré, *ibid*, page 25. — M. Fenet constate aussi le même fait ; seulement, il n'est pas d'accord avec M. Locré sur le nº de l'article auquel M. Treilhard avait renvoyé. — Tome 12, page 38.

Conseil-d'État lui-même, était donc d'attribuer un gain de survie légal à l'époux survivant; et ce Titre fut voté avec la conviction que ce gain de survie consisterait dans le tiers de l'usufruit des biens. Par suite, les idées du projet de Cambacérès, de l'an IV, devaient se trouver en grande partie réalisées.

Mais par l'effet de l'étrange préoccupation de M. Treilhard, de l'influence qu'exerça sa réponse, par suite de la confiance qu'inspirait naturellement le rapporteur du projet, les époux se trouvèrent privés de ce droit, car on ne tarda pas à s'apercevoir que l'art. 40 (devenu l'art. 754 du Code), était inapplicable aux époux survivants, par rapport à la succession délaissée par leur conjoint.

Les intentions du Conseil furent donc trompées, et l'on est retombé, sous ce point de vue, dans le système de la loi de nivôse an II, et du projet Jacqueminot, tandis que, d'après les observations du tribunal d'appel de Lyon, on avait entendu faire un retour à l'ancien droit et au projet Cambacérès.

Le tribun Jaubert, dans son discours sur le projet de loi qui devait réunir en un seul corps les titres épars du Code civil, constatait, le 30 ventôse an XII, devant le corps législatif, la réalité de cette déception, mais à une époque où il était

14

impossible de la réparer. Il disait, en résumant
les principales différences qui séparaient le Code
civil de l'ancienne législation :

« *Le douaire coutumier* assurait aux épouses des
« avantages qu'elles ne doivent tenir que de la
« volonté libre, réfléchie et reconnaissante (1). »

Et ce que disait M. Jaubert du douaire en particulier, il l'appliquait également aux autres gains
de survie; c'était l'espèce prise pour le genre.

Immédiatement après la promulgation du Code,
c'est-à-dire en 1805, M. Maleville, qui dans la
séance du 9 nivôse an XI avait interpellé M. Treilhard sur l'omission qu'il avait remarquée, publia
son *Analyse raisonnée de la discussion du Code,*
et, faisant allusion à ce qui s'était passé, il écrivit
ce qui suit sur l'art. 767 (2) :

« Suivant l'authentique *Præterea, unde vir et*
« *uxor,* le conjoint survivant, qui était dans l'indi-
« gence tandis que la succession du prédécédé
« était riche, avait droit de demander le quart
« des biens lorsqu'il n'y a que trois enfants ou
« moins, ou bien une portion égale à celle de
« chacun d'eux, quand ils étaient en plus grand
« nombre. Ce quart lui appartenait, en propriété,

---

(1) Fenet, 1, *Précis historique sur la confection du Code
civil,* CXV.

(2) Tome 2, page 247.

« quand il n'y avait pas d'enfants; il n'avait que
« l'usufruit de la portion s'il y en avait. Mais,
« dans la jurisprudence française, ce n'était ja-
« mais qu'un usufruit, une pension qui lui étaient
« adjugés » (*Voy.* Serres et les auteurs qu'il cite,
page 433).

« Cette jurisprudence fut aussi rappelée dans
« la discussion de notre article; on n'en contesta
« pas la justice; *on dit seulement qu'il y avait été*
« *pourvu par un article du Code* (1); mais cet arti-
« cle ne se trouve nulle part; en sorte que si le con-
« joint survivant n'a pas d'enfants de l'époux pré-
« décédé, auxquels, suivant l'art. 205, il puisse
« demander des aliments, il se trouvera réduit
« à la misère en face d'héritiers opulents. *Je crois*
« *que*, *malgré le silence du Code et d'après ce*
« *qui résulte du procès-verbal, l'équité et l'hon-*
« *neur du mariage autorisent suffisamment les*
« *tribunaux à se conformer à l'ancienne jurispru-*
« *dence..., le Code n'ayant statué que sur la pro-*
« priété. »

Cette opinion est sans doute fondée en équité,
et légitimée à ce point de vue par toutes nos observations précédentes; mais l'est-elle également
au point de vue des textes? Et d'ailleurs, les ré-

(1) Allusion à la réponse de M. Treilhard faite à M. Maleville
lui-même dans la séance du 7 nivôse an XI.

dacteurs du Code civil ayant eu l'intention d'attribuer au survivant l'usufruit du tiers des biens du
prédécédé, principalement pour qu'il trouvât au
besoin dans cet usufruit une provision alimentaire,
l'erreur dans laquelle ils sont tombés sur la
portée du texte spécial qu'ils avaient affecté à cet
objet, n'a-t-elle pas détruit les droits des époux?
Il est au moins permis d'en douter.

Quoi qu'il en soit, il est incontestable, d'après
l'intention des auteurs du projet et celle du Conseil-d'État, que l'époux survivant devait avoir, à
titre de gains de survie, l'usufruit du tiers des
biens du prédécédé. Et ce n'était pas seulement,
notons-le bien, pour le seul cas où le prédécédé
aurait laissé une succession opulente tandis que
son conjoint était pauvre; car la réponse de
M. Treilhard à M. Maleville prouve que l'on
croyait que l'art. 40 (754 du Code) réglait les
gains de survie; et cet art. 754 ne fait aucune
distinction entre les ascendants pauvres ou riches.

Le Code civil faisait donc marcher de front les
gains de survie légaux, en usufruit seulement,
avec les gains de survie conventionnels, laissés à
la volonté libre et réfléchie des époux.

On sait qu'elle pouvait être la quotité de ces
gains de survie conventionnels. La quotité disponible ordinaire avait été augmentée en leur
faveur dans tous les cas possibles; plus tard elle

se trouva, en certains cas l'égale seulement de cette même quotité, par suite de l'extension donnée à celle-ci. Tout cela a été déjà suffisamment expliqué.

D'après ces explications, il est facile maintenant de tracer les limites de ces gains de survie ; s'il n'y a qu'un enfant, ils pourront être de la moitié en propriété ; s'il y en a deux, du tiers en propriété (1), ou s'il y en a trois ou un plus grand nombre, du quart en propriété et d'un autre quart en usufruit, ou de la moitié en usufruit seulement. — Et il est bien entendu, que dans le cas où il ne laisse qu'un ou deux enfants, l'époux pourra disposer, s'il l'aime mieux, d'un quart en propriété et d'un quart en usufruit, ou de la moitié en usufruit seulement.

L'économie ou l'intention première des rédacteurs du Code civil a été modifiée ici par l'effet du mouvement imprimé à la quotité disponible ordinaire. Pour reconnaître cette intention et comprendre cette économie, il faut se reporter aux projets primitifs.

D'après le rapprochement des textes de ces premiers projets, la quotité disponible entre époux sera égale à la quotité disponible des étrangers, jusqu'à concurrence du quart en propriété ;

---

(1) *Vid.* notre seconde partie.

et puis elle lui sera supérieure jusqu'à concurrence d'un quart en usufruit, dont l'époux pourra être gratifié en sus du quart en pleine propriété. Cet excédant, par sa nature, nous rappelle donc, quoique imparfaitement, le douaire, l'augment, le contre-augment, la quarte du conjoint pauvre. Le lien qui réunit le passé au présent est visible ; il eût été sans doute beaucoup plus fort et plus sensible si les intentions des rédacteurs du Code n'avaient pas été trompées, et si les gains de survie légaux eussent été maintenus ; mais quoique plus faible, il n'en existera pas moins, il n'aura pas même été brisé par la loi du 17 nivôse an II.

Les mêmes réflexions s'appliquent à l'*usufruit de moitié* dont parlent les derniers termes de l'article 1094.

On a fait jusqu'ici beaucoup d'efforts (1) pour les expliquer ; mais on ne peut les bien comprendre qu'en remontant aux premiers projets.

---

(1) *Vid.* notamment M. Delvincourt, qui a écrit que ces mots *ou la moitié en usufruit seulement*, ont été ajoutés *dans la prévoyance du cas où l'époux donataire, étant fort âgé, l'on aurait pu prétendre que la donation des trois quarts en usufruit, par exemple, n'excédait pas celle du quart en propriété et du quart en usufruit.* Cette version est dénuée de tout fondement, et M. Duranton fait remarquer, avec raison, qu'elle est *divinatoire* (tome 9, note de la page 809). Toute interprétation de ces expressions qui sera prise en dehors des travaux préparatoires, sera fautive et arbitraire.

On n'a pas oublié à cet égard les dispositions des art. 16 et 17 de la section 1re du chapitre II, intitulé : *De la portion de biens dont il est permis de disposer.* D'après l'art. 16, on ne pouvait disposer que d'un quart en propriété, quel que fût le nombre des enfants; et d'un autre côté, la disposition de l'art. 17 était ainsi conçue : « *la donation « en usufruit ne peut excéder la quotité dont on « peut disposer en propriété, en telle sorte que le « don d'un usufruit ou d'une pension est réductible « au quart du revenu total... dans les cas ci-dessus « exprimés* (ces cas se référaient à l'art. 16 pré-« cité), *sans préjudice, néanmoins, de ce qui est ré-« glé à l'égard des époux* (1). »

Ces dernières expressions annonçaient donc que les époux étaient régis par un droit particulier.

Et en effet dans l'article 156 du même projet (le premier du gouvernement), emprunté au projet Jacqueminot, et devenu l'art. 1094, on trouve consacrée une disposition évidemment extensive, par la faculté qu'elle confère à l'époux de donner à son conjoint l'usufruit de la *moitié* de ses biens.

Cette faculté, tout exceptionnelle constituait donc un grand privilège en l'an VIII, puisque, d'après la règle des art. 16 et 17 combinés, l'époux

---

(1) Fenet, 2, pages 276-277.

ne pouvait jamais, s'il avait des enfants et quel qu'en fût le nombre, donner à un étranger qu'un *quart* seulement en propriété ou en usufruit; il avait donc beaucoup plus de latitude quand il s'agissait de gratifier son conjoint.

Et il était besoin de le dire d'une manière explicite dans l'art. 156, car à défaut de cette exception on serait tombé dans le droit commun de l'art. 17.

Il est vrai que dans le premier membre du § 2 de l'article 156 (1094), on autorisait l'époux à disposer en faveur de son conjoint, dans tous les cas, d'un quart en propriété et d'un quart en usufruit. Et ces mots, *d'un quart en propriété*, ne pouvaient, d'après la teneur même de l'article, particulièrement des derniers mots du texte *en usufruit seulement*, et surtout d'après la corrélation intime de ce même article avec l'art. 17 précité, s'entendre que de la pleine propriété(1). Le législateur avait donc bien dit virtuellement par ce premier membre que l'on pouvait à plus forte raison disposer de la moitié en usufruit, qui était une

_____

(1) On a pourtant soutenu le contraire dès la publication du Code, mais l'universalité des auteurs a entendu l'article en ce sens. Le 6 juillet 1840, devant la Cour royale de Toulouse, on fit de vains efforts pour ressusciter l'interprétation restrictive qui avait été proscrite depuis long-temps (arrêt précité, Barutaut c. Darnaud).

quotité inférieure à la première, jusqu'à concurrence d'un quart en nue-propriété. Mais la disposition de la moitié en usufruit étant *sui generis*,
on avait craint que la règle de l'article 17 ne
jetât des doutes sur sa validité, et on crut dès-
lors, pour plus de sûreté, devoir la légitimer par
une exception textuelle au principe de cet article.

L'art. 17 fut supprimé dans le second projet
du gouvernement, et remplacé par l'art. 917 du
Code. Dès-lors, ces mots de l'art. 1094, *ou la
moitié en usufruit seulement*, n'eurent plus, pour
ainsi dire, aucun objet.

Ce dernier, au contraire, n'ayant éprouvé aucun changement, cette partie de son texte a pu,
comme celles que nous avons déjà examinées,
être l'objet d'incertitudes et provoquer des observations en sens divers. Mais tout s'explique
par la confrontation des origines diverses des
dispositions qui, plus tard, ont trouvé place dans
le Code.

Tel est le caractère, tel est l'esprit des libéralités permises par l'art. 1094.

L'époux peut bien disposer en faveur de son
conjoint de toute la quotité réglée par cet article
combiné avec l'art. 913, mais il est libre aussi
de ne lui en donner qu'une partie, comme il lui
est loisible, à la rigueur, de ne faire aucune disposition à son profit.

La loi n'a pas ouvert au père de famille deux quotités distinctes l'une de l'autre : il ne peut donner à un étranger tout ce dont les art. 913 et 915 lui permettent de disposer, et en outre, à son conjoint, tout ce que l'art. 1094 rend disponible à son égard. Dans les art. 913 et 915, le législateur a tracé la règle générale et fixé les limites de la quotité disponible ordinaire ; l'art. 1094 n'est fait que pour étendre cette même quotité en faveur des époux. Tous les auteurs, nous l'avons vu, sont unanimes sur ce point.

Quand les rédacteurs des premiers projets, traçant les cadres de leurs divisions, eurent, dans le chapitre II, du titre 2, *De la portion de biens disponible*, fixé cette portion au quart des biens, pour le cas où il y avait des enfants, quel qu'en fût le nombre, et à la moitié quand il y aurait des ascendants, ils réservèrent un chapitre spécial pour les *donations entre époux*. Dans ce chapitre, ils n'entendent pas créer une quotité disponible distincte de la première ; ils n'ont qu'une pensée, celle d'augmenter en faveur de l'époux la quotité disponible ordinaire. Ils calquent la quotité disponible entre époux sur cette quotité disponible ordinaire, sauf qu'ils l'augmentent en considération du lien qui unit le donateur au donataire.

Ainsi, pour le cas où il y a des ascendants,

ils disposent: que l'époux pourra donner à son conjoint tout ce dont il pourrait disposer en faveur d'un étranger, en pleine propriété, et *en outre,* l'usufruit de la totalité des biens dont la loi prohibe la disposition au profit des étrangers.

Et ce qui est vrai pour le cas où il y a des ascendants l'est également pour celui où il y a des descendants, en ce que l'art. 1094 ayant été adapté dans son entier aux art. 16 et 17 du premier projet, l'augmentation qu'il établit en faveur des époux consiste toujours en un droit d'usufruit.

On peut donc dire, sans crainte d'être démenti, que du rapprochement des art. 913, 915 et 1094 il résulte qu'il n'y a de différence entre les quotités qu'ils établissent que dans la quotité en usufruit, qui constitue, pour le cas où il y a des ascendants réservataires et pour le cas où il y a plus d'un enfant, un excédant en faveur des époux sur la quotité disponible ordinaire; et que pour le surplus, c'est-à-dire pour ce qui est de la portion disponible en pleine propriété, l'art. 1094 se confond avec les art. 913 et 915, dont il n'est que la reproduction, augmentée d'un supplément en usufruit, qui varie selon qu'il y a des ascendants ou des descendants réservataires; qu'il n'y a donc, en vérité, qu'une seule quotité disponible, qui, pour les donataires et légataires autres

que les conjoints, se mesure par les art. 913
et 915, réglementaires de leur capacité, et pour
les conjoints, par l'art. 1094; quotité qui, malgré
les caractères de son unité, se restreint ou se di-
late jusqu'à concurrence d'une partie déterminée
en usufruit, selon que le conjoint est ou n'est pas
gratifié.

Ainsi, il est bien facultatif pour l'époux de
disposer en faveur de son conjoint, ou de l'entière
quotité de l'art. 1094, en pleine propriété et en
usufruit, en ne donnant rien à un étranger; ou
bien d'une quotité moindre en propriété ou en
usufruit, et de donner le surplus à un étranger,
qui peut toujours recevoir jusqu'à concurrence
de la quotité disponible ordinaire; ou bien, enfin,
de donner toute la quotité disponible ordinaire,
d'après les art. 913 et 915, à un étranger, et de
ne gratifier son conjoint que du supplément en
usufruit qui forme l'excédant de l'art. 1094 sur
les art. 913 et 915; il peut même ne le gratifier,
s'il n'épuise pas l'entière quotité disponible de
l'article 1094, que d'une partie de ce supplément.

Ces solutions ne sont que la conséquence de
la divisibilité de la quotité disponible de l'art. 1094,
formée d'abord de la quotité ordinaire des art. 913
et 915, plus de l'excédant que l'art. 1094 établit
sur ces deux dernières en faveur de l'époux seulement.

L'art. 1094 ne dit pas en effet que le conjoint ne sera valablement gratifié de cet excédant qu'à cette condition qu'il aura été gratifié en outre d'une fraction quelconque de la quotité dont il aurait pu être disposé en faveur d'un étranger, et on ne peut arbitrairement ajouter à la loi.

Le législateur n'a pas pensé en décrétant l'art. 1094 que le disposant usât souvent de la *faculté* qu'il lui donnait de gratifier son conjoint de toute la quotité disponible établie en cet article, car le législateur qui a fait une étude profonde de la vie civile sait bien que l'homme ne peut pas être plus exclusif que ses devoirs. Il sait aussi que tous ces devoirs ne sont pas attachés à la qualité d'époux. S'il augmente, dans ce cas, la quotité disponible ordinaire, c'est pour procurer au père de famille, en dégageant d'autant cette quotité, un moyen de plus de satisfaire à toutes ses obligations d'époux, de père, de citoyen. Seulement, l'excédant de l'art. 1094 ayant été établi en considération de l'époux, il faut qu'il en profite exclusivement.

Deux exemples vont rendre palpable l'application de ces théories :

1° Le disposant ne laisse à sa survivance qu'un seul ascendant; à un étranger, il a pu donner les trois quarts en pleine propriété; à son conjoint, il pourra donner la même quotité en pro-

priété, plus l'usufruit du quart réservé à l'ascendant. S'il a gratifié à la fois un étranger et son
conjoint, il faudra que l'époux, si la plus forte
quotité disponible de l'art. 1094 a été épuisée par
les deux libéralités, ait au moins pour lui l'entier
usufruit du quart formant la réserve de l'ascendant, car cet usufruit n'est devenu disponible que
pour lui seul. L'étranger pourra recevoir les trois
autres quarts en pleine propriété, d'après l'art. 915
qui est la mesure de sa capacité, comme aussi ces
trois quarts en propriété pourraient être partagés
par portion égales ou inégales entre l'étranger et
le conjoint.

2º Le disposant laissé à son décès trois enfants.
A un étranger, il a pu donner le quart en propriété; à son conjoint, il a pu donner d'abord la
même quotité, plus un quart en usufruit. S'il y a
eu concours de libéralités faites à un étranger et
au conjoint, dont le total s'élève à la quotité la
plus forte de l'art. 1094, il faudra que le conjoint ait reçu au moins le quart en usufruit qui
constitue l'excédant de l'art. 1094 sur l'art. 913,
dont il peut seul profiter. L'étranger pourra être
valablement gratifié du quart en pleine propriété,
comme aussi ce quart aura pu être divisé en
portions égales ou inégales entre l'époux et l'é-
tranger.

Toute la quotité disponible de l'art. 1094, qui

n'est que la reproduction de la quotité disponible ordinaire des art. 913 et 915, et se confond avec elle, est donc parfaitement divisible entre le conjoint et l'étranger. L'excédant seul de l'art. 1094 sur les art. 913 et 915, est affecté à l'époux exclusivement. Ainsi, pour l'étranger il n'y a jamais de *minimum* établi. Il y en a un pour l'époux qui, dans le cas où le concours des deux libéralités a épuisé la quotité disponible la plus forte, doit avoir au moins la part en usufruit qui constitue l'excédant de l'art. 1094 sur la quotité disponible ordinaire, et cet excédant devient alors indivisible.

Que, si les deux libéralités cumulées n'atteignent pas la quotité disponible la plus forte de l'art. 1094, il n'y a pas non plus de *minimum* pour le conjoint. Ainsi l'époux pourra très-bien donner tout le quart en propriété à un étranger, et seulement une portion quelconque en usufruit à son conjoint, par exemple un huitième ou un douzième, car il était le maître de ne lui rien donner.

Il pourra donc y avoir bien souvent une grande inégalité dans les lots faits à l'époux et à l'étranger. L'étranger pourra se trouver gratifié d'un don ou d'un legs d'une valeur bien supérieure à celui qui sera fait à l'époux. Mais c'est là l'œuvre du disposant, qui, dans les limites qui lui sont tracées, est l'arbitre souverain de la quotité disponible, et ne prend conseil que de sa conscience et de ses affections.

En somme, les légitimaires n'auront à se plaindre et ne pourront agir en retranchement pour cause d'inofficiosité (art. 920), que dans le cas où les libéralités excéderaient la quotité des art. 913, 915, ou 1094, d'une manière absolue ou relative; *absolue*, si le disposant avait dépassé la plus forte quotité disponible qui doit être prise pour mesure de la réduction; *relative.*, s'il avait donné à l'un des gratifiés plus qu'il ne pouvait recevoir; par exemple, à un autre que le conjoint, dans le cas où il aurait des ascendants, une part de l'usufruit de la réserve de ceux-ci, indépendamment de toute la quotité disponible en pleine propriété; ou lorsqu'il y a trois enfants, un quart en propriété et une portion quelconque à titre d'usufruit.

Nous nous permettrons encore de proposer un dernier exemple pour faire toucher du doigt ces diverses théories.

Le père de famille meurt à la survivance de trois enfants et de son conjoint, laissant une succession de 100,000 fr; si les deux quotités disponibles des art. 913 et 1094 eussent été distinctes, il aurait pu donner à l'étranger 25,000 fr. en pleine propriété; à l'époux 25,000 en pleine pro-

priété, et en outre 25,000 en usufruit ; d'où il résulterait que la légitime des enfants aurait été réduite à 25,000 fr. en pleine propriété, et 25,000
en nue-propriété.

Il faut donc réunir et confondre les deux quotités en prenant la plus forte, celle de l'art. 1094,
et dire qu'il n'y a, par l'effet de la fusion, qu'une
quotité disponible qui est de 25,000 fr. en pleine
propriété, et de 25,000 fr. en usufruit. Le père
de famille pourra donner cette quotité tout entière à l'époux, comme il pourra ne lui en donner que la plus légère fraction, si la quotité disponible tout entière n'est pas épuisée.

A l'étranger, il pourra donner au plus le quart
en pleine propriété, qui est de 25,000 fr., ou seulement une partie de cette somme.

Ou bien encore, il pourra diviser le quart en
pleine propriété entre l'étranger et l'époux comme
il l'entendra.

Mais si par le concours des deux libéralités,
toute la quotité disponible de l'art. 1094 est épuisée, il faudra que l'époux ait au moins pour lui
l'usufruit du quart, c'est-à-dire de 25,000 fr., qui
formera l'excédant de l'art. 1094 sur l'art. 913.

Nous ne nous sommes préoccupés ici du concours des libéralités que dans le cas où il y a plus
de deux enfants.

S'il n'y en a qu'un, la quotité disponible étant,

15

selon nous égale, à celle des étrangers (1), ce sera
la moitié des biens qui pourra être distribuée par
portions égales ou inégales entre l'étranger et le
conjoint. — S'il y en a deux seulement, le conjoint, toujours d'après notre doctrine, pourra recevoir un tiers en propriété comme l'étranger, ou
bien ce tiers pourra être divisé entre eux par portions égales ou inégales. Mais si le conjoint avait été
gratifié en usufruit, comme il pourrait prétendre
à un quart en propriété et à un quart en usufruit,
cette quotité supérieure d'un douzième en usufruit
au tiers en propriété, si l'on suppose que l'usufruit soit évalué à la moitié en pleine propriété (2),
sera prise pour base de la réduction ; l'étranger
pourra ainsi retenir le don du tiers qui lui aurait
été fait par un acte irrévocable antérieur, et l'é-
poux aurait encore pour lui un douzième en usufruit, ce douzième étant, dans ce cas, l'excédant
de la quotité disponible de l'art. 1094 sur celle de
l'art. 913.

Telles sont les règles principales d'interprétation de l'art. 1094, soit lorsque le conjoint est

---

(1) Vid. la seconde partie.

(2) Remarquons que l'évaluation de l'usufruit en pleine propriété est admise ici, mais seulement à cause de la nécessité inévitable d'une évaluation quelconque. Nous répoussons, comme
nous le verrons bientôt, toute réduction de ce quart, hors les cas
d'absolue nécessité.

seul gratifié, soit lorsque les libéralités qui lui ont été faites se trouvent en concours avec des libéralités faites à un étranger.

En résumé, 1° Les époux ne sont, dans notre droit, comme dans le droit ancien, successibles l'un de l'autre, qu'à défaut de parents d'un degré très-éloigné; 2° Mais, à la différence de l'ancien droit, ils ne peuvent prétendre à aucun droit de survie, légal ou coutumier; il est même fort douteux que le survivant puisse, d'après les textes rigoureux, réclamer une pension alimentaire sur les biens du prédécédé; 3° Les droits que peut avoir à prétendre le survivant sur les biens du prédécédé, sont tous conventionnels; les limites en sont tracées par l'art. 1094 qui ne confère aux époux, sur les étrangers, d'autre faveur que celle de *pouvoir,* quand il y a des ascendants réservataires ou plus d'un enfant, être gratifiés par leur conjoint d'un excédant en usufruit sur la quotité disponible ordinaire; 4° Les libéralités entre époux sont moins, à proprement parler des libéralités, que l'acquittement des dettes contractées par le fait du mariage. Le Code ne le dit pas sans doute, mais cela est écrit dans la nature même des choses; dans la puissance invincible des traditions; cela ressort manifestement, comme nous l'avons déjà vu, des obligations du mariage qui ne peuvent pas changer. C'est là ce qui a

fait accorder à la femme une hypothèque légale
pour ses *conventions matrimoniales*, expressions
qui embrassent les gains de survie (art. 2121,
2135, § 2).

En omettant de rétablir les gains de survie,
légaux ou coutumiers, le Code a donc en réalité,
bien que contrairement à l'intention de ses auteurs, traité les époux plus défavorablement que
ne l'avait fait le droit romain de Justinien et notre
ancienne jurisprudence.

Le rapprochement du Code civil avec les codes
des autres peuples, va nous convaincre encore
davantage de tout ce qu'il y a de saillant et en
même temps de regrettable dans l'omission que
nous venons de signaler.

Il est des législations qui ont établi une légitime
en faveur des épouses ; telle est la législation an-
glaise (1), tel le code prussien, dans le cas où
l'époux est appelé à succéder. D'après le code
bavarois (art. 637), la femme recueille dans la
succession de son mari une part d'enfant de tout
ce qui est meuble, et le mari, à son tour, gagne

---

(1) On lit dans M. Toullier, page 108, tome 5 (à la note) :
« Chez les Anglais, on peut disposer de tous les immeubles par
« testament, mais d'un tiers seulement des meubles ou des choses
« personnelles; les deux autres tiers sont réservés *pour la femme*
« et les enfants, et sont appelés la portion raisonnable (Blakstone,
« *Comment.*, 11, page 492). »

les acquêts. Le code du canton de Vaud (art. 538) attribue aux survivants l'usufruit des biens dévolus à leurs enfants dans la succession de l'époux prédécédé, sauf cependant le cas de secondes noces. Dans le code autrichien (art. 757), l'usufruit légal en faveur du survivant est gradué selon le nombre des enfants. Le code sarde accorde, quand il n'y a pas d'enfants, une part en pleine propriété à l'époux survivant en concours avec des parents successibles. Enfin, le législateur qui s'est montré le moins large en faveur des époux, celui des Deux-Siciles, n'a pas oublié du moins de rétablir le principe du droit de Justinien, relatif à la quarte du conjoint pauvre (art. 617).

Ainsi, partout les droits des époux sont assurés; ils sont conciliés avec ceux des enfants, et la faculté de disposer n'en est pas pour cela détruite.

Nous pourrions étendre encore cette énumération, et nous rencontrerions toujours de nouveaux éléments à l'appui de cette proposition, que chez aucune autre nation l'époux survivant ne se trouve aussi rigoureusement traité que chez nous.

Celui de nos jurisconsultes qui est sans contredit le plus avancé dans la comparaison du Code civil avec les codes des autres nations, M. de St.-Joseph, auteur de *La Concordance*, à laquelle nous avons emprunté en grande partie les documents

qui précèdent, a écrit à ce sujet dans son introduction (1):

« La disposition du Code Napoléon, d'après
« laquelle la veuve ne succède à son mari que
« lorsqu'il n'y a pas de parent au douzième degré
« (art. 767), *est celle contre laquelle on s'est le*
« *plus vivement prononcé à l'étranger*, et cela
« parce que le Code ne lui accorde aucun droit
« sur la fortune de son époux, *pas même celui à*
« *des aliments*. Aussi les codes étrangers posté-
« rieurs au Code Napoléon, se sont-ils empressés
« de réparer les rigueurs de cette disposition,
« qui, après la dissolution du mariage, met la
« femme hors de la famille du mari. Ainsi, le
« code napolitain (art. 689 et 690) accorde au
« conjoint survivant une pension convenable; le
« code sarde en fait autant (aux art. 959 et 960),
« et tous les autres codes sont encore plus favo-
« rables aux époux survivants. Il est vrai qu'en
« France, l'éloignement dans lequel on a tenu
« le conjoint survivant, sur la succession de l'é-
« poux, qui avait cependant partagé sa commune
« existence, a été le résultat d'une erreur, car
« on lit dans la discussion du Conseil-d'État du
« 9 nivôse an XI, sur les art. 754 et 773, que,

_____

(1) Page 23.

« sur l'observation de M. Maleville, qui faisait re-
« marquer *qu'on avait omis une disposition reçue*
« *par la jurisprudence,* M. Treilhard répondit:
« *que l'art.* 754 *lui accordait l'usufruit d'un tiers*
« *des biens.*

« Cette inadvertance inconcevable de la part
« d'un des principaux rédacteurs du Code, arrêta
« toute discussion sur un point si important, et
« a été la cause d'une omission relevée avec au-
« tant d'empressement que de justice par les
« autres législateurs. »

Voilà la situation que nous a faite, par rapport
aux autres peuples de l'Europe et par rapport à
l'ancien droit, l'oubli réel, mais non intentionnel,
des rédacteurs du Code civil, sur les gains de
survie légaux, c'est-à-dire indépendants de toute
stipulation.

Quelle conséquence faut-il en induire? — C'est
que nous devons nous montrer d'autant plus favorables à l'égard des gains de survie conventionnels.

Dans l'ordre naturel des choses et des faits, la
dette qui naît du mariage est antérieure à celle
qui résulte de la paternité.

On est époux avant d'être père.

C'était là la base de toute notre ancienne jurisprudence; c'était là le motif qui lui faisait pré-
férer les droits du conjoint survivant à celui des

enfants, puisqu'elle admettait que les gains de survie coutumiers ou conventionnels non excédant les coutumiers, n'étaient pas réductibles pour cause de la légitime.

La jurisprudence des pays de coutumes allait encore beaucoup plus loin, comme on l'a vu, en faveur du douaire des veuves.

La dette contractée envers les enfants a été pourtant assurée par le Code civil au moyen des légitimes.

Les époux, au contraire, n'ont, sous le Code, ni légitimes, ni droits, ni créances sur la succession de l'époux prédécédé.

La dette contractée envers les ascendants a été assurée encore au moyen d'une réserve.

Et, chose étrange, les rédacteurs du Code civil, qui, par une innovation des plus notables, ont autorisé l'époux à disposer en faveur de son conjoint de l'usufruit de la réserve des ascendants, ont, d'un autre côté, traité l'époux plus défavorablement que les ascendants.

N'en accusons pas leur intention, mais déplorons leur inadvertance.

Et, en la déplorant, cherchons à en atténuer, autant que possible, les résultats, en favorisant les gains de survie conventionnels. La dette des époux n'étant plus acquittée par les lois, facilitons les moyens par lesquels les époux voudraient l'acquitter eux-mêmes. Surtout lorsque les gains de survie ne consisteront qu'en un droit d'usufruit, car ils profiteront ainsi sous tant de rapports aux enfants, qu'on pourra dire d'eux, comme on disait du douaire, de l'augment et du contre-augment, qu'ils sont établis autant dans l'intérêt des enfans que dans l'intérêt des époux eux-mêmes.

Facilitons-les de plus fort si les époux ne peuvent trouver dans les règles du droit sur l'association conjugale, *quant aux biens* (1387, Code civ.), des moyens propres à réparer les omissions que nous venons de signaler ; c'est le dernier point de vue qu'il importe d'examiner.

La division qui existait autrefois à cet égard dans les régimes auxquels cette association était soumise s'est maintenue de nos jours et ne s'effacera probablement jamais.

Le Nord a conservé religieusement le régime de la communauté des biens, qui est devenu, à défaut de stipulations spéciales, le droit commun de la France. C'est que, dans le Nord, est le foyer de l'industrie et du commerce ; et la communauté, par l'animation qu'elle engendre, l'essor qu'elle donne au crédit, le jeu plus libre qu'elle laisse aux transactions, est essentiellement sympathique au commerce et à l'industrie. L'activité incessante de l'esprit humain, le mouvement de la vie sociale, le génie de la conquête et du progrès, y ont donc naturalisé définitivement un ordre de choses que d'autres idées y avaient importé

Dans ce régime, la confusion du mobilier des époux, des fruits de leurs propres respectifs, des acquêts faits pendant la durée du mariage avec le produit de ces revenus, de leurs économies et de leur industrie (art. 1401 et suivants), offrent au survivant, sinon des garanties positives, du moins des espérances légitimes pour l'avenir. L'inégalité des patrimoines tend à s'effacer, et l'on comprend très-bien que la stipulation des gains de survie n'y soit pas aussi nécessaire que sous le regime opposé. Ajoutons que les futurs époux sont dans l'usage de stipuler un préciput pour le survivant, et que ce préciput n'est pas réputé un avantage sujet aux règles relatives des donations, soit quant au fond, soit quant à la forme, mais simplement comme une convention de mariage et entre associés (art. 1516-1525. comb.) (1).

La femme y confie, sans doute, au mari le sort de ses intérêts pécuniaires, de son mobilier, des acquêts faits pendant le mariage, du revenu de ses propres; elle les risque presque en entier à son administration; voilà pourquoi le droit an-

---

(1) Zachariæ... tom. 3. note développée de la page 149.

cien lui accordait, comme nous l'avons déjà vu , un douaire coutumier, à titre de contrepoids ou de compensation. Mais il nous semble que, d'après nos mœurs, sinon d'après nos lois, les désavantages de l'épouse du Nord ne sont plus aussi réels que dans l'ancien droit.

Le mari est bien comme autrefois le maître et le seigneur de la communauté (art. 1421); il administre bien comme autrefois les propres de l'épouse (art. 1428); mais celle-ci n'est plus, vis-à-vis de lui, dans le même état de sujétion.

Si la position légale de la femme est restée la même , sa position morale a considérablement grandi ; si elle n'est pas plus que par le passé le bras qui agit et qui exécute, elle a pris du moins une place plus importante dans le conseil du mari ; elle a conquis plus d'influence sur son administration.

C'est que la condition de la femme et son importance dans la famille tendent toujours à se développer.

La société grecque l'avait faite esclave ; la société romaine améliora son sort , tout en la retenant dans les liens d'une tutelle perpétuelle. L'époque de son émancipation ne date réellement que du triomphe du christianisme.

Vint au moyen-âge la société féodale, qui imprima un mouvement plus rapide à ce progrès.

Les mœurs qui l'avaient préparée et si fortement enracinée dans le sol ; la vie de famille, devenue plus intérieure, plus intime au fond du manoir qu'elle divinisa ; ses tournois, ses combats réels comme ses luttes fictives ; le génie chevaleresque qui était l'âme de cette organisation nouvelle ; tout concourrait à élever la femme, à rendre l'épouse l'égale de son mari, à l'associer à tous ses honneurs et comme à sa suzeraineté. Quelques coutumes l'avaient bien reconnu, puisqu'en témoignage de cette égalité, elles accordèrent aux époux de noble lignée des gains de survie réciproques (1).

Ce n'était pourtant là qu'une exception.

Dans les classes les plus nombreuses, c'est-à-dire dans les classes roturières, la femme conserva une position sensible d'infériorité et de dépendance vis-à-vis du mari ; elle profita sans doute des tendances du christianisme qui lui étaient favorables, mais ces tendances seules ne purent faire pour elle ce que les mœurs avaient fait pour l'épouse féodale.

Aujourd'hui que le niveau de l'égalité a pesé sur toutes les têtes, que l'aristocratie proprement dite, abattue par la révolution de 1789, réhabi-

---

(1) *Vid.* page 44.

litée, ou plutôt refaite à neuf par l'Empire, repla-
cée sur quelques-unes de ses bases primitives par
la Restauration, a été de nouveau ruinée par
nos derniers événements politiques, le mouvement
progressif se fait mieux sentir; il profite mieux à
la femme, parce qu'il est plus général, plus universel, parcequ'il n'est plus arrêté presque tout
entier au sommet, et qu'il peut descendre et se
répandre librement dans tous les rangs, dans
toutes les conditions.

Le douaire légal ou coutumier des femmes du
Nord serait encore assurément une institution
des plus légitimes; mais il ne nous paraît pas
aussi indispensable qu'il l'était autrefois. La su-
prématie, ou l'absolutiisme du mari, maître de la
communauté, étant maintenant plus dans nos lois
que dans nos mœurs.

Si le Nord a maintenu le régime de la communauté, le Midi a témoigné de la même fidélité
pour le régime dotal.

L'Etat d'infériorité que lui ont fait subir les auteurs du Code civil en conférant à son rival le
privilége et les honneurs du droit commun de la
France, et en ne le considérant plus que comme
un régime exceptionnel, ne nous a point désaf-
fectionnés vis-à-vis de lui des préférences que nos
pères lui avaient accordées. Nous avons souffert
de cette sorte d'échec immérité que les hommes

du Nord lui ont fait supporter; mais nous nous sommes attachés au vaincu par des liens encore plus étroits.

C'est que le régime dotal ne livre pas la fortune de la femme, c'est-à-dire sa dot, à des chances aventureuses; et la dot de la femme est considérée, avec raison, comme le fondement de la fortune de la famille. A nos yeux, avant d'acquérir, il faut songer à fonder et à conserver. Aux individus, l'esprit de développement, la fièvre de la conquête, le génie du mouvement et de l'extension; aux aggrégations, qui doivent avant tout songer à être durables, l'esprit d'ordre, de stabilité et de conservation, dont la famille doit être l'image la plus parfaite.

Sans doute, le Midi n'est pas resté étranger de nos jours aux progrès de l'industrie et du commerce; mais ce n'est pas là sa passion dominante. Sa passion, c'est celle de féconder de plus en plus ce sol privilégié qui récompense si largement celui qui le cultive, de demander à la nature, si libérale sous son beau ciel, de nouvelles richesses.

C'est là notre génie à nous; nous l'avons reçu en naissant et nous le transmettrons fidèlement à nos enfants.

Le régime dotal nous convient donc bien mieux que le régime de la communauté.

Rome avait consacré, si non créé, le régime

dotal, parce que son génie aussi était essentiellement conservateur, plus conservateur peut-être
qu'acquisitif. Il s'était aussi attaché et comme in-
crusté à la terre ; si bien que pendant long-temps
la possession d'une partie de *l'ager* fut le symbole
de tous les droits civils comme de tous les droits
politiques. Et le culte que la cité vouait à la terre,
élément divin et sacré pour elle comme pour toutes les cités de la vieille Italie, s'explique très-bien
puisque ses citoyens l'avaient arrosée de leur sang
encore plus que de leurs sueurs.

Rome dédaigna pendant long-temps l'industrie
proprement dite ; elle lui vint de l'étranger et l'accueil qu'elle reçut ne fut jamais bien empressé.
Quant au commerce, on sait qu'elle ne le dédaigna pas moins : il constituait à ses yeux une occu-
pation peu digne d'un peuple libre né pour commander aux autres peuples (1). Aussi ses législateurs virent dans la dot, dans son immobilisation
au milieu des fluctuations de la vie et des naufrages éventuels des fortunes privées, les bases
impérissables de l'individualité des familles et de
la perpétuité des races. Ils se préoccupèrent fortement de cette idée. C'est là le caractère essentiel de tous les progrès accomplis depuis la loi

---

(1) Ces propositions ressortent explicitement d'un fragment de
Cicéron, *De Officiis*, liv. Ier, § XLII.

Julia de fundo dotali, jusqu'aux constitutions de Justinien. La loi Julia suppose déjà de la part du législateur une connaissance approfondie du cœur humain; elle défend au mari l'hypothèque du fonds dotal même avec l'assentiment de l'épouse. Dans le cours de la même période de l'histoire du droit, les jurisconsultes Paul et Pomponius purent écrire avec raison que la conservation de la dot des femmes mariées était d'intérêt public (1).

Ces idées acquirent tous les jours des faveurs nouvelles, et quelques siècles après, Justinien si sympathique pour tout ce qui tenait aux intérêts des épouses, les accueillit avec empressement, et consacra définitivement dans les lois de la manière la plus absolue le principe de l'immobilisation ou de l'inaliénabilité du fonds dotal (2).

Tel est le régime que les romains nous ont transmis et qui est parmi nous la loi vivante bien qu'exceptionnelle à la loi générale.

Sous ce régime qui maintient si sévèrement la dualité des fortunes des deux époux, le survivant n'a rien à prétendre sur le patrimoine du conjoint prédécédé. L'époux pauvre avant le mariage restera pauvre après sa dissolution. A peine

---

(1) Frag. 2, *De jure dotium*-3, *solut. matrim. quemad. dos. petatur.*

(2) Instit. Liv. II, *quibus alienare licet velnon, ad præm.*

si par respect pour la vieille maxime : *Mulier non debet propriis sumptibus lugere maritum*, la femme obtiendra les frais de son deuil (art. 1570).

Les inconvénients résultant de cette séparation complette ou de cette individualisation du patrimoine des deux époux, peuvent bien être atténués par la stipulation d'une société d'acquêts (art. 1498, 1499, 1581) ; mais ces associations partielles en usage dans les ressorts de quelques uns des anciens parlements du Midi, n'obtiennent pas de nos jours de grands développements. Et soit qu'elles aient l'unique tort de tempérer l'inflexibilité d'une règle qui a toutes nos sympathies, soit la crainte des procès qu'entraîne presque toujours avec elle la liquidation de toutes les associations, elles sont loin d'être passées à l'état normal.

Les stipulations des gains de survie sont donc toujours indispensables sous le régime dotal, et beaucoup plus nécessaires que sous le régime de la communauté. L'ancien droit, avait si bien compris cette différence, que par les mêmes raisons, la quarte de conjoint pauvre n'avait pas été reçue dans les pays de coutume, tandis qu'en l'absence d'une dot de la part de la femme, et, par suite d'augment ou de contre-augment, on l'avait reçue dans les pays de droit écrit. Roussilhe (1) et Bou-

(1) *De la Dot*, 2, 153.

cher d'Argis (1) sont explicites sur ce point.

Les motifs qui avaient fait établir l'augment et le contre-augment ou du moins la quarte du conjoint pauvre, conservent de nos jours toute leur autorité, ainsi que le disait si énergiquement dans ses observations le tribunal d'appel de Lyon (2). Et puisqu'il n'y a plus d'augment ou de contre-augment coutumier, puisque la quarte du conjoint pauvre elle-même a été abrogée, montrons-nous favorables, pour être justes, aux gains de survie qui résulteront de la libre stipulation des époux.

En fait, on compte dans le Midi les contrats de mariage dans lesquels il n'y a pas de gain de survie.

Et ces gains de survie consistent presque toujours en usufruit, pour le cas où il n'y aura pas des enfants du mariage, par imitation de l'augment, du contre-augment et de la quarte du conjoint pauvre.

Ces stipulations concilient parfaitement toutes les intentions du disposant. Elles assurent le sort du conjoint survivant et laissent en même temps les biens dans la famille.

---

(1) Boucher d'Argis, *Des gains nuptiaux et de survie*, chap. de la quarte du conjoint pauvre.

(2) Vid. ci-dessus, page 80.

En parcourant les traditions de l'histoire du droit, et surtout les fragments des jurisconsultes romains sur *l'usufruit,* on est disposé à penser que l'avantage qu'il offre en pareil cas, est la cause principale qui a engendré ce démembrement de la propriété parfaite.

Ces principes généraux posés, et ces contrastes ainsi établis, nous allons aborder la discussion de la seconde question que nous avons posée.

Deux cas bien distincts peuvent se présenter.

Le disposant a fait ses libéralités par un seul et même acte ou par des actes différents et successifs.

Examinons séparément chacune de ces hypothèses avec les sous-distinctions qu'elles comportent.

CHAPITRE PREMIER.

—

Le disposant a fait ses libéralités par un seul et même acte.

Les théories du droit sont ici les mêmes, soit qu'il s'agisse d'un acte révocable comme le testament, soit qu'il s'agisse d'un acte irrévocable comme la donation entre-vifs. Mais comme nous supposons toujours que les libéralités sont émanées d'un époux en faveur de son conjoint, le même acte peut présenter des caractères différents, et naître avec une nature mixte, ce qui arrivera toutes les fois que, pendant le mariage, l'époux donnera à son conjoint et à un étranger, par un acte de donation entre-vifs; la donation, irrévocable à l'égard de l'étranger (art. 894), sera essentiellement révocable à l'égard du conjoint (art. 1096). Aussi, réserverons-nous pour la fin de ce *chapitre* quelques observations particulières pour ce cas spécial.

D'après le tableau que nous avons déjà donné de la jurisprudence et de la doctrine sur cette première branche de notre division (1), on peut voir qu'il y a unanimité entre les auteurs et les

_____

(1) *Vid.* page 188 et suivantes.

décisions judiciaires sur la légalité du cumul des dons de l'usufruit faits à la femme, et d'un quart en nue-propriété fait à un étranger, dans un seul et même acte.

Depuis l'arrêt de la Cour de Turin, de 1810, jusqu'à l'arrêt de la Cour de Toulouse, du 6 juillet 1840, nous ne rencontrons qu'un seul dissentiment, c'est celui de l'arrêt de la Cour d'Aix, du 18 avril 1836, dont nous apprécierons bientôt la valeur.

Il ne faut pas être étonné de ce concert d'opinions qui ne peut avoir été troublé par une décision isolée.

Le disposant n'a dépassé, en effet, les limites de la quotité disponible fixée par l'art. 1094 ni d'une manière absolue ni d'une manière relative.

Il ne les a pas dépassées d'une manière *absolue*, puisque, en additionnant les valeurs des deux libéralités, il n'a disposé, en somme, que d'un quart en pleine propriété et d'un quart en usufruit.

Il ne les a pas dépassées non plus d'une manière *relative*, puisqu'aucun des co-donataires ou des co-légataires, loin d'avoir reçu plus qu'il ne pouvait recevoir, n'a pas même reçu tout ce qu'il pouvait recevoir : le conjoint d'après l'art. 1094, l'étranger d'après l'art. 913.

D'un autre côté, la distribution de la quotité

disponible de l'art. 1094 a été faite selon le vœu et l'économie de cet article.

Les enfants ont l'expectative légitime de retrouver un jour capitalisés en tout ou en partie, dans la succession de l'époux survivant, les revenus qu'aura produits l'exercice du droit d'usufruit. Il est d'ailleurs vraisemblable qu'il y aura communauté de jouissance entre eux et le conjoint survivant.

Leur situation est donc conforme à celle qui leur a été faite par l'article 1094.

Telle est l'économie qui a présidé aux deux dispositions dont s'agit.

La doctrine des auteurs qui valident le cumul est donc irréprochable.

Il en est de même des motifs qui ont servi de base aux arrêts des cours royales.

Une seule cependant a cru pouvoir décliner l'autorité de ces précédents et l'autorité plus imposante encore de ces principes.

Examinons donc l'influence que peut avoir son arrêt.

Voici les faits que nous empruntons au *Recueil périodique* de M. Dalloz (1) :

La dame Evrard mourut à la survivance de trois enfants. Elle légua par son testament olo-

_____

(1) 1836. 2-47.

graphe au sieur Evrard, son mari, l'usufruit de la moitié de ses biens et le quart en nue-propriété de ces mêmes biens, par préciput, à deux de ses enfants, Casimir et Mathilde Evrard.

Le troisième enfant, se disant lésé dans sa réserve, demanda la réduction de ces libéralités comme étant inofficieuses. Le 12 février 1835, jugement du tribunal civil de Tarascon qui statue en ces termes :

« Considérant que l'art. 913 du Code civil fixe
« la limite de la disponibilité, sauf les dispositions
« extensives promises par l'art. 1094 au profit
« du conjoint survivant; — Que lorsque la quo-
« tité disponible est épuisée par une disposition
« quelconque, et au profit soit de l'époux, soit
« d'un étranger ou d'un enfant, elle ne peut plus,
« sous prétexte de l'existence d'un conjoint, être
« dépassée ni étendue; — Que, dans l'espèce,
« donation a été faite à Evrard père de moitié
« en usufruit, ce qui n'a été contesté par aucun
« des enfants; — Que cette disposition, équiva-
« lente à la quotité disponible de l'art. 913 et à
« celle permise par l'art. 1094, a épuisé la faculté
« de disposer, et qu'il n'a pas été permis à la
« dame Evrard d'ajouter encore une libéralité en
« faveur de deux de ses enfants à celle faite en
« faveur de son mari, et qui comprenait tout ce
« dont elle pouvait disposer; — Que si l'on ad-

« mettait que la disposition du testament de la
« dame Evrard peut sortir à effet en son entier,
« sous prétexte que le légitimaire n'est pas lésé
« parce que la mère aurait donné à ses enfants
« ce qu'elle pouvait donner à son époux, ce se-
« rait faire profiter les enfants d'une extension
« qui a été introduite en faveur de l'époux seul,
« et que ce système amènerait à cette conséquence
« que, sous le prétexte de la survivance du con-
« joint, on pourrait valider la disposition faite à
« un étranger de tout ce que l'art. 1094 permet
« de donner au conjoint, conséquence devant
« laquelle la jurisprudence a reculé; — Qu'il n'y
« a donc lieu de maintenir que la disposition de
« l'usufruit de la moitié des biens faite par la
« dame Evrard en faveur de son mari, et de dé-
« clarer excessive la disposition faite en faveur
« de Mathilde et Casimir Evrard; Par ces mo-
« tifs, etc. »

Appel des deux enfants légataires.

La Cour d'Aix rendit l'arrêt suivant:

« Attendu que les libéralités autorisées par les
« art. 913 et 1094 du Code civil ne peuvent ja-
« mais, et d'aucune manière être cumulées, puis-
« qu'elles ne pourraient l'être sans entamer la
« réserve légale fixée par le premier de ces arti-
« cles; — Attendu que si, lorsque les libéralités
« ont été faites par le même acte et sont de

« même nature, il y a lieu à une réduction pro-
« portionnelle, cela ne peut néanmoins avoir
« lieu dans l'espèce, puisque les premiers juges,
« ayant maintenu l'entière libéralité faite à l'é-
« poux survivant de la jouissance de la moitié,
« et n'y ayant point eu d'appel à cet égard contre
« Evrard père, qui n'est pas au procès, la quotité
« disponible se trouve épuisée par là même, et
« les appelants sont recevables à en revendiquer
« la portion qui aurait pu leur revenir s'ils
« avaient appelé leur père ; — Démet de l'appel. »

L'analyse des motifs de ces décisions se réduit
à ces deux propositions :

1° La donation de l'usufruit de la moitié des
biens équivaut à un quart en pleine propriété ;

2° Valider la donation d'un quart en nue-propriété en concours avec le legs de l'usufruit de
moitié, ce serait faire profiter les enfants d'une
extension qui a été introduite en faveur de l'époux
seul, et consacrer un système qui aménerait à
cette conséquence que par la survivance du conjoint on pourrait valider la disposition faite à un
étranger de ce que l'art. 1094 permet de donner
à l'époux.

Je ne veux point combattre ici le premier de
ces motifs, qui consiste à dire que la moitié de
l'usufruit équivaut à un quart en pleine propriété.
J'aurai dans quelques instants l'occasion de le

réfuter sous tous les points de vue, car il constitue le pivot principal, on peut même dire exclusif de la jurisprudence de la Cour de cassation,
pour le cas où les libéralités sont faites par des
actes successifs dont l'un serait irrévocable de sa
nature. Je renvoie donc à cette partie de mon travail, pour éviter d'inutiles répétitions, en faisant
toutefois remarquer, d'hors et déjà, que cette
évaluation fictive de l'usufruit est à la fois arbitraire, gratuite, contraire aux textes et à l'esprit
du Code, et nécessairement destructive de toute
quotité disponible.

Le second motif est déjà réfuté d'avance.

Il y a excès, disaient les juges du tribunal de
Tarascon, dans les libéralités de la testatrice,
parce que *si l'on maintenait le legs du quart en
nue-propriété fait aux deux enfants Evrard, à titre
de préciput, ils profiteraient de l'excédant de la quotité disponible que l'art. 1094 introduit en faveur du
conjoint exclusivement.* Mais faut-il réfléchir bien
mûrement pour reconnaître que cette observation
est tout-à-fait inexacte? Sans doute, si la dame
Evrard avait par exemple légué à son époux un
huitième en usufruit seulement, et à Casimir et
à Mathilde, un quart en pleine propriété et un
huitième en usufruit, dans ce cas, le tribunal aurait été bien fondé à prétendre que les enfants
profitaient d'une extension introduite en faveur

du conjoint. Mais leur opposer ce raisonnement et les faire succomber sous son autorité, quand ils n'avaient pas reçu tout ce que leur mère pouvait leur donner, n'était-ce pas se jouer de leur situation, et des idées les plus simples? — *Le système contraire*, ajoutaient les premiers juges, *amènerait à cette conséquence que sous le prétexte de la survivance de son conjoint, l'époux pourrait donner valablement à un étranger tout ce que l'art. 1094 l'autorisait à donner à son conjoint.* Mais d'où peut-on faire dériver une telle conséquence? Qui donc l'a jamais déduite? — De ce que je décide, que dans le concours des deux libéralités, l'étranger peut recevoir toute la quotité disponible de l'art. 913, c'est-à-dire toute celle de l'art. 1094, moins le quart en usufruit, quelle raison y a-t-il pour en conclure que cet étranger pourra recevoir en outre le quart en usufruit qui forme comme on sait l'excédant de ce dernier article sur l'art. 913? C'est dire que du droit de recevoir le moins, on pourrait conclure au droit de recevoir le plus. On a aussi soutenu par deux fois devant la Cour de cassation que le disposant qui laissait un ascendant à sa survivance, et avait légué à un étranger la totalité de la portion disponible en propriété, et fait au conjoint un legs de l'usufruit de la réserve de l'ascendant, avait par ce cumul fait profiter l'étranger de l'extension de la quotité dis-

ponible introduite par l'art. 1094 en faveur du
conjoint exclusivement. Mais on sait quelle a été
par deux fois la réponse de la Cour suprême au
grief présenté dans des espèces dont la faveur n'é-
tait pas contestée. Ses arrêts des 3 janvier 1826
et 18 novembre 1840, dont nous ferons ressortir
bientôt toute l'influence, ont déclaré que le grief
n'existait pas. Enfin le tribunal disait, qu'en consacrant le cumul, *il légitimerait des conséquences
devant lesquelles la jurisprudence avait reculé;* mais
le tribunal errait ici en point de fait comme,
dans les chefs précédents de ses motifs, il avait
erré en droit, les arrêts de Turin, du 25 avril
1810, et de Limoges, du 24 août 1822 (1) ayant
déclaré le cumul valable dans un espèce tout-à-fait
semblable à celle qui lui était soumise.

On ne peut donc s'arrêter sérieusement aux
raisons données par le jugement du tribunal civil
de Tarascon; jugement qui, sous un autre rapport, était évidemment fautif et ne consacrait
rien moins qu'une énormité, en décidant que
dans le concours des libéralités faites *dans un
même testament*, le legs de la moitié en usufruit était seul valable, et le legs en nue-propriété
fait aux enfants nul et non pas réductible, tandis
que le texte formel de l'art. 926, exigeait formel-

---

(1) Vid. ci-dessus, page 188.

lement, dès l'instant qu'il y avait, d'après le tribunal, inofficiosité, une réduction proportionnelle
des deux legs. Cet article en effet est ainsi conçu:
« Lorsque les dispositions testamentaires excé-
« deront, soit la quotité disponible, soit la por-
« tion de cette quotité qui resterait après avoir
« déduit la valeur des donations entre-vifs, *la ré-*
« *duction sera faite au marc le franc*, sans au-
« cune distinction entre les legs universels et les
« legs particuliers. » En présence de cette disposition, les legs auraient donc dû être, d'après la
solution de la question principale, réduits proportionnellement, la testatrice n'ayant pas déclaré,
comme elle en avait le droit d'après l'art. 927,
qu'elle entendait qu'un des legs fut acquitté de
préférence à l'autre.

Quant aux motifs donnés par la Cour, pour
confirmer cette étrange sentence, ils méritent
à peine qu'on en fasse l'objet d'une mention particulière, tant ils sont exagérés et par cela même
peu concluants.

Attendu, dit-elle en effet, *que les libéralités
autorisées par les art.* 913 *et* 1094, *ne peuvent jamais et d'aucune manière être cumulées puisqu'elles
ne pourraient l'être sans entamer la réserve légale
de ces mêmes articles.*

Assurément, si on voulait faire marcher de
front les deux quotités pour les maintenir dans

toute leur étendue, et remettre à flot les doctrines de la Cour d'Agen, de 1810, la Cour d'Aix
aurait raison de dire, que par ce cumul, la réserve légale serait ébréchée. Mais dire que *jamais
et d'aucune manière,* elles ne pourront être cumulées sans entamer cette réserve, c'est tomber
dans une exagération palpable : dire qu'elles ne
pourront être cumulées, en ce sens que le concours des deux libéralités ne sera pas permis
même lorsque la somme des libéralités n'excé-
dera pas la quotité disponible de l'art. 1094, et
lorsque d'ailleurs aucun des co-donataires ou des
co-légataires n'aura reçu au-delà de la mesure de
son droit (ce qui se réalisait précisément dans le
cas du testament de la dame Evrard), c'est méconnaître une doctrine qui est devenue élémentaire. La Cour d'Aix prouvait donc beaucoup
trop, et par cela même elle ne prouvait rien ; et si
elle se fût mieux pénétrée des principes reçus et
des faits du procès, elle n'aurait pas hésité d'in-
firmer la sentence par laquelle les premiers juges
avaient, contrairement à toutes les règles, mis au
néant un legs qui n'était même pas réductible,
qui dans aucun cas ne pouvait être annullé, et avait
commis ainsi un véritable excès de pouvoir encore sans exemple dans les annales judiciaires.

Aux motifs que nous venons de combattre
opposons ceux de l'arrêt de la Cour de Grenoble,

du 26 mars 1838, et leur contraste viendra compléter nos convictions (1) :

« Attendu que l'art. 1094 du Code civil n'établit
« point une quotité disponible distincte et indé-
« pendante de celle fixée par l'art. 913; qu'il
« suffit d'examiner quelles seraient les consé-
« quences du cumul de l'une et de l'autre quotité
« pour être convaincu que le législateur n'a voulu
« que modifier en faveur des époux le disponible
« de l'article 913; — Attendu que rien, dans
« l'esprit non plus que dans le texte de la loi,
« n'empêche que le disponible de l'art. 913 ne
« puisse se combiner avec celui de l'art. 1094
« pourvu que les règles de l'un et de l'autre arti-
« cle soient observées; de même qu'un père peut
« diviser entre plusieurs de ses enfants, ou entre
« l'un d'eux et un étranger, la quotité disponible,
« il doit lui être permis de combiner ses libéra-
« lités entre son épouse et l'un de ses enfants, de
« manière à atteindre le disponible le plus élevé
« de l'art. 1094, c'est-à-dire le quart en propriété
« et le quart en usufruit, en observant pour la
« part donnée à l'enfant, les dispositions de l'art.
« 913; que la loi, en étendant au profit des époux
« les limites de la quotité disponible, n'a point
« voulu interdire au disposant les moyens de

---

(1) *Vid.* page 189.

« satisfaire le double sentiment d'affection d'é-
« poux et de père ; que, d'ailleurs, les réserva-
« taires n'ont point à se plaindre lorsque, dans
« la combinaison des disponibles des art. 913 et
« 1094 la quotité la plus élevée n'a point été dé-
« passée, et que la donation ou le legs fait à l'un
« des enfants n'excède point le disponible de l'art.
« 913 ; qu'ainsi, Cret père a pu léguer l'usufruit
« de la moitié de ses biens à son épouse, et la
« nue-propriété du quart à son fils ; que cette
« combinaison présente d'autant moins de diffi-
« cultés dans l'espèce, que les libéralités ont eu
« lieu par une même disposition, et que l'on ne
« peut point dire que le père avait, avant de don-
« ner le quart à son fils en nue-propriété épuisé
« la quotité disponible de l'art. 913 au profit de
« son épouse, — etc. »

Il est vrai que le pourvoi formé contre cet arrêt
a été admis par la section des requêtes, le 12
novembre 1839 ; mais il ne l'a été que contrairement aux conclusions de M. l'avocat-général
Hébert (1), et il est permis d'attendre avec confiance un arrêt de rejet de la part de la section
civile. Cette section croirait-t-elle devoir prononcer l'annullation de l'arrêt de la Cour de
Grenoble, que nos convictions, appuyées sur le

_____

(1) Journal *le Droit*, 15 novembre 1839.

texte même de la loi, n'en resteraient pas moins entières.

Le doute, ou si l'on veut le préjugé résultant de l'admission du pourvoi contre l'arrêt de la Cour de Grenoble, fut invoqué avec force devant la Cour royale de Toulouse, le 6 juillet 1840, mais ce fut sans succès.

Le tribunal civil de St-Gaudens, avait, par des motifs identiques à ceux de l'arrêt de la Cour royale de Grenoble prémentionné, validé le cumul des dispositions testamentaires par lesquelles le sieur Barutaut léguait, à titre de préciput, à ses deux fils, Symphorien et Jules, le quart en nue-propriété de ses biens, et à Magdelaine Courtès, son épouse, l'usufruit de moitié, à prendre d'abord, sur le quart préciputaire légué à ses enfants. La Cour, après de longues plaidoieries, sur les conclusions conformes de M. l'avocat-général, adopta purement et simplement les motifs des premiers juges (1).

Concluons donc en toute sûreté, sur cette première branche de notre subdivision, qu'au point de vue des principes les plus purs du droit, comme au point de vue de la doctrine des auteurs

---

(1) 1re chambre, M. Garisson président; plaidans, MM. Gadrat et Feral. L'arrêt est inédit, mais nous l'avons vérifié nous mêmes sur les registres de la Cour.

17

et de la jurisprudence, l'époux qui laisse à son décès plus de deux enfants peut, sans excéder la quotité disponible, disposer par un seul et même acte de donation, ou par un seul et même testament de l'usufruit de la moitié des biens en faveur de son conjoint, et d'un quart en nue-propriété en faveur d'un enfant ou d'un étranger, avec cette précision, toujours sous-entendue, que l'usufruit du conjoint portera sur le quart en nue-propriété attribué à l'étranger.

M. Proudhon, qui considérait comme étant à l'abri de toute controverse la solution qui précède, développait notre dernière précision de la manière suivante (1) :

« Ainsi, lorsque dans un même testament ou
« dans différents codiciles, on trouve qu'un père,
« ayant trois enfants ou un plus grand nombre,
« a légué, par préciput, le quart de ses biens à
« l'un de ses enfants, et qu'il a légué aussi l'usu-
« fruit de la moitié de son patrimoine à son
« épouse, on doit, pour l'exécution des deux dis-
« positions, faire porter l'usufruit de la mère,
« d'abord sur le quart légué en préciput à l'en-
« fant, plutôt que de faire l'estimation des deux
« legs, en supposant le premier fait en pleine
« propriété, pour arriver ensuite à une réduction

(1) *Traité des droits d'usuf.*, etc., tome 1er, n° 362, page 452.

« au marc le franc entre les deux légataires : car,
« quoiqu'en général le legs du quart doive s'en-
« tendre du quart en pleine propriété, et non en
« nue-propriété seulement, néanmoins, cette pré-
« somption cesse, et la présomption contraire
« doit avoir lieu lorsqu'on trouve un légataire de
« l'usufruit placé en concurrence avec celui de
« la propriété. Dans ce cas, le testateur parlant
« de l'usufruit par opposition à la propriété, est
« censé n'avoir voulu léguer que la nue-propriété
« à l'un, puisqu'il voulait aussi léguer l'usufruit
« à l'autre, et que, pour l'entendre autre-
« ment, il faudrait supposer qu'il a voulu ex-
« céder le taux de la loi à laquelle son devoir
« était de se conformer. »

Nous ajouterons ici deux observations :

1° Le legs fait à d'autres que le conjoint, portant explicitement sur la pleine propriété, ne
donnerait lieu à aucune réduction, si le légataire,
pour éviter cette réduction, qui ne serait d'ailleurs
que proportionnelle (art. 916), consentait à le
réduire lui-même à la nue-propriété (1) ;

2° D'après les raisons qui ont motivé la solution relative à la validité du cumul de la moitié en
usufruit en faveur du conjoint et d'un quart en

_____

(1) Cours de Turin, 1810 ; de Limoges, 24 août 1822 ; de Grenoble, août 1830 ; de Toulouse, 6 juillet 1840.

nue-propriété en faveur d'un étranger, il faut valider également le cumul du don du quart en usufruit fait au conjoint, et d'un autre quart en propriété fait à un étranger, la quotité disponible de l'art. 1094 n'étant pas, dans ce cas plus que dans l'autre, excédée, ni d'une manière absolue ni d'une manière relative, et la distribution en étant faite, d'ailleurs, ce qui est encore essentiel, selon l'économie de l'article précité, puisque l'époux a reçu tout l'excédant de la quotité de l'art. 1094 sur celle de l'art. 913.

Et, pour mettre en plus évidente lumière, s'il est possible, les doctrines que je viens d'exposer et empêcher qu'on en induise des conséquences exagérées qui tendraient par cela même à les vicier et à les corrompre, je dois examiner quelques espèces qui ont, en apparence, la plus étroite analogie avec celles dont il vient d'être parlé, et qui néanmoins, vues de près, en sont séparées par des différences réelles, et nécessitent par cela même des solutions différentes.

Ainsi, de ce qu'il est permis à l'époux de disposer cumulativement en faveur de son conjoint de l'usufruit de la moitié, et en faveur d'un étranger d'un quart en nue-propriété, ou bien encore d'un quart en usufruit en faveur du conjoint, et d'un quart en pleine propriété en faveur d'un étranger, est-il permis d'en conclure qu'il peut également disposer, en sens inverse, d'un quart en pleine propriété en faveur de l'époux et d'un quart en usufruit en faveur de l'étranger, ou bien de l'usufruit de moitié en faveur d'un étranger et du quart en nue-propriété en faveur de son conjoint ?

J'ai cru devoir me prononcer pour la négative.

Occupons-nous d'abord du cas où il y a concours du don d'un quart en pleine propriété fait au conjoint et d'un quart en usufruit fait à un étranger.

On pourrait dire en faveur de la validité du cumul qu'il n'y a pas plus d'inofficiosité dans ce cas que dans ceux qui ont été déjà examinés, puisqu'en définitive les quotités dont l'époux a disposé sont les mêmes.

En somme et d'une manière absolue, il n'a pas outre-passé les limites de la quotité disponible de l'art. 1094 ; et chacun des légataires ou donataires n'a rien reçu, par l'effet de la distribution qui en a été faite, au-delà de ce qu'il pouvait recevoir.

Cette première proposition est exacte ; mais n'oublions pas qu'elle est insuffisante ; qu'il ne faut pas seulement pour que le cumul soit maintenu, que d'une manière absolue et relative la quotité disponible n'ait pas été dépassée, mais qu'il faut encore, et cette condition est de rigueur comme la première (je l'ai déjà dit), que le partage de la quotité disponible de l'art. 1094, ait eu lieu selon le vœu de cet article, et que son esprit n'ait pas été froissé par le disposant.

Or, si nous rentrons dans l'esprit qui a présidé à l'augmentation de la quotité disponible établie en cet article et qui constitue sa différence avec les art. 913 et 915, nous reconnaissons aisément, en rappelant les observations déjà exposées, que cette augmentation consistait en une *quote d'usu-fruit* qui, recueillie par le conjoint, est ainsi moins onéreuse pour les légitimaires appelés à recueillir un jour la succession de l'usufruitier, et qui, par un don de cette nature, sont d'ailleurs protégés d'une manière efficace contre toute demande de provision alimentaire du donataire ou légataire qui est leur auteur, et se trouvent par cela même éventuellement exonérés par le disposant d'une obligation que leur qualité de descendants fait peser sur leur tête.

C'est donc avec intention, et une intention fort sage, venue de l'inspiration des traditions anciennes, c'est-à-dire du douaire, de l'augment et du contre-augment, que cet excédant de la quotité disponible entre époux sur la quotité disponible ordinaire avait été fixé à une quotité d'usufruit. On a déjà remarqué que par l'extension du disponible ordinaire, opérée après les premiers projets et en

l'an XI, nous ne retrouvions plus l'économie primitive que dans le cas où l'époux a laissé plus
d'un enfant ; mais comme nous raisonnons ici
précisément dans cette hypothèse, nous devons
nécessairement en argumenter.

Or, peut-on dire que dans cette hypothèse
même les distributions faites par le disposant
soient conformes aux intentions qui ont animé le
législateur édictant l'art. 1094 ? Non, assurément,
puisqu'un quart en usufruit a été donné à l'étranger et le quart en pleine propriété à l'époux.

Le don de ce quart en pleine propriété fait à
l'époux, semble d'abord placer les légitimaires
dans une situation beaucoup plus favorable que
celle où ils se trouvent, lorsqu'en sens inverse
l'époux n'a reçu que le quart en usufruit, et l'étranger le quart en pleine propriété. Ils ont en effet
l'espoir légitime de retrouver cette propriété dans
la succession du donataire.

Mais si l'on descend au fond des choses on est
amené à d'autres reflexions.

La pleine propriété peut être facilement aliénée,
dissipée ; l'usufruit est moins dans le commerce ;
l'exercice des droits qu'il confère est peu susceptible de transmission.

L'usufruit est destiné à faire face aux besoins
de tous les jours ; il tient lieu à l'époux de cette
provision alimentaire que ses enfants lui doivent.

La pleine propriété, plus susceptible d'être éventuellement dissipée, laisse les légitimaires plus exposés à être recherchés par leur auteur, au sujet de la dette alimentaire dont ils sont tenus.

Quand l'époux a été gratifié en usufruit, l'étranger en pleine propriété, la quotité disponible ordinaire semble ne pas être augmentée en réalité, l'usufruit laissé à l'époux profitant directement aux enfants. La jouissance des enfants et de l'époux, comme le disait M. Maleville sur l'art. 1094, sera commune; les enfants ont l'espoir, si elle était distincte, si l'ascendant, ce qui est fort rare, voulait jouir seul de ses droits, de recueillir sa succession et d'y trouver une partie des revenus que l'usufruit aura procurés. Quand, au contraire, l'usufruit est donné à un étranger, les enfants n'ont aucun espoir d'en profiter directement ni indirectement; tous ses avantages sont perdus pour eux sans retour, et cette privation de toute expectative, qui laisse l'usufruit peser de tout son poids sur la part de leur légitime qu'il affecte profondément, n'est pas compensé, au moins pour eux, aux yeux de la loi, par l'avantage, plus apparent peut-être que réel, qui semble exister dans le don de la pleine propriété fait au conjoint par préférence au don en usufruit.

On n'est dont plus placé dans les conditions de l'art. 1094; le disposant à fait aux légitimaires une situation en dehors de celle que cet article avait tracée; l'économie de l'homme a renversé l'économie de la loi, et, par suite, l'art. 1094 étant exceptionnel on retombe de plein droit dans la quotité disponible du droit commun de l'article 913.

Il y a donc excès dans le concours de ces deux libéralités et cet excès ne vient pas de leur somme ni des *quantités* distribuées, mais bien de la *nature* de la distribution qui en a été faite.

Le disposant a fait ce qu'il ne pouvait pas faire sans inofficiosité, et ce qu'il pouvait faire sans encourir ce reproche, il ne l'a pas fait. Les anciens auteurs disaient dans des cas analogues : *Fecit quod non potuit, quod potuit, non fecit.*

La même solution doit être donnée et par majorité de raison à la question de validité ou d'invalidité du cumul du don de l'usufruit de moitié fait à l'étranger, et d'un quart en nue-propriété fait au conjoint.

Et qu'on ne dise pas dans les deux cas : si les légitimaires estiment que leur réserve légale a été ébréchée, qu'ils usent du droit que leur confère l'art. 917, qu'ils optent pour l'abandon de la propriété de la quotité disponible. C'est une option que la loi leur donne lorsqu'ils se croient lésés par des dons excessifs en usufruit, et faute par eux de l'exercer, ils sont tenus de supporter les

legs dans toute leur étendue. Or, s'ils font l'abandon de la propriété disponible, cet abandon ab-
sorbera un quart en pleine propriété et un quart
en usufruit, quotité disponible la plus forte, et
leur situation dès-lors restera toujours la même;
ils n'en retireront aucun avantage; ils sont donc
sans intérêt et sans griefs.

On répondrait que cette objection n'est qu'une
pétition de principes, et que toute la question
consiste principalement à savoir si, à cause de la
distribution faite par le testateur, la quotité disponible doit être réglée par l'art. 913 ou bien par
l'art. 1094; et nous avons décidé qu'elle devait
l'être par le premier de ces deux articles.

D'un autre côté, l'art. 917 suppose que les réservataires ne sont placés qu'en présence de libéralités qui portent exclusivement sur l'usufruit ou
qui ne consistent qu'en rentes viagères; et ici,
au contraire, les réservataires se trouvent en
présence d'une libéralité qui porte sur la propriété.

Il y a donc excès dans le cumul, et ces deux
libéralités sont réductibles, au marc le franc,
selon le vœu de l'art. 926 du Code civil, après
que l'on aura converti fictivement, au moyen
d'une évaluation dont nous poserons plus tard
les règles, l'usufruit en pleine propriété.

On peut invoquer en ce sens l'autorité de

MM. Duranton (1) et Proudhon (2); ils décident l'un et l'autre que lorsqu'il a été disposé en faveur du conjoint du disponible de l'art. 913, un enfant ou un étranger ne peut plus rien recevoir.

Ces auteurs raisonnent, il est vrai, dans le cas où la disposition en faveur du conjoint du disponible de l'art. 913 a eu lieu par un acte irrévocable antérieur; mais, de même que nous estimons qu'on peut disposer par des actes successifs de la quotité dont on pourrait disposer par un seul acte, de même, nous pensons que l'on ne peut pas disposer par un seul acte autrement qu'on ne le pourrait par des actes successifs.

On voit par là avec quelle réserve et avec quel discernement il faut user du principe que les réservataires sont sans action en réduction toutes les fois que, soit d'une manière absolue, soit d'une manière relative, la quotité disponible n'a pas été dépassée. Il faut encore, pour que cette action ne puisse avoir lieu, que dans le partage qui en est fait le disposant n'ait pas disloqué ou froissé l'économie si intentionnelle de l'art. 1094, l'excès pouvant provenir d'une distribution contraire au vœu de la loi d'une quantité égale à la quotité disponible

---

(1) Tome 9, n° 796.
(2) *Des droits d'usufruit*, 1, n° 360.

de cet article, comme d'une distribution de quantités supérieures.

Nous n'avons plus à faire qu'une dernière observation qui a déjà été réservée.

Lorsqu'il s'agit de donations, la libéralité peut
être irrévocable à l'égard de certains donataires
et révocable à l'égard des autres. Cette précision
ou plutôt ce caractère *mixte,* se rencontre nécessairement dans les donations qu'un époux fait
pendant le mariage à son conjoint et à un étranger. La libéralité sera irrévocable à l'égard de
l'étranger (art. 894); tandis qu'elle sera essentiellement révocable à l'égard de l'époux (art. 1096);
dans cette situation, il n'y a aucun motif de s'é-
carter des solutions qui précèdent, et le cumul
des deux libéralités devra être évidemment maintenu comme si elles avaient eu lieu dans le même
testament.

CHAPITRE II.

Du cas ou les libéralités sont faites par des actes successifs.

—

Cette seconde situation se subdivise d'elle-même en deux cas différents ; celui où tous les actes sont de la même nature, ou tous révocables, et celui où ils sont de la même nature et tous irrévocables, ou bien encore les uns irrévocables et les autres révocables.

§ Ier.

Les libéralités sont faites par plusieurs actes successifs, mais tous révocables.

—

A ce point de vue, nous n'avons rien à changer aux théories qui précèdent, du moins en ce qui touche les testaments.

Que la quotité disponible ait été distribuée entre le conjoint, les enfants ou les étrangers, par un seul et même testament ou par plusieurs testaments successifs, les principes restent les mêmes, parce qu'il est bien entendu que nous laissons à l'écart toute question de révocation expresse ou tacite des testaments antérieurs par les testaments postérieurs.

Le testament ne produisant ses effets, d'après sa nature même (art. 895), qu'à la mort du testateur, les droits des divers légataires se réfèrent tous à la même date au point de vue de la réduction. Voilà pourquoi lorsque le testateur a excédé la quotité disponible, la réduction de tous legs se fait au marc le franc (926), sauf le cas où une préférence aurait été déclarée par le testateur (927).

Nous devons donc maintenir les raisons que nous avons déjà exposées, et conclure que, par des testaments ou des codiciles successifs, on peut disposer en faveur de son conjoint de l'usufrnit de la moitié des biens, et de la nue-propriété du quart en faveur d'un étranger, ou bien encore du quart ou d'une quotité moindre en usufruit en faveur du conjoint et d'un quart en propriété en faveur de l'étranger.

Il y aura souvent concours de testaments faits en faveur de l'étranger, et de donations entre époux pendant le mariage. Les deux actes sont sans doute révocables, et cette position rentre alors naturellement dans la subdivision que nous traitons. Mais comme la persévérance du donateur, jusqu'à sa mort, fixe la date de la donation entre époux, au jour même de la donation, ce cas rentrera, par la force même des principes, dans la subdivision suivante, en ce sens que la donation entre époux, qualifiée entre-vifs, aura un rang de préférence (celui de sa date) au testament même antérieur, qui, d'après l'art. 926 précité, ne date, au point de vue de la réduction, que du jour du décès du testateur (Jung., art. 923, 925).

Ainsi par une gradation naturelle des idées, et toujours calquée sur la pratique de la vie civile, nous sommes arrivés à l'examen de la situation la plus difficile, de celle ou le testateur a disposé successivement par des actes irrévocables, ou dont les uns sont irrévocables et les autres révocables.

§ II.

Du cas où tous les actes, ou quelques-uns seulement sont irrévocables.

—

Ici il faut encore sous distinguer si les dispositions faites par l'époux à son conjoint sont antérieures ou postérieures à celles qui ont été faites en faveur d'un enfant ou d'un étranger.

1°

Les dispositions faites en faveur du conjoint sont postérieures à celles qui ont été faites en faveur d'un étranger.

Le père de famille a disposé d'abord en faveur

d'un étranger, par un acte irrévocable, d'un quart en nue-propriété, pourrait-il plus tard disposer en faveur de son conjoint de la moitié en usufruit? — Tout le monde est d'accord que le cumul de ces deux libéralités n'a aucun caractère d'inofficiosité, et que par suite elles doivent être exécutées dans toute leur étendue. L'arrêt de la Cour de cassation du 7 janvier 1824, qui dans la cause Rouzelle contre Ratard, rejetta le pourvoi dirigé contre l'arrêt de la Cour royale de Paris, consacra de la manière la plus explicite la légitimité de cette solution.

Cette doctrine est fondée sur ce que la somme des deux libéralités n'excède pas la quotité disponible de l'art. 1094, et sur ce que le conjoint étant gratifié le dernier est censé avoir profité de l'extension de quotité introduite en sa faveur par le même article.

Il n'y a donc aucune difficulté dans ce cas; mais elle se trouve toute entière dans le cas inverse, c'est-à-dire dans celui où le don de l'usufruit de moitié, fait en faveur du conjoint par un acte irrévocable, tel que le contrat de mariage, précède le don fait à l'étranger. Nous allons l'examiner avec tous les développements dont il est susceptible.

2o

Les dispositions faites en faveur de l'époux sont

d'une date antérieure au don fait à l'étranger.

Etablissons d'abord et en peu de mots nos doctrines.

Au moment du mariage, le futur époux a voulu payer à son futur conjoint la dette qui allait naître pour lui de ce mariage ; sachant que la loi ne l'acquitterait pas, à son défaut, il a voulu l'acquitter lui-même. Aussi a-t-il donné à son futur conjoint l'usufruit de la moitié des biens qu'il laisserait à son décès.

Des enfants sont nés de ce mariage. Plus tard, l'époux qui, dans ses intentions comme dans ses convictions, n'avait jamais pensé qu'en acquittant la dette du mariage il avait pu épuiser toute la quotité disponible de ses biens, a fait don à un de ses enfants ou à un étranger du quart en nue-propriété. Il n'a fait dans ces deux actes séparés que ce qu'il aurait pu faire, comme nous l'avons déjà vu, par un seul et même acte, par une même donation, par un même testament. Il lui était loisible, sans doute, de donner à son conjoint, aux termes de l'art. 1094, le quart en pleine propriété et le quart en usufruit ; mais il ne pouvait alors disposer par la suite, à titre gratuit, d'aucune fraction de son patrimoine. Il se liait les mains pour l'avenir ; il se plaçait dans l'impossibilité de rémunérer des services rendus ; il ruinait d'avance la magistrature domestique dont il allait

18

être investi... Qu'a-t-il donc fait? Pour se ménager
le moyen de disposer plus tard d'une portion de
ses biens, à titre gratuit, il s'est contenté de disposer de la moitié de l'usufruit en faveur de son futur époux. Cet usufruit de moitié se compose d'un
premier quart formant l'excédant de l'art. 1094
sur l'art. 913; puis, d'un second quart qu'il a
obtenu par le démembrement des deux éléments
dont se formait la propriété du quart encore disponible pour lui. Lorsque, postérieurement, il a
donné à un autre la nue-propriété de ce même
quart, il n'a évidemment fait que partager sur deux
têtes ce qu'il pouvait accumuler sur une seule; il
n'a fait que profiter du droit que lui donnaient les
art. 899 et 949 du Code civil. Ce partage lui a
fourni le moyen de satisfaire à toutes ses obligations, de répondre à toutes les inspirations de sa
conscience, et il a pu en mourant emporter avec
lui cette idée consolante, qu'il n'a failli à aucun
de ses devoirs, qu'il n'a laissé aucune dette inac-
quittée.

Et si l'économie qui a présidé à ses dispositions
lui a procuré l'inappréciable avantage de se mettre
en paix avec sa conscience, condition essentielle
de bonheur pour lui, elle n'infère aucun grief
aux légitimaires; leur réserve est restée intacte;
ils sont dans la même situation où ils se trouveraient placés si le don avait été fait à l'étranger

et à l'époux par un seul et même acte, ou bien si le don fait à l'étranger précédait le don fait à l'époux. Le vœu de l'art. 1094 n'est pas méconnu, puisque le conjoint a été gratifié, notons-le bien, en usufruit, d'une quotité supérieure à l'extension que donne cet article au disponible de l'art. 913. D'un autre côté, l'art. 913 lui-même n'est pas violé, puisque l'étranger n'ayant été doté que d'une portion inférieure à celle qui, d'après cet article, était disponible à son égard, n'a pu dès-lors profiter de l'extension établie par l'art. 1094 en faveur de l'époux. Voilà en peu de mots tout notre système, simple, facile, appuyé sur la lettre même de la loi, sur les rudiments du droit en matière de quotité disponible, aussi moral qu'équitable, puisqu'il met à l'aise les intentions les plus chères du disposant, en leur permettant de se développer dans de sages limites, et trouvant sa base dans tous les monuments de l'ancien droit.

Que lui oppose-t-on ?

Personne n'a songé jusqu'ici à argumenter des dernières expressions de l'art. 1094, qui semblent placer sur la même ligne le don de la moitié en usufruit et le don d'un quart en propriété, et d'un quart en usufruit, pour dire : le don de la moitié en usufruit égale la plus forte quotité disponible de l'art. 1094. L'époux en a été gratifié antérieurement à l'étranger : donc, la quotité disponible la plus forte a été épuisée en sa faveur ; donc la libéralité postérieure conférée à l'étranger est caduque.

Nous avons déjà remarqué, et nous aurons l'occasion de constater encore plus tard, que les dernières expressions de l'art. 1094, utiles en présence de l'art. 17 du projet qui prohibait de disposer en usufruit d'une quotité supérieure à celle dont on pouvait disposer en propriété, sont devenues presque superflues depuis la suppression de ce dernier article. — Comparer la moitié en usufruit à un quart en propriété et un quart en usufruit, ce serait voir l'égalité dans des quotités essentiellement inégales. Aussi est-ce avec raison que l'argument n'a pas été produit.

On n'a proposé qu'un seul système, celui de l'évaluation de l'usufruit de moitié donné à l'époux au quart en pleine propriété. On a fait un raisonnement qui serait fort simple et fort concluant si les prémisses en étaient exactes. On a dit : « l'usu-« fruit de moitié équivaut à un quart en pleine « propriété ; donc cette première libéralité a « épuisé la quotité disponible ordinaire ; donc, le « legs ou le don postérieur sont non avenus. »

Ce système a été appuyé de l'autorité des quatre arrêts prémentionnés de la Cour suprême des 21 juillet 1813, 7 janvier 1824, 21 mars 1837 et 24 juillet 1839, les trois premiers de rejet, le quatrième de cassation.

Pour comprendre l'autorité de ces arrêts, il faut nécessairement examiner les espèces dans lesquelles ils ont été rendus.

La dame veuve Cazes, mère de deux enfants, avait convolé en secondes noces, sous l'empire de la loi du 17 nivôse an II, avec le sieur Hocquart, auquel elle donna par contrat l'usufruit de la moitié des biens qu'elle laisserait à son décès. Le 20 février 1809, la dame Hocquart fait un testament par lequel elle lègue à Françoise Hocquart, sa fille du second lit, le quart de ses biens par préciput. A la mort de la testatrice, les deux enfants du premier lit demandèrent la nullité du legs du quart fait à leur sœur utérine, le motif pris de ce que le don de l'usufruit de moitié, fait au second époux, avait absorbé toute la quotité disponible de la dame Hocquart. Sur cette demande, la Cour royale de Toulouse, par arrêt du 10 août 1813, « *Considérant que la donation de* « *l'usufruit de la moitié des biens est l'équivalent* « *de la donation d'un quart en pleine propriété*, et « qu'ainsi, la dame Hocquart avait épuisé, par la « donation faite à son second mari, la totalité de « ce dont l'art. 913 du Code civil lui permettait « de disposer, dit qu'il a été mal jugé et dé-

« clare nul le legs fait à Françoise Hocquart (1).

Pourvoi du tuteur de Françoise Hocquart, et le 21 juillet 1813, arrêt de la Cour de cassation qui rejette par les motifs suivants.

« Attendu que l'art. 913 du Code n'autorise
« pas à cumuler les donations faites avant sa publi-
« cation avec la portion qu'il déclare disponible;
« qu'il n'y a nulle distinction à faire à cet égard
« entre les donations de la femme à son premier
« ou à son second mari, et celles qu'elle aurait
« faite à des étrangers; que toutes ces donations
« doivent être également imputées sur la portion
« disponible; d'où il suit que la Cour de Toulouse
« a fait une juste application de cet article en
« déclarant nul le legs d'un quart de la succes-
« sion fait par la dame Hocquart à sa fille du
« second lit, puisque la testatrice, ayant trois
« enfants, et mariée en secondes noces, ne pou-
« vait, sous l'un et l'autre rapport, disposer que
« d'un quart de sa succession, et que ce quart
« se trouvait absorbé par sa donation ante-nup-
« tiale de l'usufruit de la moitié des biens qu'elle
« laisserait à son décès. — *Considérant enfin,*
« *qu'en évaluant dans sa sagesse, et par induction*
« *tirée soit de la loi du 22 ventôse an II, soit de*
« *divers articles du Code, la donation de l'usufruit*

----

(1) Dalloz, 6, page 275.

« de moitié à un quart desdits biens, la Cour de
« Toulouse n'a violé aucune loi. — Rejette, etc. »

Voici l'espèce du second arrêt (1) :

Le 7 ventôse an II, contrat de mariage des
sieur et dame Rouxelle; les époux se font donation mutuelle et irrévocable de tous leurs biens,
qui appartiendront au premier mourant au jour
de son décès; pour que le survivant puisse jouir du
tout en usufruit seulement, *sauf le cas de réduction
à moitié en cas de survenance d'enfants.* Le 8 juillet
1817 le sieur Rouxelle, par actes notariés, fait
donation à la demoiselle Ratard d'une rente viagère
de 200 fr. et de 3 hectolitres de blé; et à la
demoiselle Première, sa fille, d'une rente viagère
de 300 fr. et de 4 hectolitres de blé. — Il décède
le 22 juillet, laissant trois enfants.

Ces enfants ont demandé la nullité de la disposition du 8 juillet comme excédant la quotité disponible. — Le 19 décembre 1821, jugement du
tribunal civil de Paris en ces termes: « Attendu
« que, d'après les dispositions de l'art. 913 du
« Code civil, les libéralités par acte entre-vifs ou
« par testament ne peuvent excéder le quart des
« biens du disposant, s'il laisse trois, ou un plus
« grand nombre d'enfants légitimes; que d'après
« l'art. 1094 du Code civil le droit de disposer

(1) Dalloz *ibid.*

« entre. époux est étendu pour le cas où l'époux
« donateur laisserait des enfants à un quart en
« propriété et un quart en usufruit ou à la moitié
« en usufruit seulement ; — Attendu que le sieur
« Rouxelle a laissé à son décès trois enfants légi-
« times, que par son contrat de mariage avec la
« dame Viennet, aujourd'hui sa veuve, il a fait
« donation à ladite dame de l'usufruit de la moitié
« de tous ses biens. — Que par cette donation,
« il a absorbé la portion de biens dont il pouvait
« disposer, et que toutes donations ultérieures doi-
« vent être déclarées nulles et de nul effet ; etc. etc.

Appel par la demoiselle Ratard, devant la Cour,
et le 31 août 1822, arrêt qui confirme en adoptant les motifs des premiers juges.

Pourvoi de la part de la demoiselle Ratard. —
La Cour de cassation prononça en ces termes, le 7
janvier 1824 :

« Considérant que par le contrat de mariage
« du 7 ventôse an II, Rouxelle père avait donné
« à son épouse l'usufruit de la moitié des biens
« qu'il laisserait à son décès et que l'arrêt dénoncé
« a évalué cet usufruit au quart de la valeur de
« de sa succession ; — *Attendu que le Code civil*
« *n'ayant établi aucune règle générale sur la ma-*
« *nière d'évaluer un usufruit, cette appréciation*
« *a été laissée à la sagesse et à la prudence du*
« *juge, et qu'au surplus l'évaluation dont il s'a-*

« *git, loin de blesser aucune loi, est conforme à*
« *quelques articles analogues, soit de la loi de*
« *ventôse an II, soit du Code civil;* attendu que
« si déjà, par un acte de l'an II, Rouxelle (à qui
« trois enfants ont survécu), avait déjà disposé
« du quart de ses biens, la faculté que lui laissait
« l'art. 913 du Code civil est épuisée, d'où l'arrêt
« a tiré la juste conséquence qu'il ne lui restait
« plus de biens dont il pût disposer en faveur des
« demanderesses par les actes postérieurs du 8
« juillet 1817; — Considérant que l'art. 913 du
« Code civil contient une règle générale de la-
« quelle il ne peut être permis au juge de s'écar-
« ter que dans le cas où des dispositions ultérieu-
« res législatives autoriseraient des exceptions;
« que celles consignées dans l'art. 1094, ne con-
« tiennent qu'une législation spéciale bornée aux
« avantages entre époux *et dont l'époux seul pour-*
« *rait se prévaloir, dans le cas où la donation qui le*
« *concerne serait postérieure à celle faite à un*
« *étranger;* que la lettre de cet article est claire
« et que si le législateur, dans le cas d'existence
« de trois enfants, a donné plus de latitude à la
« faculté de disposer en faveur d'un époux, c'est
« qu'il restait toujours aux enfants l'espérance
« bien naturelle de recueillir les biens après le
« décès du père ou de la mère avantagés, consi-
« dération inapplicable aux biens donnés à des

« étrangers; de tout quoi il suit que l'arrêt at-
« taqué est conforme à la lettre et à l'esprit de
« la loi; — Rejette, etc. »

Dans l'espèce du troisième arrêt, les époux
Gory s'étaient donnés par leur contrat, encore
passé sous l'empire de la loi de nivôse, l'usufruit
de la *totalité* des biens que le prémourant laisserait à son décès. — Des enfants étant issus de ce
mariage, cette donation se trouva réduite; —
Postérieurement, l'épouse Gory fit donation à
Frédéric Gory, son fils, d'un quart en nue-propriété. — Demande en nullité de la part des réservataires de la libéralité faite à Frédéric Gory,
et le 26 mars 1833, arrêt de la Cour royale de
Limoges, ainsi conçu (1):

« Attendu que la mesure de la quotité disponi-
« ble lorsqu'il y a des enfants vivants, et sauf les
« exceptions extensives posées dans les art. 1094
« et 1098 du Code civil, se trouve indiquée dans
« l'art. 913 du même Code, et que cette mesure
« ne peut être dépassée; qu'il résulte de la com-
« binaison de ces articles, et que cela *a été ainsi*
« *confirmé par la jurisprudence*, que cette quotité
« une fois épuisée, il n'est plus au pouvoir des
« donateurs de rien ajouter à leurs libéralités
« qu'elles aient commencé à s'appliquer à leur con-

---

(1) Sirey, tome 33, 2, 278. — Dalloz, 1834, 2, 48.

« joint, à un enfant ou à un étranger ; que, dans
« l'espèce, Françoise Giraud ayant, par son con-
« trat de mariage, assuré par don à son conjoint
« la moitié de ses revenus, et ayant laissé trois en-
« fants à elle survivants, se trouve avoir, par cette
« première donation, épuisé la quotité disponi-
« ble, d'où suit la conséquence qu'elle n'a pu va-
« lablement, plus tard, accorder, à titre gratuit
« et par voie de donation, une autre quotité à
« Pierre-Frédéric Gory, son fils ; qu'il y a donc
« lieu de déclarer nulle et comme non avenue
« cette seconde donation, ainsi que l'ont fait les
« premiers juges, par ces motifs, etc. »

Recours en cassation, et le 21 mars 1837 , arrêt de la section civile ainsi conçu (1). :

« Attendu qu'aux termes de la loi du 17 nivôse
« an II, la donation mutuelle portée au contrat
« de mariage des époux Gory n'était valable que
« pour la moitié des biens en usufruit. — Que
« Gory père n'a rien réclamé de plus que cette
« moitié en usufruit ; — Que les juges, tant de
« première instance que d'appel, ont reconnu
« en fait, que la donation faite par la dame Gory
« à son mari, de l'usufruit de la moitié de ses
« biens , absorbait la portion disponible déter-
« minée par l'art. 913 du Code civil ; d'où ils

---

(1) Sirey, tome 37 , page 274.

« ont conclu qu'il ne restait rien dans la succes-
« sion de cette dame pour composer le préciput
« qu'elle avait constitué à son fils Frédéric Gory
« lors du mariage de celui-ci ; — Attendu que la
« donation mutuelle contenue dans le contrat de
« mariage des époux Gory, avait précédé de long-
« temps l'avantage fait par la dame Gory à son
« fils Frédéric Gory, et *qu'en jugeant dans un*
« *tel état de cause qu'il n'appartenait pas au de-*
« *mandeur de se prévaloir des dispositions de*
« *l'art.* 1094, *Code civil,* et que l'avantage qui lui
« avait été fait par sa mère était caduc, la
« Cour royale de Limoges n'a violé aucune loi ;
« rejette. »

Remarquons, avant d'aller plus loin, qu'aucun
de ces trois arrêts n'était afférent à l'espèce dans
laquelle nous sommes placés. Dans le premier, en
effet, il s'agissait de secondes noces, et par suite
la cause était régie par les art. 913 et 1098, et
non par l'art. 1094. Dans le second, il y avait
concours du don de l'usufruit de moitié, avec des
dons postérieurs de rentes viagères en argent et
en blé. Dans le troisième, enfin, le don d'un quart
en nue-propriété avait été fait par l'épouse qui
avait précédemment donné par contrat de mariage à son époux l'usufruit de la *totalité* de ses
biens ; et cette première libéralité avait déjà subi
par le fait de la survenance d'enfants, une pre-

mière réduction ; la cause se trouvait alors régie par l'art. 921 et non par l'art. 1094.

Nous ferons ressortir en son lieu l'importance de ces observations.

Notons cependant que toutes les décisions qui précèdent sont motivées soit par les Cours royales, soit par la Cour de cassation sur cette prétendue règle, transformée en une sorte d'axiôme que l'on rencontre toujours, à savoir : *que le don de l'usufruit de moitié équivaut à un quart en pleine propriété.*

Ce fut donc pour la première fois en 1836, que se présenta l'espèce du concours des dons de l'usufruit de moitié avec un quart en nue-propriété. Le fait était fort simple.

Le 11 frimaire an VIII, contrat de mariage par lequel Goyne donne à sa future épouse l'usufruit de la moitié des biens qu'il laissera à son décès.

— Le 3 mai 1827, testament du sieur Goyne, qui lègue à son fils, par préciput, le quart en nue-propriété de ses biens, à la charge par lui de n'entrer en jouissance qu'à la mort de sa mère.

A la mort du testateur, demande en nullité du legs fait au fils.

10 février 1836, arrêt de la Cour de Lyon, qui rejette la demande en réduction, par les motifs suivants (1) :

_____

(1) Dalloz 1836-2-126.

« Attendu que s'il est vrai de dire que l'art. 913,
« Code civ., règle d'une manière absolue la faculté
« de disposer, et que les dispositions du donateur
« qui a trois enfants, ne puissent excéder le
« quart des biens du disposant, il est vrai aussi
« que cette règle reçoit une exception tirée de
« l'art. 1094, lequel donne à l'un des époux la fa-
« culté de disposer en faveur de son conjoint de la
« moitié de ses biens en usufruit, et même d'un
« quart en propriété et d'un autre quart en usu-
« fruit ;

« Qu'il résulte de la combinaison de ces deux
« articles deux quotités disponibles, l'une ordi-
« naire, celle de l'art. 913 ; l'autre spéciale, celle
« de l'art. 1094, qui sont mises cumulativement
« ou séparément à la disposition du père ou de
« la mère de famille, selon qu'il a un conjoint
« avec des enfants ou seulement des enfants ; que
« toute la question est de savoir comment ces
« deux quotités peuvent être combinées l'une
« avec l'autre ;

« Que ce serait méconnaître l'intention du
« législateur que de supposer qu'après avoir posé
« dans l'art. 913 les limites de disposer que, dans
« le rapport de ses enfants, un père ne pouvait
« dépasser, et s'occupant ensuite des disposi-
« tions entre époux, il ait eu intention de res-
« treindre au lieu d'augmenter cette faculté ; mais

« outre que l'art. 1094 eût alors été inutile s'il
« n'avait pas eu pour objet une modification· de
« l'art. 913, il était en opposition avec le système
« entier du Code, qui a étendu la faculté de dis-
« poser sous tous les rapports au delà de ce
« qu'avait fait la loi du 17 nivôse elle-même, sous
« l'empire de laquelle la donation de la moitié
« de l'usufruit fait au conjoint n'empêchait pas
« de donner à un non successible la quotité dis-
« ponible ordinaire ;

« Que le concours de ces deux dispositions,
« de manière que le conjoint puisse atteindre
« dans ses libéralités respectives la plus forte de
« ces deux quotités disponibles, résulte évidem-
« ment du système entier du Code sur la réserve.
« On voit en effet le paragraphe premier de l'art.
« 1094, sans égard pour les ascendants qui sont
« bien aussi des héritiers à réserve, permettre
« au conjoint, pour le cas où il ne laisserait point
« d'enfant ni descendants, de disposer en faveur
« de l'autre époux en propriété de tout ce dont
« il pourrait disposer en faveur d'un étranger, et
« en outre de l'usufruit de la portion dont la loi
« prohibe la disposition au préjudice des héritiers;
« et ce, nonobstant les dispositions impératives
« de l'art. 915 , qui règle la réserve des ascen-
« dants;

« Que refuser au père de famille qui a des

« enfants et un conjoint et se trouve précisément
« placé dans la double hypothèse pour laquelle
« disposent les art. 913 et 1094, c'est restreindre
« sans motifs la faculté de disposer, lui ôter une
« latitude qui est la conséquence du double lien
« qui l'unit à son conjoint et a ses enfants et
« enfin porter atteinte à la puissance paternelle;»

« Qu'outre l'inconvénient d'être opposé aux
« intentions évidentes du législateur, le système
« contraire aurait l'inconvénient grave d'anéantir
« la donation par contrat de mariage; or, indé-
« pendamment de toutes les raisons qui militent
« en leur faveur, ces donations, dans le système
« dotal, ont un caractère de justice; en effet, sous
« ce régime la femme est privée de toutes parts
« dans les bénéfices de la communauté; aussi
« l'ancienne législation lui accordait des gains
« nuptiaux. Ces gains ont été abolis; si les dona-
« tions mutuelles ne les remplaçaient pas, le
« système dotal deviendrait injuste; »

« Que la seule règle à observer dans l'usage
« des dispositions cumulées des art. 913 et 1094,
« quelle que soit la date de l'une ou de l'autre
« libéralité, circonstance qui ne saurait changer
« la décision de la question, puisque ce serait
« faire dépendre la faculté de disposer de la date
« des dispositions, tandis que dans tout le systè-
« me du Code, elle dépend uniquement de la

« qualité du disposant, du nombre et de la qua-
« lité des successibles que la seule règle à suivre
« est que ces libéralités réunies n'excèdent pas la
« quotité disponible la plus forte.

« Attendu qu'en donnant par son contrat de
« mariage la moitié de ses biens en usufruit à la
« femme, et ensuite, par acte séparé, un quart
« en nue-propriété à l'un de ses enfants, Goyne
« père s'est renfermé dans les limites des art. 913
« et 1094 et n'a nullement entamé la réserve ;

« Par ces motifs, dit qu'il a été bien jugé,
« etc. »

Pourvoi en cassation, et le 24 juillet 1839, arrêt
qui casse en ces termes (1) :

« Attendu que l'art. 913, Code civil, au chapi-
« tre *de la Portion disponible et de la Réduction,*
« fixe les limites de la libéralité faite par celui
« qui, à son décès, laisse un ou plusieurs enfants
« légitimes, et déclare que ces limites ne pour-
« ront être dépassées ; — Que, lors de ce décès,
« la disposition générale et prohibitive de cet ar-
« ticle devient la règle des droits des enfants et
« de l'action en réduction qui leur est ouverte
« par les art. 920 et 922 du même Code, soit
« contre les étrangers soit contre l'un d'eux ;

---

(1) Sirey, 1839, — 1, 633. — Dalloz, 1839, 1, 289. —
Journal du Palais, à sa date.

« Attendu que la seule exception à cette règle
« réside dans l'art. 1094, au chapitre *des Dispo-*
« *sitions entre époux* ; Que cette disposition, in-
« troduite en faveur de l'époux, ne peut devenir
« pour aucun autre que lui la règle de la réserve
« légale des enfants, et, par suite, de leur action
« en réduction ; — Qu'en effet, le principe de la
« loi est que la quotité disponible, et par suite
« la réserve, doivent être fixées après le décès du
« disposant, eu égard à la qualité des héritiers
« qu'il laisse, ainsi que l'explique formellement
« l'art. 922 ; — Que l'époux n'est pas héritier de
« son conjoint décédé laissant des enfants, et ne
« peut réclamer dans la succession que les dons
« et legs qui auraient été faits à son profit ;

« Attendu que si ces dons et legs peuvent dé-
« passer en certains cas la quotité disponible or-
« dinaire, la nature même de ces extensions,
« aussi bien que la qualité de celui au profit de
« qui elles sont autorisées par l'art. 1094, dé-
« montrent que c'est là un privilége personnel,
« limité à l'époux, et qui, par suite, ne peut
« profiter qu'à lui seul, et ne doit jamais réagir
« sur les enfants pour la fixation de leur réserve,
« soit entre eux soit à l'égard des étrangers ;

« Attendu que, dans l'espèce, Goyne père est
« décédé le 21 mai 1821, laissant trois enfants
« légitimes ; — Que la donation par lui faite au

« profit de sa femme par le contrat de mariage
« du 7 frimaire an VIII, était de la demie en usu-
« fruit de tous les biens qu'il laisserait au jour
« de son décès; — Que l'arrêt attaqué ne dé-
« clare pas qu'à raison des circonstances parti-
« culières, et par exception à la base générale-
« ment admise à cet égard, la donation dont
« s'agit, ne fût pas, au jour du décès de Goyne
« père, équivalente au quart en pleine propriété,
« qui formait la portion disponible de la succes-
« sion, eu égard à la qualité de l'héritier qu'il
« laissait; que cette donation prélevée, il ne res-
« tait donc plus dans ladite succession que la ré-
« serve légale des trois enfants; — Que néan-
« moins l'arrêt a ordonné, outre ce prélévement,
« celui du quart en nue-propriété, au profit de
« l'un des trois enfants à qui ce quart avait été
« légué par préciput et hors part par Goyne père,
« suivant son testament du 13 mai 1821; — En
« quoi ledit arrêt a porté atteinte à la réserve lé-
« gale des enfants, et fait une fausse application
« de l'art. 1094, Code civil, et une violation
« formelle de l'art. 913 du même Code; —
« Casse, etc. »

Il y a dans cet arrêt, qui est littéralement calqué, du moins en ce qui touche ses principaux motifs, sur celui du 21 mars 1837, deux choses bien
distinctes; des principes généraux sur la quotité

disponible, et l'estimation d'après l'évaluation que fait la Cour, suivant l'usage reçu, de l'usufruit de moitié au quart en propriété des biens laissés par le testateur.

Il faut donc examiner l'arrêt sous ces deux points de vue.

En droit, il commence par établir sur la quotité disponible et sur la réduction, des principes que nous n'avons aucun intérêt à combattre.

Et d'abord, la Cour pose ce principe que la disposition générale et prohibitive de l'art. 913 devient la règle des droits des enfants et de l'action en réduction qui leur est ouverte par les art. 920 et 922 du même Code, soit contre les étrangers, soit contre l'un d'eux.

Ce premier motif est évidemment irréprochable.

Aussitôt la Cour ajoute que la seule exception à cette règle réside dans l'art. 1094, au chapitre *des Dispositions entre époux, que cette disposition spéciale, introduite en faveur de l'époux, ne peut devenir, pour aucun autre que lui, la règle de la réserve légale des enfants, et par suite de leur action en réduction;* qu'en effet, le principe de la loi est que la quotité disponible et la réserve doivent être fixées après le décès du disposant, eu égard à la qualité des héritiers, ainsi que l'exprime formellement l'art. 922; que l'époux n'est pas héritier de son conjoint prédécédé laissant des enfants, et ne peut réclamer dans la succession que les dons et legs qui auraient été faits à son profit.

Enfin elle considère que si ces dons et legs peuvent en certains cas dépasser la quotité disponible ordinaire, la nature même de ces extensions, aussi bien que la qualité de celui au profit duquel elles sont autorisées par l'art. 1094, démontrent que c'est là un privilége personnel limité à l'époux, et qui, par suite, ne peut profiter qu'à lui seul, et ne doit jamais réagir sur les enfants pour la fixation de leur réserve, soit entre eux, soit à l'égard des étrangers.

Nous acceptons encore ces motifs: ainsi, il est bien vrai que l'époux n'étant pas successible de son conjoint, ne peut par sa survivance étendre de plein droit la quotité disponible, et diminuer d'autant la légitime. Mais il faut dire aussi que la quotité disponible a été augmentée en faveur de l'époux; que par suite, si à l'époque du décès, époque à laquelle s'ouvre l'action en réduction, l'époux est au nombre des donataires ou des légataires de son conjoint, la quotité disponible se trouvera étendue, non pas en vertu de l'art. 922 mais en vertu de l'art. 1094, pourvu que nul autre que l'époux n'ait profité de cette extension.

Mais que faudra-t-il pour que l'époux soit censé

profiter de l'exécution établie par l'art. 1094?

Quand l'étranger sera-t-il censé en profiter? Et quand ce privilége personnel à l'époux sera-t-il censé réagir sur les enfants, soit entre eux, soit à l'égard des étrangers ?

C'est précisément la question qu'il faut examiner.

En théorie, tous les motifs qui précèdent sont donc parfaitement exacts; mais c'est leur application qu'il s'agit de préciser. Voici comment nous y parviendrons en n'invoquant que les textes même du Code, et en ajoutant en présence de ces motifs quelques développements aux règles que nous avons déjà tracées à cet égard.

D'une part, l'art. 913 fixe une quotité disponible qui est, comme l'a dit la Cour de cassation, la règle générale; d'un autre côté, l'art. 1094 étend par exception cette quotité disponible quand il s'agit de dispositions entre époux. Mais ces deux quotités, nous l'avons dit, ne sont pas distinctes et séparées, en ce sens que dans le concours des dons faits par un époux à son conjoint et à un étranger, il faut les réunir et les confondre, en prenant pour mesure de la réduction la quotité disponible la plus forte. Personne n'est plus intéressé que les légitimaires à reconnaître et à soutenir le principe de la fusion. Ainsi, par exemple, les réservataires de Goyne se seraient assurément

bien gardés de convenir que leur père aurait pu
donner à la fois un quart en propriété à un étranger, et un autre quart en propriété, plus un quart
en usufruit à leur mère.

D'après leur propre système, il fallait donc
confondre en une seule masse les quotités de
l'art. 913 et de l'art. 1094, et dire que Goyne
père, ayant gratifié à la fois son conjoint et son
fils, avait pu épuiser la quotité disponible la plus
forte, c'est-à-dire celle de l'art. 1094.

La veuve Goyne n'était pas sans doute au nombre des héritiers de son mari, et sous ce rapport
l'art. 922 n'étendait pas la quotité disponible à
cause d'elle; mais elle était donataire de son mari,
et celui-ci avait, à cause d'elle, une quotité disponible plus forte (1094). La qualité de la donataire étant, dans ce cas, extensive, comme
elle aurait pu être restrictive s'il eût été question
d'un époux d'un second lit ou d'un enfant naturel,
la réserve étant toujours corrélative à la quotité
disponible.

Maintenant que ces deux quotités sont confon-
dues, qu'il n'y a qu'une seule masse disponible,
quelle part Goyne devait-il faire à son épouse
pour que l'étranger ne profitât pas de l'extension
que l'épouse avait procurée? Dans quel ordre les
libéralités respectives devaient-elles avoir lieu
pour éviter le même reproche?

Il faut considérer la question sous ce double aspect.

Nous avons déjà constaté en ce qui touche la part, qu'il suffisait que l'étranger n'eût pas reçu plus que ce que l'art. 913 lui permettait, pour qu'il ne profitât pas de l'extension de la quotité disponible ; que, par suite, la seule part dont on ne pouvait priver l'époux dans le partage de la quotité disponible la plus forte, était l'excédant de l'art. 1094 sur l'art. 913, c'est-à-dire le quart en usufruit. Ainsi, en supposant que la succession Goyne valut 100,000 fr., Goyne fils pouvait recevoir 25,000 fr. en pleine propriété, et il suffisait que la veuve fut gratifiée de 25,000 fr. en usufruit.

Avant toute libéralité de la part de Goyne, l'avantage de son épouse sur l'étranger consistait, aux yeux de la loi, en ce qu'elle *pouvait*, d'après l'art. 1094, recevoir les 25,000 fr. en propriété, plus les 25,000 à titre d'usufruit, tandis que l'étranger ne pouvait recevoir que les 25,000 à titre de propriété ; en ce qu'elle *devait* avoir, si le disposant épuisait toute la quotité disponible de l'art. 1094, au moins le quart en usufruit, c'est-à-dire l'usufruit de 25,000 fr., tandis que l'étranger pouvait très bien ne recevoir que la fraction la plus minime de la quotité de l'art. 913.

C'est ce double privilége qui constituait toute

la différence de l'art. 1094 sur l'art. 913, privilége du premier sur le second, c'est-à-dire de
l'époux sur l'étranger.

Qu'a fait le disposant? Usant de son droit de
distribution, il a pris sur le quart en propriété
qui *pouvait* être donné tout entier à l'époux, ou
tout entier à l'étranger, et qui à plus forte raison
était divisible entre eux par portions égales ou
inégales, il a pris, dis-je, un quart en usufruit,
qui, joint au premier quart disponible en faveur
de l'époux seulement, a fourni le lot de l'usufruit
de moitié. L'étranger, par suite de cette distribution, a eu pour lui un quart en nue-propriété.

L'étranger, ne recevant qu'un quart en nue-
propriété, n'a donc pas reçu tout ce qu'il pouvait
recevoir d'après l'art. 913; il n'a donc pas profité de l'extension de la quotité disponible de
l'art. 1094; *le privilége de l'époux n'a donc pas
réagi sur les enfants pour la fixation de leur réserve
à l'égard des étrangers.*

Que si, au contraire, Goyne père, au lieu de
procéder comme il l'a fait, avait donné à son
épouse seulement un huitième en usufruit, et
qu'il eût plus tard légué à son fils le quart en
pleine propriété, plus un autre huitième en usufruit, il eût été vrai de dire alors que l'étranger
aurait profité de *l'extension de quotité disponible
introduite par l'art.* 1094 *en faveur de l'époux spé-*

cialement ; que cet article serait devenu pour un autre que pour l'époux la règle de la réserve légale des enfants ; que les libéralités faites à l'étranger auraient réagi sur les enfants. Mais, dans l'espèce, ce grief n'existait nullement.

Ainsi, on le voit, dans le concours des libéralités faites à un époux et à un étranger, les art. 1094 et 913 étant tous deux mis en jeu, il faut les rapprocher et les réunir ; faire fusion de leurs quotités, de telle sorte que la quotité inférieure s'absorbant dans la quotité supérieure, la portion disponible soit d'un quart en propriété et d'un quart en usufruit, avec cette précision que les deux articles resteront distincts et séparés en ce qui touche la capacité des donataires ; en d'autres termes, qu'il y aura fusion de *quotités* mais non de *capacités,* et que l'art. 913, après avoir versé et confondu sa quotité dans celle de l'art. 1094, restera toujours debout pour empêcher l'étranger de prendre dans la masse disponible une portion supérieure à son droit.

On doit convenir de ces principes, ou dire qu'il y a deux quotités disponibles, ou bien que l'art. 1094 est indivisible, et qu'il faut ou donner aux époux la quotité de cet article tout entière, ou ne leur en donner aucune fraction. Assurément, les légitimaires et les époux, placés dans cette alternative, auront bientôt opté, les premiers pour la fusion des deux quotités, les seconds pour la divisibilité de celle de l'art. 1094.

Cette divisibilité constitue un point capital et décisif dans toutes les théories de cette matière, puisqu'elle sert à délimiter d'une manière positive le privilége de l'époux et la manière dont il faut le combiner avec la capacité de l'étranger, à régler ce que celui-ci peut recevoir sans qu'on puisse lui reprocher de profiter de l'extension de l'art. 1094.

Cette question de la divisibilité s'est présentée deux fois devant la Cour de cassation, et il est d'autant plus important d'examiner la solution qu'elle y a reçue, que le second arrêt est postérieur à celui du 24 juillet 1839, qui a cassé l'arrêt de la Cour de Lyon. C'est au sujet de la réserve des ascendants que la question a été deux fois soulevée.

En 1820, le sieur Tardy décéda sans enfant à la survivance de son épouse et de sa mère. Il avait institué pour son légataire universel le sieur Tondut, et légué par le même testament à sa femme l'usufruit de la réserve de sa mère. Après sa mort, la dame Tardy sa mère prétendit que par ses dispositions le testateur avait fait profiter le légataire universel de l'extension de la quotité disponible du § 1er de l'art. 1094. La Cour de Lyon, par arrêt du 29 janvier 1824, proscrivit ce système en

ces termes: « Attendu que l'art. 915 du Code
« civil établit dans les successions de ceux qui
« meurent sans postérité une réserve d'un quart
« des biens en faveur de l'ascendant qui lui a
« survécu; mais que l'art. 1094 permet à l'époux
« de grever cette réserve de l'usufruit en faveur
« de son épouse; *attendu que cette disposition ne*
« *fait aucune distinction entre le cas où la portion*
« *disponible serait donnée à l'épouse ou à toute*
« *autre personne; qu'elle est au contraire géné-*
« *rale et absolue, etc.* »

Recours en cassation de la dame Tardy mère,
pour fausse application de l'art. 1094, et violation
de l'art. 915.

Mais la section des requêtes, par arrêt du 3
janvier 1826, le rejeta par les motifs suivants:

« Attendu qu'il est de principe que toutes les
« fois qu'une loi est claire, que les termes ne
« présentent ni obscurité ni équivoque, et *qu'on*
« *ne peut lui opposer que des considérations;*
« *quelques graves* que soient ces considérations,
« le juge doit l'apprécier telle qu'elle est écrite;
« et que le droit de la reformer ou de la modifier
« n'appartient qu'au seul législateur, *soli légis-*
« *latori pertinet;* — Attendu que l'art. 1094 du
« Code civil est conçu dans des termes qui ne
« présentent ni doute ni obscurité, et qu'en effet
« *la demanderesse en cassation ne lui oppose que*

« *des considérations;* qu'ainsi la Cour de Lyon a
« dû, comme elle l'a fait, appliquer cette dispo-
« sition du Code civil dans le sens qu'elle pré-
« sente naturellement; rejette, etc (1). »

Ainsi, comme on le voit, jusqu'en 1826, on
n'avait opposé que des *considérations* au principe
de la divisibilité de l'art. 1094.

La question se présenta pour la seconde fois
devant la Cour en novembre 1840. La date est
remarquable.

Le sieur Timoléon de Bonnemain mourut à la
survivance de sa mère et de son épouse, après
avoir par le même testament légué à sa nièce,
devenue épouse Fargon, son entier patrimoine,
sauf un domaine qu'il laissait à son épouse, avec
l'usufruit de la réserve de sa mère. C'était à peu
près, comme on le voit, la même espèce qui avait
été soumise à la Cour de Lyon; les noms seuls
étaient changés.

La dame de Bonnemain mère reproduisit
devant la Cour de Toulouse le système qu'avait
présenté la dame Tardy mère devant la Cour de
Lyon; mais ses prétentions n'eurent pas un meilleur sort; le testament fut confirmé en toutes ses
dispositions par arrêt du 24 avril 1837 (2).

---

(1) *Journal du Palais,* à sa date.
(2) *Ibid.*

Recours en cassation, et cette fois le système de la demanderesse fut vivement appuyé par M. l'avocat-général Delangle.

Dans une discussion approfondie, ce savant magistrat s'efforça de prouver qu'en validant les dispositions du testament du sieur de Bonnemain, la Cour royale de Toulouse avait violé le texte de l'art. 1094, § 1er, et mal interprété son esprit. Voici comment il s'exprimait. Nous empruntons à M. Dalloz (1) l'analyse suivante de son réquisitoire :

« La réserve a subi dans sa fixation des variations infinies. Retreinte ou étendue selon l'esprit politique des législations, elle a été déterminée par les art. 913 et 915, Code civ. S'il y a des enfants, elle va, suivant leur nombre, du quart à la moitié des biens; elle est du quart pour chaque ligne s'il n'y a que des ascendants. Ainsi, deux parts des biens ont été faites, l'une attribuée à la famille, l'autre laissée à la disposition du citoyen, et qu'il peut donner à qui bon lui semble, autant, du moins, que dans la personne du légataire, il *n'y a pas d'incapacité.* — Mais il est à observer que la portion des biens dont se compose la réserve, *dans les termes des art.* 913 *et* 915, arrive à sa destination, libre, dégagée de tout embarras, et si parfois des combinaisons ont

(1) *Recueil périodique,* 1841, 1, 19.

été prises pour la détourner de sa destination, les arrêts, auxiliaires fidèles de la loi, n'ont jamais manqué de les détruire.

Cependant, le sort des enfants et des ascendants une fois réglé, il fallait s'occuper des époux, déterminer leur capacité respective, assigner les limites des libéralités qui leur étaient permises. — Dans ce cas, devait-on s'attacher à l'esprit de l'ancienne jurisprudence, considérer l'époux comme un étranger et lui laisser le bénéfice du droit commun, ou plutôt, suivant la marche des affections, faire à l'époux une condition à part? — Le Code a pris ce dernier parti; il a voulu que devant l'intimité du mariage fléchît le devoir même de la paternité tel qu'il l'avait réglé, le droit des ascendants tel qu'il l'avait créé. Et c'est ainsi que, dans un chapitre spécial, *des Dispositions entre époux*, modifiant la règle posée dans les art. 913 et 915, il a ordonné, d'une part, que l'époux, s'il a des enfants ou descendants (quel qu'en soit le nombre), pourra donner à l'autre époux ou un quart en nue-propriété et un quart en usufruit, ou la moitié de tous ses biens en usufruit seulement; et d'autre part, que s'il n'a ni enfant ni descendant, il pourra disposer en faveur de son époux *de tout ce dont il pourrait disposer en faveur d'un étranger, et, en outre, de l'usufruit de la totalité de la portion dont la loi prohibe la disposition au préjudice des héritiers.*

Et pourquoi, en ce dernier cas, cette dérogation qui réduit l'ascendant à une espérance pour
ainsi dire? — (Ici M. l'avocat-général lit des pas-
sages des discours de MM. Bigot-de-Préameneu
(Locré, p. 420) et Jaubert (*eod.*, p. 483), qui
donnent les motifs de cette disposition)..... — Il
n'y a plus de doute possible, reprend M. l'avocat-
général ; c'est en faveur du mariage, c'est à cause
de l'époux, c'est en raison de sa position que le
droit de l'ascendant a été diminué. Et dès-lors,
n'est-il pas logique de conclure que si le testament appelle un tiers a recueillir une partie des
biens, le cas prévu par la loi ne se rencontre pas,
que la réserve reprend toute sa force, l'art. 915
toute son énergie, et que si l'ascendant est con-
traint de s'humilier devant l'époux, ce sacrifice
ne lui est plus imposé envers un étranger ? »

Ici M. l'avocat-général, reprenant le texte de
la loi, recherche s'il peut avoir un autre sens,
car il ne faut pas, dit-il, même dans une question si importante, dédaigner les inductions qui
naissent de ses expressions ; il relève l'intitulé, la
spécialité du chapitre dans lequel se trouve l'art.
1094, *des Dispositions entre époux ;* il cite les mots
et en outre....... *et s'il y a des enfants*, qu'on lit
dans ce dernier article ; il conclut de ces citations:
1° que le chapitre est inapplicable à d'autres que

les époux; 2° que les dispositions de l'art. 1094
sont relatives; 3° qu'il établit un privilége en faveur de l'époux seulement. Enfin, il cite, en
terminant sur ce point, l'arrêt du 24 juillet 1839
(Rec. per. 39, 1, 289), qu'il soutient, en le met-
tant en présence des termes de l'arrêt de la Cour
de Lyon, cassé par cette chambre, avoir formellement jugé la question dans ce sens restrictif.

« Et qu'on ne dise pas, continue M. l'avocat-
général, que les motifs de cet arrêt ne s'appliquent pas nécessairement, inévitablement à l'espèce. — Ascendants ou descendants, ne s'agit-il
pas toujours de la réserve? n'est-ce pas la même
disposition, le même droit? N'est-il pas vrai
qu'une seule chose est changée, *la quotité du
droit?* Et si, à l'égard des enfants, on a décidé
que le privilége de l'époux ne pouvait être communiqué aux étrangers, on doit décider de la
même manière à l'égard des ascendants; autrement entendu, l'art. 1094 serait un non sens; il
aurait dû se borner à dire que l'usufruit de la
réserve des ascendants pourrait être donné à l'é-
poux; et comme il ne renferme aucune exclusion,
on n'aurait pu la suppléer. Mais il a fallu une disposition spéciale, expresse, soit pour expliquer
l'addition qu'on faisait à la quotité disponible,
soit pour en régler les conditions.

« Qu'oppose-t-on à cette doctrine? On dit :

20

« 1° En fait, que la libéralité n'embrassant que l'usufruit, la femme a reçu ce qu'elle pouvait recevoir. — Mais c'est-là travestir en question de fait une question de droit; c'est éluder la difficulté. Il s'agit d'une question de disponibilité. — Qu'en soi, et considérée par abstraction la disposition soit valable, on le peut admettre ; mais on ne la peut séparer de la disposition faite au profit d'un tiers, d'un étranger ; et c'est ce mélange, que la loi proscrit, qui s'oppose à l'exécution complète du testament. De ce que le mari pouvait plus, il ne s'en suit nullement qu'en donnant moins il ait valablement disposé, car la disposition du plus était soumise à une condition impérieuse ;

« 2° En droit, que la réserve est divisible. — Oui, en thèse générale; non dans le cas particulier ;

« 3° Que la loi n'interdit pas l'attribution à un tiers de la portion disponible. — Mais c'est oublier la nature de la disposition de l'art. 1094. Dès qu'elle est exceptionnelle, il était inutile que le législateur s'expliquât autrement qu'il ne l'a fait. N'est-ce pas, d'ailleurs, une des nécessités de toute loi qui déroge au droit commun, de ne pouvoir sortir de sa sphère?

« 4° Que le sort de l'ascendant ne se trouve pas aggravé. — La même raison existait lors de l'arrêt de 1839, et la Cour ne s'y est point arrêtée.

Puis, cela est-il vrai? — » Ici. M. l'avocat-général pose des hypothèses pour démontrer le contraire.

« Un époux, objecte-t-on encore, ne pourrait donner à qui lui aurait sauvé la vie! — Si vraiment. — Mais est-il donc bien nécessaire que la reconnaissance aille dans son ardeur jusqu'à la ruine de l'ascendant? Si la quotité disponible a été épuisée par de précédentes libéralités, la reconnaissance demeure stérile. Or, que la disposition soit faite par l'homme ou que la loi dispose pour lui, qu'importe en droit?

« 5° Enfin, s'est-on demandé, n'est-ce pas aller trop loin que de contraindre le mari, s'il veut donner à sa femme l'usufruit de la réserve, d'accompagner ce don de l'usufruit de tout son bien? — Ceci est le procès à la loi: rien de plus. Puis ne s'apperçoit-on pas que cette ardeur à modifier la réserve n'est pas dans le vœu du législateur? C'est un sacrifice qu'il a fait aux exigences d'une situation particulière. Ce sera à l'époux de se décider suivant ses affections. Il n'est ni juste ni moral que l'ascendant soit sacrifié à l'étranger; la famille d'abord, l'étranger après elle. L'arrêt de Toulouse, en décidant autrement, a formellement violé les art. 915 et 1094, Code civ. »

Tels étaient les motifs du réquisitoire de M. l'avocat-général.

La question était, comme on le voit nettement posée; l'art. 1094 était mis en présence
des art. 913 et 915, c'est-à-dire l'exception en
présence de la règle générale. Il s'agissait bien de
prononcer sur la divisibilité ou l'indivisibilité de
l'art. 1094; de préciser en quel sens il fallait entendre le privilége de l'époux et la règle que l'é-
tranger ne pouvait pas profiter de ce privilége,
condition nécessaire pour que l'art. 1094 pût
être valablement invoqué; enfin, il s'agissait de
savoir s'il y avait deux quotités disponibles ou
bien s'il n'y en avait qu'une.

Tous les rapports qui lient les art. 913, 915 et
1094 étaient donc engagés dans le débat.

Voici l'arrêt de la Cour de cassation, rendu
après une longue délibération, en la chambre du
Conseil.

« Attendu que, suivant l'art 915 du Code civil,
« les libéralités par acte entre-vifs ou par testa-
« ment ne peuvent excéder les trois quarts des
« biens, lorsqu'à défaut de descendants le défunt
« ne laisse d'ascendants que dans une seule
« ligne;

« Attendu qu'aux termes de l'art 1094, l'époux
« peut, soit par contrat de mariage, soit pen-
« dant le mariage, pour le cas où il il ne laisse
« pas d'enfants ou descendants disposer en faveur
« de l'autre époux, en toute propriété, de tout ce

« dont il pourrait disposer en faveur d'un étran-
« ger, et en outre de l'usufruit de la totalité
« de la portion dont la loi prohibe la disposition
« au préjudice des héritiers ;

« Que la disposition de l'art. 915 qni fait partie
« du chap. IIIe, tit. 2, lequel a pour objet de fixer
« les règles générales pour la quotité disponible,
« détermine la portion dont il est permis de dis-
« poser en faveur de quelques personnes que ce
« soit ;

« Et que l'art. 1094, qui fait partie du chap. IX,
« concernant les dispositions entre époux, a pour
« objet d'étendre la quotité disponible détermi-
« née par l'art. 915, lorsqu'il s'agit de fixer l'é-
« tendue des dispositions permises entre époux ;

« Que de la combinaison de ces dispositions et
« des termes dans lesquels est conçu l'art. 1094,
« il résulte que l'époux qui décède sans enfants,
« mais laissant un ou plusieurs ascendants dans
« une ligne, peut disposer en faveur de l'autre
« époux, non-seulement de ce dont il pourrait
« disposer en faveur d'étrangers, mais encore de
« l'usufruit de la portion réservée aux ascen-
« dants ; — Que cette extension de la faculté de
« disposer donnée à un époux en faveur de l'au-
« tre époux qui a pour objet de resserrer les liens
« de l'union conjugale, est toute personnelle à l'é-
« poux et qu'aucun étranger ne peut en profiter ;

« *Attendu toutefois qu'on ne saurait induire*
« *de là que l'époux qui dispose en faveur d'un étran-*
« *ger de la quotité disponible déterminée par l'art.*
« *915, et de l'usufruit de la portion réservée aux*
« *ascendants en faveur de l'autre époux, fait profi-*
« *ter l'étranger de l'extension portée en faveur de*
« *l'époux par l'art.* 1094, PUISQUE L'ÉTRANGER NE
« RECUEILLE QUE LE DISPONIBLE DE L'ART. 915;

« Qu'il importe peu à l'ascendant que le dé-
« funt ait disposé en faveur de l'autre époux tant
« de la quotité disponible que de l'usufruit de la
« réserve, ou qu'il ait disposé en faveur d'étran-
« gers de la quotité disponible, et, en faveur de
« l'autre époux, de l'usufruit de la réserve, puis-
« que ces dispositions produisent à son égard les
« mêmes effets, et que, soit par l'une, soit par
« l'autre disposition, il se trouve également
« privé de l'usufruit de la portion qui lui est ré-
« servée;

« Attendu que si l'intention du législateur eût
« été que la disposition en faveur de l'époux, de
« l'usufruit de la portion réservée au profit des
« ascendants, ne pût recevoir d'exécution qu'au-
« tant que le défunt aurait disposé en faveur de
« son conjoint de la quotité disponible de l'art.
« 915, il n'aurait pas manqué de l'exprimer, et,
« que ne l'ayant pas fait, ce serait apporter à
« l'exécution de l'art. 1094, une restriction qui

« n'est pas admise par cet article, et qui n'est pas
« au pouvoir des tribunaux, etc.

« La Cour rejette. »

Cet arrêt a donc jugé positivement :

1° La fusion des deux quotités;

La Cour suprême ne vit pas en effet dans la
cause deux disponibles distincts, celui de l'art. 915
et celui de l'art. 1094, § 1er; elle réunit les deux
quotités pour en composer fictivement une seule
masse, sur laquelle l'étranger avait pu recevoir
la quotité fixée par l'art. 915; la quotité de cet
article avait donc été confondue dans celle de
l'art. 1094, et il n'était plus contesté que relativement à la capacité respective des légataires;

2° La divisibilité de l'art. 1094;

Puisqu'on jugea que l'ascendant n'était pas re-
cevable à demander la réduction, l'époux ayant
reçu tout l'excédant de l'art. 1094 sur l'art. 915;

3° Cette divisibilité admise, la faculté pour
le disposant de donner à un étranger toute la
quotité disponible ordinaire, et de réduire l'é-
poux à l'excédant en usufruit de l'art. 1094 sur
l'art. 915;

Et les motifs sont on ne peut plus concluants :
*qu'il ne résulte pas des termes dans lesquels est
conçu l'art. 1094, que l'époux ne puisse disposer
de l'usufruit de la portion réservée aux ascendants
qu'autant qu'il dispose en même temps de la quo-*

tité réglée par l'art. 915 ; que si l'intention du législateur, dans le § 1er, eût été que la disposition de cet excédant en faveur de l'époux ne fût valable qu'autant que le défunt aurait aussi disposé en faveur de son conjoint de toute la quotité de l'art. 915, il n'aurait pas manqué de l'exprimer, et que ne l'ayant pas fait, ce serait apporter à l'exécution de l'article une restriction qui n'est pas dans la loi, ce que ne peuvent pas faire les tribunaux ;

4° Enfin, rendant expressément hommage au principe que l'extension de l'art. 1094 est un privilége introduit en faveur de l'époux, *qu'elle avait pour objet de resserrer les liens de l'union conjugale, qu'elle était toute personnelle à l'époux, et qu'aucun étranger ne pouvait en profiter*, l'arrêt explique en quel sens il faut entendre cette proposition.

Attendu toutefois, dit-il, qu'on ne saurait induire de là, que l'époux qui dispose en faveur d'un étranger de la quotité déterminée par l'art. 915, *et de l'usufruit de la réserve des ascendants en faveur de l'époux, fait profiter l'étranger de l'extension portée en faveur de l'époux par l'art.* 1094, PUISQUE L'ÉTRANGER NE RECUEILLE QUE LE DISPONIBLE DE L'ART. 915.

Voilà la raison décisive ; c'est la part que reçoit l'étranger, c'est *l'émolument qu'il recueille*, qui décide s'il profite ou ne profite pas; et cela est éminemment rationnel, car en vérité, je ne puis un seul instant croire participant à un privilége celui qui ne reçoit qu'en vertu du droit commun.

Le privilége est donc reconnu par la Cour comme dans l'arrêt du 24 juillet 1839; mais cette fois il est bien expliqué et défini; les limites du droit commun et du droit exceptionnel sont parfaitement tracées.

Ces précisions sont évidemment applicables aux cas où il s'agit de descendants, et des rapports du § 2 de l'art. 1094 avec l'art. 913; la situation est tout-à-fait identique; M. l'avocat-général le reconnaissait lui-même de la manière la plus explicite; et il y en a une raison à *fortiori* prise dans tout ce qu'a d'exhorbitant le § 1er de l'art. 1094, en autorisant l'époux à disposer au profit du conjoint survivant de l'usufruit de la réserve des ascendants.

Nous ne pouvons donc mieux définir et circonscrire la portée des motifs de l'arrêt du 24 juillet 1839, sur le privilége des époux, qu'à l'aide des motifs et du dispositif de l'arrêt du 18 novembre 1840, d'autant plus qu'ils sont tous deux émanés de la même chambre et à un très faible intervalle l'un de l'autre; que l'arrêt du 24 juillet a été invoqué à la fois par le demandeur en cassation et par M. l'avocat-général; remis sous les

yeux de la Cour et parfaitement apprécié par elle.
Nous dirons donc, par application à l'espèce actuelle : oui l'extension de la quotité disponible de
l'art. 1094 a eu lieu dans l'intérêt de la veuve
Goyne ; mais Goyne fils, étranger, n'en a pas profité, *puisqu'il n'a pas même recueilli dans la masse
formée par la fusion des deux quotités, tout le disponible de l'art. 913.* — Il est donc dans une position plus favorable encore que ne l'étaient les légataires universels des sieurs Tardy et de Bonnemain qui avaient recueilli toute la quotité disponible de l'art. 915 et qui renvoyaient les belle-
mères à la mort de leurs brus pour entrer en possession de leur réserve. Notez encore que la veuve
Goyne était bien plus largement lotie que ne l'é-
taient les veuves Tardy et de Bonnemain, qui
n'avaient rien taxativement, que le quart en usufruit formant l'excédant du § 1er de l'art. 1094
sur l'art. 915, tandis qu'ici la veuve Goyne, par
le don de l'usufruit de moitié, a reçu beaucoup
plus que cet excédant.

Notez enfin, au sujet de cette plus grande faveur dont Goyne devait jouir, que dans le § 2 de
l'art. 1094 on ne rencontre pas l'obstacle pris de
ces mots du § 1er : *Et en outre* de l'usufruit..., dont
M. l'avocat-général avait tiré son principal raisonnement.

Voilà ce qu'il m'importait d'établir sur ce premier chef. Suis-je obligé de prouver maintenant que si le privilége ne profite pas à l'étranger, il faut qu'il profite à l'époux ?

Nullement; car il ne faut jamais perdre de vue la position respective dans laquelle les intérêts se trouvent placés dans toute question de réduction. Le donataire ou légataire a pour lui un titre qui doit être exécuté tant que l'infirmation totale ou partielle n'en sera pas prononcée. Défendeur à la demande en retranchement, il n'est soumis par cela même à aucune justification, surtout lorsqu'il est saisi par une donation entre-vifs, dont la nature est d'être inviolable.

Dans tous les cas, c'est aux légitimaires demandeurs qu'incombe la charge de toutes les preuves et de toutes les justifications constatant l'inofficiosité. Il a donc rempli toutes ses obligations, lui défendeur, lorsqu'il a répondu aux légitimaires: vous prétendez que je veux me prévaloir d'un privilége personnel aux époux; je ne m'en prévaux pas, puisque je n'ai reçu que la quotité disponible de l'art. 913.

Et néanmoins il ne lui est pas difficile de prouver que l'époux seul en profite.

La qualité d'époux imposant des obligations nouvelles, on a étendu en leur faveur la quotité disponible; cette disposition extensive dans tous les cas, selon les premiers projets, n'a conservé ce caractère d'après le Code que dans le cas où il y a deux enfants ou un plus grand nombre.

Cette extension ayant eu lieu en faveur de l'époux, peut-on dire *qu'il n'en profite pas* lorsqu'il reçoit toute la quotité qui la constitue? Et il doit la recevoir toute entière quand il y a concours de libéralités excessives. La loi n'a pas dit: j'étends en faveur des époux la quotité disponible; mais il faudra pour qu'ils en profitent qu'ils reçoivent, *en outre ,* une portion de la quotité disponible ordinaire; elle a dit seulement : la différence de cette quotité disponible sur la quotité ordinaire est créée en faveur de l'époux.... Il l'a obtenue; donc, il en profite.

Ainsi en appliquant ces observations aux espèces déjà examinées, les veuve Tardy et Bonnemain et la veuve Goyne surtout, qui avait reçu la moitié en usufruit, pouvaient-elles dire qu'elles ne profitaient pas de l'extension de l'art. 1094 ? Eh! qui nous a dit que le fils prédécédé dans les deux premières espèces, que le mari dans la seconde, auraient légué à leurs épouses, les premiers, l'usufruit d'un quart de la succession s'ils n'avaient pu l'imputer sur la réserve de leurs mères, et le dernier, l'usufruit de la moitié , si la loi n'eût pas augmenté la quotité disponible en faveur de son épouse ?

Quand il s'agit de quotité disponible, les dispositions ne sont-elles pas unies et combinées d'avance l'une avec l'autre?

Pour juger à l'époque du décès, la question d'inofficiosité, pour comprendre l'ordre et l'économie des dispositions, il faut remonter jusqu'à la première. La quotité disponible est un crédit qui s'ouvre pour l'homme dès sa majorité (1); il sait qu'elles en sont les proportions eu égard à la qualité des personnes qu'il institue; en touchant à ce crédit, il réserve et ménage l'avenir comme il l'entend; il le modère ou l'épuise selon sa volonté; mais dans tous les cas, quand il est époux et qu'il donne à son conjoint, il a dû compter qu'il avait à sa disposition toute la quotité de l'art. 1094. Ainsi l'extension profite donc en réalité à l'époux.

Goyne fils ne profitait donc pas de l'extension par les *quotités* qu'il avait reçues.

En profitait-il mieux par la *date* des libéralités?

Cette question n'a encore été agitée à l'occasion d'aucun des arrêts rendus; on ne la trouve débattue dans aucune des discussions qui précédèrent les arrêts des 21 mars 1837, 24 juillet 1839 et 18 novembre 1840, ni engagée par suite dans ces arrêts eux-mêmes.

_____

(1) Sans préjudice du droit de disposition qu'accorde l'art. 904 aux mineurs âgés de plus de seize ans.

Seulement, dans les motifs de l'arrêt de rejet, du 7 janvier 1824, on a pu remarquer ces expressions : « Que les dispositions consignées dans « l'art. 1094 ne contiennent qu'une législation « spéciale, bornée aux avantages entre époux, « ce dont *l'époux pourrait seul se prévaloir dans* « *le cas où la donation qui le concerne serait posté-* « *rieure à celle qui est faite à l'étranger.* Que la « lettre de cet article est claire, et que si le lé- « gislateur, dans le cas de l'existence de trois « enfants, a donné plus de latitude à la faculté de « disposer en faveur d'un époux, c'est qu'il restait « toujours aux enfants l'espérance bien naturelle « de recueillir les biens après le décès du père « ou de la mère avantagé, considération inappli- « cable aux libéralités faites entre étrangers. »

La lettre de l'art. 1094 est claire ; mais dans quel sens ? Est-ce sous le rapport de la divisibilité ou de l'indivisibilité de la quotité disponible qu'il règle ? Ou bien est-ce sous le rapport de *l'ordre* dans lequel la libéralité doit être faite pour que l'époux soit censé profiter de l'extension ?

La divisibilité a été consacrée, nous le savons maintenant, postérieurement à cet arrêt de 1824, qui est de la section des requêtes, par les deux arrêts des 3 janvier 1826 et 18 novembre 1840.

Le rang dans lequel la libéralité doit être faite pour que l'extension profite à l'époux ?

Mais je ne vois rien dans l'art. 1094 qui justifie les motifs invoqués par la Cour.

En supposant qu'ils se lient à la proposition principale et qu'ils soient destinés à l'expliquer, ces motifs sont évidemment les mêmes, quelle que soit la date de la libéralité faite au conjoint; la situation des légitimaires n'est pas changée par l'ordre des libéralités; quel que soit cet ordre, ils ont toujours l'espoir de recueillir dans la succession de leur auteur donataire l'excédant de l'art. 1094 sur l'art. 913. Et c'est précisément le défaut d'intérêt des légitimaires qui est la contre-épreuve la plus sûre de la légalité de notre système; car, si l'ordre des dates influait sur la quotité disponible, la situation des enfants en serait nécessairement aggravée.

D'ailleurs l'arrêt du 7 janvier 1824 prouverait beaucoup trop en exigeant que l'époux ne pût se prévaloir de l'extension de l'art. 1094 *que dans le cas seulement où la donation qui le concerne serait* POSTÉRIEURE *à celle de l'étranger*. Je n'en veux d'autre garant que l'autorité de la Cour elle-même, qui décida par les deux derniers arrêts de 1826 et 1840 que *l'étranger ne profitait pas de l'extension de l'art.* 1094 dans deux espèces où il avait été gratifié *par le même testament* qui gratifiait le conjoint; et il ne s'agit pas de savoir, à l'encontre de l'étranger défendeur à la demande en réduction, si l'époux profite ou ne profite pas de l'extension. Il faut lui prouver, pour obtenir la réduction et briser son titre, en tout ou en partie, qu'il profite d'un privilége qui n'est pas fait pour lui (art. 920).

Il est donc bien établi par la jurisprudence de la Cour de cassation elle-même, et nous pouvons ajouter, par la jurisprudence de toutes les Cours royales qui admettent le cumul dans ce cas, que *l'étranger* qui reçoit *en même temps que l'époux* et qui ne recueille que le disponible de l'art. 913 ou de l'art. 915, ne profite pas de l'extension de la quotité disponible établie par l'art. 1094.

Nous avons donc deux situations dans lesquelles le cumul des libéralités est admis : 1° lorsque la donation faite à l'étranger est *antérieure* à celle de l'époux; 2° lorsque la donation faite à l'étranger est *concomitante* à celle de l'époux. Et nous n'aurions qu'une troisième situation où le cumul ne serait pas admis, celle où le don fait à l'étranger serait *postérieur* à celui de l'époux!

Sur quoi, je le demande, baserions-nous cette distinction ?

Ce n'est pas assurément sur la raison.

Sur la lettre des lois? — Mais l'art. 1094 est muet sur ce point: et dès-lors il faut recourir aux principes généraux en matière de quotité disponible, toujours applicables quand ils ne sont pas modifiés par une dérogation particulière.

Or, les principes généraux sont dans les art. 922 et suivants, jusques et y compris l'art. 930.

D'après ces textes, la quotité disponible essentiellement divisible, peut être divisée par un seul et même acte comme par plusieurs actes successifs. La loi suppose, en effet, le concours ou le conflit de plusieurs dispositions à cause de mort, ou de plusieurs donations entre-vifs, ou de dispositions à cause de mort en concours avec des donations entre-vifs (art. 923, 925, 926).

D'un autre côté, c'est un principe élémentaire que les dates sont sans influence sur la quotité disponible. Le nombre et la qualité des légitimaires et la qualité des légataires constituent les seuls éléments qui en règlent l'étendue. Il faudrait donc ajouter à la loi pour que la date pût être considérée comme un de ces éléments.

D'après les art. 923, 926 et 930, la date sert à déterminer l'ordre dans lequel doit avoir lieu la réduction lorsque les libéralités *sont excessives*, pour dresser l'échelle que devra parcourir l'action en réduction en remontant des libéralités les plus récentes aux libéralités les plus anciennes. Mais, quant à la question préjudicielle de savoir s'il y a lieu à réduction, cette circonstance est

sans influence : la date fixe donc l'exercice de
l'action en réduction une fois admise ; mais elle
est sans influence pour la faire admettre.

Le texte de l'art. 923 est on ne peut plus énergique :

« Il n'y aura jamais lieu à réduire les donations
« entre-vifs qu'après avoir épuisé la valeur des
« biens compris dans les dispositions testamen-
« taires ; *et lorsqu'il y aura lieu à cette réduction,*
« elle se fera en commençant par les dernières. »
— *Lorsqu'il y aura lieu à cette réduction ;* ces mots
ne sont-ils pas décisifs ?

Et le Code n'établit ici aucune innovation ; il
ne fait que confirmer des principes de tous les
temps et de tous les lieux, surtout les principes
de notre ancienne jurisprudence qui étaient for-
mulés dans l'art. 34 de l'ordonnance de 1731,
par une rédaction semblable à celle de l'art.
923 du Code : « *Si les biens que le donateur aura laissés en mourant... ne suffisent pas* pour fournir la
légitime..., ladite légitime sera prise première-
ment sur la dernière donation. »

N'examinons donc pas, pour savoir s'il y a lieu
à réduction, l'ordre qu'a suivi le disposant ; il en
a été seul le dispensateur et l'arbitre suprême ; il
a donné suivant l'ordre de ses besoins et de ses
affections. Examinons seulement ce qu'il a donné
(c'est la loi qui nous le dit, article 922), et ne

l'examinons qu'à sa mort; car alors seulement
s'ouvre l'action en réduction (art. 920); alors
seulement on peut régler la réserve qui a été variable et incertaine jusqu'à cette époque. C'est
encore le Code qui nous le dit : « Les dispositions
« soit entre-vifs soit à cause de mort qui excé-
« deront la quotité disponible, seront réductibles
« à cette quotité *lors de l'ouverture de la succes-*
« *sion*. » Par suite, ne nous préoccupons des
dates que lorsque la réduction est une fois admise, pour savoir quels sont les donataires contre
lesquels l'action doit frapper. Nous ne pourrions
d'ailleurs nous en préoccuper qu'en ajoutant au
droit de disposer, selon l'art. 1094, une condition
qui n'est ni dans les principes généraux ni dans
l'article lui-même. — La Cour de cassation, réglant les rapports de cet article avec l'art. 915,
a dit avec raison que si l'intention du législateur
eût été que la disposition en faveur de l'époux,
de l'usufruit de la portion réservée au profit des
ascendants, ne pouvait recevoir son exécution
qu'autant que le défunt aurait disposé en sa faveur
de la portion de l'art. 915, il n'aurait pas manqué
de le dire; et, que ne l'ayant pas exprimé, ce serait apporter à l'exécution de l'art. 1094 une restriction qui n'est pas admise par cet article, et
qui n'est pas au pouvoir des tribunaux. Nous dirons avec autant de raison que si son intention

eût été de subordonner l'exercice du droit conféré en l'art. 1094 à la priorité de la donation
faite à l'étranger, il n'eût pas manqué de l'exprimer, et que ne l'ayant pas fait, ce serait apporter
à l'art. 1094 une restriction ou une condition qui
n'est pas admise par cet article, ce qui n'est pas
au pouvoir des tribunaux.

A quelles étranges conséquences, en effet, nous
entraînerait le système contraire? Si l'obstacle au
cumul ne provient que de l'antériorité de la donation faite au conjoint, celui-ci n'aura, il faut en
convenir bien souvent, que fort peu de chose à
faire pour lever cet obstacle.

L'époux a donné à son conjoint, pendant le
mariage, le 1er janvier, l'usufruit de la moitié
de ses biens. Le 2 janvier, il a donné, par acte
entre-vifs, la nue-propriété du quart à un autre.
— Le même jour, il apprend que la jurisprudence de la Cour de cassation n'admet pas ce
cumul parce que le don fait à l'époux est le premier en date. Que fait alors le disposant? Le
3 janvier, il révoque le don fait à son conjoint
(art. 1096), et, le même jour, il le renouvelle.

Par cet ordre, le nouveau don fait à l'époux,
se trouvant postérieur à celui de l'étranger, le
cumul sera valable.

Comme aussi, nous verrons dans notre 4e partie que le père de famille trouve dans la loi un

moyen bien facile de ménager d'avance ce résultat, c'est-à-dire de légitimer le cumul par anticipation.

Tout cela ne prouve-t-il pas qu'on suppose au législateur des théories qui lui sont étrangères ? Eût-il été digne de sa part de consacrer une doctrine qu'on aurait pu tourner si facilement? L'*étendue* de la quotité disponible peut-elle être ainsi abandonnée aux moyens détournés qu'on peut employer pour l'augmenter? — La manière de disposer, les conditions, toutes les modifications de la distribution, le choix du donataire et du légataire, ont été placés par la loi dans le domaine de l'homme; mais la *quotité* dont on pourra disposer doit toujours rester dans le domaine de la loi, parce qu'il n'appartient qu'à elle seule de frapper d'indisponibilité une partie plus ou moins considérable du droit de propriété, et cette partie doit être une et invariablement fixée.

Puisque les réserves sont déférées aux légitimaires par l'autorité de la loi, la volonté de l'homme n'y peut rien, tandis que cette volonté peut tout sur la quotité disponible, qui est une émanation directe du droit de propriété, c'est-à-dire du droit de disposer *de la manière la plus absolue* (art. 544), droit que les réserves n'ont pas paralysé. Et cependant ne cesserait-t-elle pas d'offrir ces caractères d'être une quotité vrai-

ment *disponible*, si on gênait la liberté du disposant par l'ordre dans lequel il serait obligé de
disposer ; si, en raison de cet ordre, il pouvait
l'augmenter ou la diminuer ?

Vous ouvrez à l'homme un crédit ; vous lui dites
qu'il pourra en disposer *de la manière la plus absolue*. Mais bientôt vous lui déclarez qu'il ne jouira
de ce crédit tout entier qu'à la condition d'en
disposer dans un ordre chronologique que vous
lui tracez et que vous lui imposez.

Il vous répondra que ce n'est plus un crédit
dont il jouit d'une manière absolue ; que le père
de famille doit être aussi libre dans la disposition
de cette quotité, qu'il l'est pour la disposition
de son entier patrimoine quand il n'a pas d'héritiers à réserve.

Si le Code civil avait adopté ce système, il faudrait reconnaître qu'il aurait suivi une marche
bien opposée à ses intentions. Il augmente la
quotité disponible en faveur du mariage, n'igno-
rant pas, sans doute, que le mariage était la première occasion de faire des libéralités, ou plutôt
d'acquitter les dettes auxquelles il donne naissance, et surtout qu'elles étaient plus d'une fois
une condition de ce mariage. Voilà pourquoi,
notons le bien, l'extension de quotité établie par
l'art. 1094 est disponible, soit *par contrat de
mariage*, soit pendant le mariage. Et si l'homme,

en use précisément dans le but pour lequel la quotité disponible a été augmentée, s'il lui donne sa destination naturelle, son crédit va en être considérablement affecté! Un premier don fait en faveur du futur époux va changer pour lui le caractère et les limites de cette quotité : il disposera selon l'art. 913 et non selon l'art. 1094! — Et tout au contraire, s'il en dispose dans l'ordre inverse de ses besoins, s'il donne comme père avant de donner comme époux, son crédit lui sera accordé tout entier; il disposera selon l'art. 1094, et non selon l'art. 913!

De telle sorte que la loi sera faite pour les cas extraordinaires et non pour les cas ordinaires!

Le législateur ignorait-t-il donc que l'on était époux avant d'être père ? — Serait-il vrai que les libéralités permises par l'art. 1094 n'auraient pas pour objet de remplacer les gains de survie coutumiers de l'ancien droit ?

Et qu'on ne nous dise pas: que l'époux retarde, s'il veut avoir la quotité disponible entière, de gratifier son conjoint à une époque postérieure à celle où il aura donné à un enfant ou à un étranger le quart en nue-propriété.

Qu'il retarde! mais la donation n'est-elle pas souvent, comme on l'a déjà noté, une condition du mariage? Le législateur sait bien qu'il en est très fréquemment ainsi ; la plupart de ses textes déposent de cette conviction.

Qu'il retarde ! quand il s'agit d'acquitter une dette sacrée !

Qu'il retarde ! mais dès que le mariage sera célébré, il ne pourra faire que des donations toujours révocables, l'art. 1096 nous le dit.

Son futur conjoint voudrait-il s'en contenter ?

Il faudrait donc, lorsque la donation a été faite au conjoint par contrat de mariage, plutôt étendre que restreindre la quotité disponible de l'article 1094.

La Cour royale de Lyon avait donc apprécié avec une exactitude irréprochable cette partie de la cause, lorsqu'elle disait dans ses motifs : *que l'on ne pouvait faire dépendre la faculté de disposer de la date des dispositions, tandis que, dans tout le système du Code, elle dépendait uniquement de la qualité du disposant, du nombre et de la qualité des successibles.*

En nous résumant sur ce premier point, nous avons démontré, par la jurisprudence la plus récente de la Cour de cassation,

1º Que la réserve devait être réglée à l'époque du décès par la quotité des héritiers que laisse le défunt, et par la qualité des donataires et des légataires ;

2º Que, pour étendre la quotité disponible et

diminuer d'autant la réserve d'après l'art. 1094, il ne fallait pas que l'époux eût reçu l'entière quotité disponible de cet article; que cette quotité étant essentiellement divisible, il suffisait qu'il eût reçu la part qui constitue son excédant sur l'art. 913, parce qu'il ne résulte pas des termes dans lesquels est conçu l'article, que l'époux ne puisse disposer en faveur de son conjoint du quart en usufruit formant cet excédant qu'autant qu'il dispose en même temps en sa faveur de la quotité disponible de l'art. 913; *parce que si l'intention du législateur eût été que la disposition en faveur de l'époux ne pût recevoir d'exécution qu'autant qu'il aurait déjà reçu la quotité disponible de l'art. 913, il n'aurait pas manqué de l'exprimer, et que ne l'ayant pas fait, ce serait apporter à l'extension de l'art. 1094 une restriction ou une condition qui n'est pas admise par cet article, ce qui n'est pas au pouvoir des tribunaux;*

3° Que, dans l'espèce, l'étranger qui a reçu le quart en nue-propriété ne profite pas de l'extension de la quotité disponible introduite en faveur des époux; l'art. 1094 se combinant avec l'art. 913 mais ne l'abrogeant pas;

4° Enfin, qu'il n'en profite pas plus par les *dates* que par la *quotité.*

Nous n'avons d'ailleurs rien à combattre sur ce dernier point dans l'arrêt de la Cour de cassa-

tion du 24 juillet 1839, ni dans celui de la Cour
de Besançon, qui n'en est que la reproduction
presque littérale.

Nous avons cru toutefois devoir nous expliquer
à ce sujet avec quelques détails, car si l'opinion
d'après laquelle les dates exercent une influence
sensible sur la qualité du cumul ne se trouve pas
appuyée sur les éléments de la jurisprudence,
nous l'avons du moins rencontrée plus ou moins
accréditée dans quelques esprits.

Dirait-on à l'appui de ce système : Si le père de
famille avait commencé par donner à un étranger
l'usufruit de moitié, il n'aurait certainement pas
pu donner plus tard un quart en nue-propriété à
un autre étranger. — Donc, l'étranger, quand il
est gratifié le dernier, profite de l'extension de
la quotité disponible introduite en faveur de
l'époux qui a été gratifié le premier. — Cette
objection ne serait pas sérieuse.

Lorsque deux étrangers ont été gratifiés successivement, la quotité disponible est réglée par
l'art. 913 exclusivement, et le père de famille n'a
pu distribuer entre les donataires ou légataires
que la valeur de cette même quotité ; quand il
gratifie son conjoint, au contraire, la quotité
disponible est plus forte ; elle s'accroit (du moins
dans notre espèce où nous supposons constamment qu'il a laissé plus de deux réservataires) d'un

quart en usufruit. Ayant un disponible plus étendu, il n'est pas surprenant qu'il ait pu gratifier deux personnes à la fois sans excéder son crédit et sans que le dernier gratifié ait profité du privilége de l'époux, qui n'aurait pas reçu, lui, un lot aussi considérable, si la masse disponible n'eût pas été augmentée, et qui a, par suite, seul profité de l'extension.

Si l'objection était fondée dans le cas où le don fait à l'étranger est *antérieur* à celui qui est fait au conjoint, elle le serait également dans le cas où les deux libéralités sont contemporaines et faites dans le même acte. — Or, les arrêts prémentionnés de la Cour suprême du 3 janvier 1826 et du 18 novembre 1840 ont admis, dans ce dernier cas, la validité du cumul.

Puisque la Cour suprême ne s'est pas occupée, et avec raison, de l'ordre dans lequel Goyne avait fait ses libéralités, par quelles raisons a-t-elle donc cassé l'arrêt de la Cour de Lyon?

Les voici :

La Cour suprême a considéré uniquement, selon le thème depuis long-temps posé, que la donation faite par Goyne au profit de sa femme par le contrat de mariage du 7 frimaire an XIII, était de *la demie en usufruit* de tous les biens qu'il laisserait au jour de son décès; que l'arrêt attaqué ne déclare pas qu'à raison de circonstances particulières et par exception *à la règle généralement admise* à cet égard, la donation dont il s'agit, ne fut pas, au jour du décès de Goyne père, l'équivalent du quart en pleine propriété qui formait la portion disponible de la succession, eu égard à la qualité des héritiers qu'il laissait; que cette donation prélevée, il ne restait plus dans la succession que la réserve légale des trois enfants; que néanmoins l'arrêt attaqué avait ordonné en outre le prélèvement d'un quart en nue-propriété au profit de l'un de ces trois enfants, auquel ce quart avait été légué par préciput, suivant le testament du 3 mai 1821; en quoi ledit arrêt avait porté atteinte à la réserve légale des enfants; fait une fausse application de l'art. 1094, et violé formellement l'art. 913, etc.

La Cour a donc cassé par cet unique motif que nous rencontrons dans tous ses précédents arrêts: *que l'usufruit de moitié est équivalent au quart en pleine propriété, selon la base généralement admise.*

Si ce motif est fondé, la Cour a évidemment bien jugé. Goyne père n'avait pu, en effet, disposer successivement et cumulativement d'un quart en pleine propriété en faveur de son épouse, et d'un quart en nue-propriété en faveur d'un de ses enfants. Si le don de l'usufruit de moitié était équivalent à celui d'un quart en pleine propriété, Goyne ne pouvait disposer d'une fraction quel-

conque, même à titre d'usufruit, en faveur de
son fils, ainsi que nous l'avons précédemment
établi en examinant profondément l'économie de
l'art. 1094.

Mais il s'agit maintenant de savoir si la Cour
de cassation a été bien fondée à faire cette évaluation, et si la Cour de Lyon avait dû la faire
elle-même.

Je n'examine pas pour le moment d'après
quelles bases la Cour de cassation est arrivée à
ce résultat, que la moitié de l'usufruit des biens
de Goyne équivalait au quart en pleine propriété.
Je me réserve de les combattre plus tard ; examinons avant tout si la Cour de Lyon était tenue
d'évaluer.

C'était là une question préjudicielle que la Cour
suprême aurait dû poser et résoudre d'une manière affirmative. Les règles les plus simples de
la logique l'exigeaient.

Elle dit que l'arrêt attaqué n'ayant pas évalué,
avait par cela même encouru sa censure. L'évaluation était donc faite par la loi elle-même ; cela
suppose donc toujours ce premier point établi et
reconnu comme constant, que la Cour de Lyon
était obligée d'évaluer.

Mais comment la Cour suprême n'a-t-elle pas
vu que c'était là le point fondamental du procès ?

Goyne, décédant à la survivance de trois enfants et de son épouse, et ayant fait participer celle-ci à ses libéralités, pouvait disposer d'un quart en pleine propriété et d'un quart en usufruit. Il avait donné à son épouse l'usufruit de moitié, et à son fils, par préciput, la nue-propriété du quart. En faisant porter, comme on l'entendait bien dans la cause et comme on doit l'entendre toujours, une partie de l'usufruit donné à la veuve sur le quart en nue-propriété donné au fils, il ne dépassait pas la somme des valeurs disponibles.

Pour casser l'arrêt qui avait ainsi jugé, il fallait donc commencer par prouver que les dons cumulés excédaient la quotité disponible, et ils ne pouvaient l'excéder qu'à cette condition que l'usufruit représenterait des valeurs quelconques en pleine propriété.

Tant que cette nécessité n'était pas préalablement démontrée, l'usufruit d'un quart réuni à un autre quart en nue-propriété, ne pouvait jamais représenter, d'après la nature même des choses, qu'un quart en pleine propriété. Il était certain que les dons réunis ne dépassaient pas la quotité disponible de l'art. 1094.

La Cour de cassation, tombant au contraire dans une pétition de principes manifeste, a dit implicitement et nécessairement :

« La Cour de Lyon était tenue d'évaluer l'usu-

« fruit et de le convertir en pleine propriété.
« Elle ne l'a pas fait. Or, cet usufruit valait le
« quart en pleine propriété; donc la quotité dis-
« ponible avait été épuisée par la première libé-
« ralité; donc la seconde était caduque. »

Tout est faux dans ce raisonnement.

Si les prémisses sont fausses, les conséquences
le seront aussi.

La Cour de Lyon était tenue d'évaluer…

C'est à vous de le prouver. Dans l'espèce, Goyne
fils présentait un testament par lequel il était gratifié d'un quart en nue-propriété dont il ne demandait à entrer en jouissance qu'à la mort de
sa mère. Il adaptait ce quart en nue-propriété à
une part égale en usufruit, contenu dans le lot
que sa mère avait reçu, et il disait:

Ces deux quarts en nue-propriété et en usufruit réunis et correspondants, ne représentent
qu'un quart en pleine propriété; les deux libéralités réunies ne forment évidemment qu'un quart
en pleine propriété et un quart en usufruit; donc
le cumul n'a rien d'inofficieux.

Goyne était porteur d'un testament en bonne
forme; les légitimaires étaient demandeurs en
réduction; c'était à eux à prouver que le cumul
entamait leur réserve légale. Les dispositions de
l'art. 920 sont formelles.

Leurs prétentions n'étaient fondées qu'à cette

condition que l'usufruit du don fait à leur mère serait évalué et converti fictivement en pleine propriété.

Sous ce premier rapport, c'était donc aux demandeurs à prouver la nécessité de l'évaluation ; mais ils y étaient tenus sous un rapport bien plus évident encore.

L'usufruit n'est qu'un démembrement de la propriété parfaite. Le propriétaire, maître de ses droits, peut l'en détacher quand il le juge convenable.

Sa nature même exclut toute idée qu'il puisse représenter des valeurs en pleine propriété, quand il se trouve en regard de cette propriété même dont il a été momentanément disjoint. Ainsi, l'usufruit d'une maison et la nue-propriété de cette maison, ne valent pas plus, réunis, que la pleine propriété de cette maison ; car ils ne sont autre chose que les deux démembrements de cette propriété ; ce sont deux parts qui ne peuvent jamais avoir une valeur supérieure au tout qu'elles forment.

Cependant, si vous dites que l'usufruit de la maison représente une valeur en pleine propriété par rapport à la nue-propriété de la maison elle-même, vous détruirez tous les rapports établis entre l'usufruit et la nue-propriété.

Et ce qui est vrai pour les corps certains et

déterminés est également vrai pour les quotités.

L'usufruit du quart d'une succession et la nue-propriété du même quart, en s'adaptant et s'identifiant l'un à l'autre, ne valent jamais que le quart en pleine propriété. Traduisez maintenant cet usufruit du quart par une fraction quelconque en pleine propriété, vous détruisez encore sa propre nature, qui est d'être une simple jouissance, d'être mis en opposition avec la nue-propriété, et de constituer comme celle-ci un des éléments essentiellement distincts dont se compose la pleine propriété. Car, si l'usufruit n'était pas essentiellement distinct de la nue-propriété, on n'aurait pu l'en séparer et l'attribuer à un autre que le propriétaire; on n'aurait pu dire avec les textes du droit romain : « *Ususfructus « pluribus modis à proprietate separationem reci- « pit* (1). »

A ce point de vue, l'usufruit n'est donc qu'une servitude par rapport à la nue-propriété: *Non dominii pars, sed servitutis* (*locum obtinet* (2)). Sans doute, dans les cas ordinaires, considéré abstraction faite de toute idée de propriété correspondante, l'usufruit a une grande valeur par lui-même; il peut être hypothéqué (art. 2118);

---

(1) *Instit.*, liv. II, tit. IV, *de Usufruct.*, § 1er.
(2) Frag. 25 , *de V. Significat.*

saisi, exproprié (art. 2204); il est soumis à des droits de mutation (loi du 22 frimaire an VII, art. 15); et on peut dire alors qu'il est *pars dominii* (1). Mais au point de vue du propriétaire qui dispose de ses biens, en détachant l'usufruit de la nue-propriété de la portion disponible et par rapport aux légitimaires, il n'est évidemment qu'un droit de servitude.

Dire alors qu'il faut évaluer un droit d'usufruit pour le convertir en pleine propriété, c'est faire violence à son caractère distinctif; c'est le dénaturer.

Le juge ne trouve pas dans l'étendue de ses pouvoirs ordinaires, la faculté de dénaturer ce qui est de l'essence même des choses. Il ne tient pas cette faculté, dans le droit commun, de sa mission et de son autorité; il faudra donc nécessairement qu'il la puise dans la loi, ou bien il commettra un excès de pouvoir.

Le juge trouve bien dans le droit commun la faculté *d'interpréter;* mais autre chose est interpréter, autre chose est *dénaturer.*

Sous tous ces rapports, il fallait donc que les demandeurs en réduction, et après eux la Cour de cassation saisie de leur pourvoi, prouvassent que le juge de la validité du cumul avait dû éva-

---

(1) Frag. 4, ff., *de Usuf.*

luer l'usufruit. Cette preuve n'étant pas faite, le
cumul devait, d'après la nature respective des
deux libéralités et leur corrélation, être déclaré
légitime.

Or, les demandeurs en nullité ou en réduction
du legs fait à Goyne fils n'ont prouvé et ne peuvent prouver que le Code ait consacré cette règle
générale. De là s'induisait la conséquence forcée
que le don de l'usufruit devait conserver sa propre nature et ne pouvait pas être évalué et converti fictivement en un don en pleine propriété.

Toute la question est dans ce premier point
préjudiciel; la transporter ailleurs, c'est la déplacer, c'est tomber dans un cercle essentiellement
et visiblement vicieux. C'est donc ici que nous
établissons une lutte corps à corps avec le système de la Cour de cassation.

Vous ne pouvez pas nous dire : pour savoir si
la seconde libéralité est ou non inofficieuse, il
faut commencer par évaluer le don en usufruit.
Je réponds : vous ne le pouvez pas, car une quotité en usufruit, mise en rapport avec une quotité
en nue-propriété, n'a aux yeux de la loi aucune
valeur en pleine propriété. Le quart en usufruit
joint à un quart en nue-propriété n'est considéré
que comme l'équivalent d'un quart en pleine propriété. Donc, le père de famille pouvant disposer
de ce quart, il suit de la nature même des choses

rapprochées des termes de la loi, que les libéralités contestées n'ont rien d'excessif. J'ajoute
surtout, et ceci, qu'on le note bien, est décisif.
En consacrant arbitrairement ce premier point
qu'il faut évaluer, vous préjugez nécessairement
la nullité ou tout au moins la réduction du don
postérieur, car, il vous suffira de donner au don
de l'usufruit une valeur quelconque en pleine
propriété, pour que, cette estimation ou cette conversion, troublant aussitôt l'économie du père de
famille qui n'avait disposé en l'usufruit que pour
se ménager la faculté de disposer plus tard d'une
quotité en nue-propriété, et aussi l'économie de
la loi qui n'a vu dans les deux quotités de l'usufruit et de la nue-propriété, qu'une seule quotité équivalente à la pleine propriété, il en résulte
que la seconde libéralité sera ou nulle pour le
tout, ou du moins réductible.

Supposez, en effet, que l'usufruit légué à la
venve Goyne soit évalué seulement à un millième
en pleine propriété ; il y aura, par cela seul excès ;
car Goyne n'aura pu disposer à la fois d'un millième en propriété en faveur de l'un, et d'un quart
en nue-propriété en faveur de l'autre.

Vous préjugez donc la question par la question
elle-même ; le second donataire ou légataire dit
qu'il n'y a pas d'excès, et la nature des dons rap-
prochés et adaptés le prouve. Vous lui répondez :

il faut évaluer l'usufruit, pour savoir s'il y a nullité ou excès; c'est-à-dire pour savoir si le don de l'usufruit épuise pour la totalité la portion disponible, ou seulement s'il la diminue.

Vous préjugez donc par cela même qu'il y a inofficiosité en tout ou en partie.

Nous reprocherait-on de tomber précisément dans le défaut dont nous faisons un grief capital à la doctrine contraire, en nous disant : mais c'est vous qui tournez autour d'un cercle vicieux, car vous nous dites que le cumul des deux libéralités n'est pas excessif, et c'est là précisément la question qu'il s'agit de résoudre.

Voici notre réponse: les dons ne peuvent être excessifs qu'à cette condition qu'ils dépasseront les quotités fixées par l'art. 1094, qui sont d'un quart en propriété et d'un quart en usufruit. C'est un point incontestable; or, par la nature même des choses, l'usufruit de moitié accédant à un quart en nue-propriété égale exactement un quart en propriété et un quart en usufruit; la valeur des deux legs est donc nécessairement fixée.

Il faut donc arrêter la Cour de cassation sur le seuil même du débat, et lui opposer cette première barrière qui est infranchissable.

Au lieu de cela, qu'a-t-on fait?

On a disserté sur les bases de l'évaluation; on a examiné jusqu'à quel point les lois transitoires, et plus particulièrement la loi de frimaire an VII (art. 14 et 15) étaient applicables, et l'on ne s'est pas avisé qu'on faisait en cela une concession immense ou plutôt la concession de la thèse toute entière , que c'était désarmer et capituler , avant le combat.

Avant d'examiner les bases de l'évaluation, il faut prouver qu'on a le droit d'évaluer.

La Cour de cassation est obligé de prouver ce droit, car il n'est autre chose qu'une altération, une transformation fictive de l'usufruit ; et le juge ne peut pas ainsi dénaturer l'essence même des choses sans un pouvoir spécial émané de la loi. Ce droit elle ne l'a pas prouvé.

Je pourrais m'arrêter à ces précisions toutes préliminaires , mais pourtant décisives , puisqu'elles sapent par la base la doctrine opposée.

Eh bien ! en continuant la discussion, il me sera facile de prouver , non-seulement que les textes n'autorisent pas l'évaluation en principe , mais encore qu'ils la proscrivent de la manière la plus positive.

L'art. 544 du Code civil a défini le droit de propriété :

« Le droit de jouir et de disposer des choses « dont on a la propriété *de la manière la plus* « *absolue* pourvu qu'on n'en fasse par un *usage* « *contraire aux lois.* »

Or, l'époux qui, libre de disposer en faveur de son conjoint d'un quart en pleine propriété et d'un quart en usufruit, a détaché l'usufruit du quart en pleine propriété, n'en a pas fait un usage contraire à la loi; au contraire, il en a fait un usage conforme aux textes des lois, puisque les art. 899 et 949 du Code, qui sont une émanation directe et nécessaire du droit de propriété l'autorisaient à donner *l'usufruit à l'un* et *la nue-propriété à l'autre*, à partager sur deux têtes, ce qu'il pouvait concentrer sur une seule.

Avant d'examiner les textes qui autorisent cette disposition, fixons-nous bien pour une dernière fois sur la manière dont l'époux forme le lot de l'usufruit de moitié qu'il donne à son conjoint.

Il l'impute d'abord, comme nous l'avons dit, sur le quart en usufruit qui constitue la différence de l'art. 1094 sur l'art. 913.

Ce premier quart n'est évidemment soumis à aucune évaluation, car s'il en était autrement on ne concevrait pas le but du législateur.

Dirait-on : mais ce premier quart introduit en faveur de l'époux spécialement, formant l'excédant de l'art. 1094 sur l'art. 913, est un complément de quotité disponible ordinaire. Il n'est donc permis d'en disposer que lorsqu'on a disposé d'abord de cette quotité.

Cet argument ne serait même pas spécieux.

Sans doute, le quart en usufruit dont nous parlons est un excédant sur la quotité disponible ordinaire ; mais a-t-on voulu que le père de famille ne put pas en disposer avant d'avoir disposé préalablement d'un quart en pleine propriété ? N'avons-nous pas constaté que la quotité disponible de l'art. 1094 était essentiellement divisible ? Ce quart fait donc partie intégrante de la masse, et rien ne pouvait empêcher l'époux d'imputer d'abord ses dispositions sur cet excédant.

Cette imputation est d'ailleurs la conséquence naturelle et forcée des motifs qui ont présidé à l'extension de l'art. 1094.

Le quart en usufruit est venu augmenter la quotité disponible ordinaire en faveur du mariage. — Il est destiné *plus spécialement* à fournir à l'époux le moyen d'acquitter la dette du mariage.

Quand l'époux dispose en usufruit en faveur de son conjoint, n'est-il donc pas, de plein droit, censé faire porter d'abord la libéralité sur la quotité dont nous parlons ?

L'époux n'est-il pas censé vouloir acquitter sa dette avant de faire une donation ?

La jurisprudence n'a pas procédé autrement en interprétant l'art. 845 du Code civil.

Quand on s'est demandé si le renonçant devait imputer le don qui lui avait été fait sur sa réserve ou sur la quotité disponible, on a, après de longs dissentiments, reconnu qu'il fallait faire porter le don d'abord sur la réserve; le père de famille étant présumé avoir voulu, avant tout, payer la dette de la paternité, suivant la maxime : *nemo liberalis nisi liberatus* (1).

Des raisons analogues légitimeront donc l'imputation dont nous venons de parler.

A ce premier quart en usufruit, le donateur ajoute un second quart qu'il a détaché du quart en pleine propriété.

Le pouvait-il?

C'est le cas de citer les textes.

L'art. 898 avait déclaré valables les dispositions connues sous le nom de *substitutions vulgaires*.

Et aussitôt l'art. 899 ajoute : « Il en sera de « même de la disposition entre-vifs ou testamen- « taire par laquelle l'usufruit sera donné à l'un « et la nue-propriété à l'autre. »

De son côté l'art. 949 : « Il est permis au do- « nateur de faire la réserve à son profit ou de « disposer au profit d'un autre de la jouissance « ou de l'usufruit des immeubles donnés. »

L'esprit de la loi n'est pas plus douteux que

---

(1) *Vid.* notamment un arrêt de la Cour royale de Caen du 25 juillet 1837. Sirey, 1837, 2, 436.

ses textes : « dans le cas de l'art. 899 disait le
« tribun Favard, la disposition faite à l'un étant
« bornée à l'usufruit, le donateur a pu disposer
« de la nue-propriété formée en faveur de l'autre.
« *C'est un bienfait qu'il partage entre deux per-*
« *sonnes* (1). »

Que faites-vous maintenant? Par votre système
d'évaluation, vous dites au père de famille qu'en
disposant de l'usufruit, c'est comme s'il avait disposé en pleine propriété jusqu'à concurrence de
ce que vaut l'usufruit comparé à la pleine propriété. Vous lui dites: L'usufruit vaut, en règle
générale, moitié moins que la pleine propriété;
donc, bien que vous n'ayez disposé que de l'usufruit
de moitié, c'est comme si vous aviez disposé d'un
quart en pleine propriété, et vous vous empres-
sez d'en conclure que le don postérieur fait à
l'étranger du quart en nue-propriété est caduc
et non avenu.

Mais comment ne voyez-vous pas que ce système est la négation pure et simple de l'exercice
du droit conféré par les art. 899 et 949 déjà cités?
Qu'il est la violation la plus manifeste de leurs
textes, et qu'il est d'ailleurs destructif de toute
quotité disponible?

Dans l'espèce soumise à la Cour de cassation,

_____

(1) Fenet, 12, 629.

vous n'avez pu évaluer, qu'à la faveur d'une règle générale qui autoriserait cette évaluation ; mais si cette doctrine est générale, si elle est de droit commun, si on peut dire en un mot : l'évaluation partout et toujours, légale dans un cas, elle le sera sans doute dans tous les cas analogues, car ce n'est pas pour une seule espèce qu'on peut la réserver exclusivement.

Elle sera d'abord destructive de la quotité disponible entre époux, car supposez que le don fait à l'époux soit postérieur à celui qui a été fait à l'étranger, les légitimaires diront : Par la première donation, notre auteur a donné à un étranger le quart en nue-propriété ; postérieurement, il a donné l'usufruit de moitié à son conjoint. Or, cet usufruit de moitié vaut le quart en pleine propriété, et la loi n'autorisait pas notre auteur à disposer cumulativement d'un quart en nue-propriété et d'un autre quart en pleine propriété ; par suite, la seconde libéralité est au moins réductible.

Et cependant, on a vu que la Cour de cassation, dans ce cas, reconnaît elle-même la légalité du cumul, et que personne encore n'a contesté sa solution (motifs de l'arrêt du 7 janvier 1824).

L'époux répondrait-il : Non, il ne faut pas évaluer, dans ce cas, parce que le don qui m'a été fait étant postérieur à celui de l'étranger, je pro-

fite de l'extension de l'art. 1094, au lieu que je
n'en profiterais pas dans le cas opposé. Mais nous
dirions : Dans la question de validité du cumul,
lorsqu'il s'agit uniquement d'examiner si l'étranger profite ou ne profite pas du privilége de l'é-
poux, qui peut dire que l'époux n'en profite pas
lui-même, lorsqu'il est le premier gratifié? Qui
oserait affirmer que cette première libéralité aurait eu lieu si le disposant n'eût pas compté sur
l'extension de l'art. 1094?

Sur quoi fonderait-on d'ailleurs cette distinction : Faculté ou plutôt obligation pour le juge
d'évaluer quand le don fait au conjoint est le premier en date; prohibition d'évaluer quand il est
postérieur ou concomitant. — N'est-ce pas là
constituer l'arbitraire le plus abusif? L'application d'un tel système doit amener d'ailleurs aux
conséquences les plus étranges ou tout au moins
à des contradictions manifestes. Il est facile de le
démontrer :

L'époux a donné par contrat de mariage à son
conjoint l'usufruit de la moitié de ses biens; le
lendemain, il lui fait un don du quart en nue-
propriété. Evaluerez-vous dans ce cas? — Mais
si vous évaluez vous êtes obligés d'arriver à cette
conclusion que l'époux ne peut pas par deux dons
successifs donner à son conjoint l'entière quotité
disponible de l'art. 1094, vous bouleversez

tous les principes en matière de quotité disponible; et si vous n'évaluez pas, quand le don de
la nue-propriété est en faveur de l'époux, pourquoi
l'auriez-vous fait s'il eût été attribué à un enfant
ou à un étranger; mais c'est dire que toute la
quotité disponible de l'art. 1094 est exclusivement affectée à l'époux; c'est nier qu'elle soit divisible entre l'époux et l'étranger pour toute la
portion en pleine propriété.

Autre exemple:

Le disposant n'a qu'un seul enfant: il peut
donc disposer de la moitié en pleine propriété.
Il a donné à son conjoint l'usufruit de la moitié
par contrat de mariage; plus tard, il a donné la
moitié en nue-propriété à un étranger; il n'a pas
assurément excédé la quotité disponible; personne, je crois n'oserait le dire, à moins de nier
qu'on peut donner l'usufruit à l'un et la nue-
propriété à l'autre; ou de soutenir que l'usufruit
de moitié et la nue-propriété de moitié valent
plus que la moitié en toute propriété. Et néanmoins le don de l'étranger sera réductible: l'enfant réservataire va s'armer des arrêts de la
Cour de cassation et dire: L'usufruit de moitié
donné à l'époux équivaut à un quart en pleine
propriété; or, le disposant n'a pu donner un
quart en pleine propriété à l'un et une moitié en
nue-propriété à l'autre; il faut donc réduire. Que

répondrait l'étranger? Qu'on doit évaluer quand il s'agit de l'art. 1094 et non pas lorsqu'il s'agit de l'art. 913? Que le système de l'évaluation est légal quand il y a trois enfants, et illégal quand il n'y en a qu'un? Voilà pourtant où il faut nécessairement arriver...

Et si Goyne, dans l'espèce de l'arrêt de la Cour de Lyon, eût donné à sa femme le quart en usufruit seulement, vous auriez donc dit : Ce quart vaut un huitième en pleine propriété ; or, le défunt ne pouvait donner un huitième en pleine propriété à son épouse et un quart en nue-propriété à son fils ; donc, vous auriez encore réduit le legs fait à ce dernier. — Ou bien encore si Goyne avait donné à son épouse l'usufruit du quart et à son fils la pleine propriété d'un autre quart, aurait-on évalué l'usufruit donné à l'époux?

Et ce n'est pas seulement quand il y aura concours de libéralités faites à un époux et à un étranger, que la théorie contre laquelle nous nous élevons, est destructive de la quotité disponible, elle l'est encore dans les cas ordinaires et les plus simples.

Le disposant meurt à la survivance de trois enfants, sans avoir fait aucune libéralité à son conjoint, et laisse un patrimoine de 100,000 francs. Il a donc pu disposer d'un quart en pleine propriété c'est-à-dire de 25,000 fr. ; usant du droit

que lui conférait la loi, de donner la pleine propriété à une seule personne, ou de donner l'usufruit à l'un et la nue-propriété à l'autre, il a opté
pour ce dernier parti; par un premier acte irrévocable, il a donné l'usufruit à *Primus*, et le lendemain la nue-propriété à *Secundus*. Il n'a disposé
en réalité que de 25,000 fr. en pleine propriété,
ses enfants n'ont donc pas à se plaindre, puisque
leur réserve est intacte. Et cependant, à la faveur
des doctrines de la Cour régulatrice, de cette *base
généralement établie*, dont elle parle dans son
arrêt du 24 juillet, ils feront réduire la seconde
libéralité en disant : que l'usufruit du quart équivaut à un huitième en pleine propriété, et que
leur auteur n'a pu disposer cumulativement de
ce huitième en pleine propriété, et d'un quart en
nue-propriété. Il serait difficile à la Cour de cassation de repousser la demande en réduction.

Et non-seulement cela sera vrai dans les dispositions faites dans plusieurs actes successifs, mais
encore lorsqu'elles seront faites dans un seul et
même acte.

L'évaluation est donc la violation formelle des
art. 544, 899, et 949 du Code civil combinés; elle
est destructive non-seulement de la quotité disponible entre époux, mais encore de la quotité
disponible ordinaire. — Il faut rayer du Code les
articles prémentionnés ou rejeter, dans les espèces

que nous agitons le système de l'évaluation ; car avec ce système ils ne sont plus qu'un piége tendu à la bonne foi du père de famille.

L'arbitraire dont cette théorie est infectée, devient plus palpable encore, si au lieu de dons de quotités correspondantes en usufruit et en nue-propriété, on a légué des corps certains et déterminés, par exemple, l'usufruit d'une maison à l'un et la nue-propriété à l'autre. L'identité entre l'objet des deux libéralités étant plus frappante parce qu'elle se matérialise et se laisse pour ainsi toucher du doigt, démontre encore mieux, s'il est possible, combien il est abusif d'évaluer ce que vaut l'usufruit de la maison par rapport à la nue-propriété de la même maison.

Les textes du Code civil, repoussent donc l'évaluation.

Son esprit est en harmonie avec ses textes, et la répulsion est dans la lettre comme dans les intentions.

Ces intentions, je les trouve dans les travaux préparatoires du Code, dans ceux qui ont eu pour objet les textes qui sont devenus des lois, comme dans les dispositions dont la suite de ces mêmes travaux nous a privés.

Je m'explique :

On n'a pas oublié ce qui s'est passé lors des travaux préparatoires, au sujet des gains de survie

légaux. Supprimés par la loi de nivôse an II, ils
se reproduisirent en messidor de l'an IV, dans
le projet formulé par Cambacérès. Mis de nouveau à l'écart par le projet Jacqueminot et par le
premier projet du gouvernement, ils sont repris,
d'après les observations du tribunal d'appel de
Lyon, dans le second projet. D'après l'intention
de ses auteurs, l'art. 40 de ce projet, au titre *des
Successions*, est destiné à donner de plein droit à
l'époux survivant le tiers de l'usufruit des biens
du prédécédé.

Le procès-verbal officiel de la séance du 7 nivôse an XI et le témoignage postérieur et si imposant de M. Maleville, déposant sur un fait qui
lui était personnel, attestent que dans les idées
de la section du Conseil-d'Etat, l'art. 40, devenu
l'art. 754 du Code, accordait à l'époux survivant
l'usufruit du tiers sur les biens du prédécédé. Et
il ne pouvait y avoir aucune équivoque dans les
intentions exprimées, car l'interpellation adres-
sée par M. Maleville à M. Treilhard, eut lieu, à
propos de la discussion du chap. IV qui traite de
la *Succession déférée au conjoint survivant*, et
après l'adoption de l'article correspondant à l'art.
767 qui portait que, « les époux ne sont appelés
« à se succéder qu'à défaut de parents. » On rappelle l'ancienne jurisprudence au sujet des gains
de survie coutumiers, et surtout des droits attri-

23

bués au conjoint pauvre ; M. Maleville, se plaint de ce qu'on n'a pas maintenu cette jurisprudence, et le rapporteur du projet lui répond, que par l'art. 40, on lui a accordé l'usufruit du tiers des biens.

On se trompait donc sur la portée de l'article, mais du moins, les intentions n'étaient pas douteuses; nous en avons pour garants MM. Maleville et Treilhard. Or, c'est de ces intentions seulement, que nous voulons argumenter.

C'était le 7 nivôse an XI, que cela se passait.

Le 21 pluviôse suivant, la quotité disponible ordinaire, est fixée d'après l'amendement du consul Cambacérès, telle qu'elle est écrite dans l'art. 913 du Code.

Enfin, le 27 ventôse, l'art. 172 devenu l'art. 1094, est adopté sans discussion.

Dans les intentions du Conseil-d'Etat, les gains de survie légaux, que l'on supposait fixés par l'art. 40 déjà noté, au tiers de l'usufruit, n'excluaient donc ni les gains de survie conventionnels, ni la quotité disponible ordinaire. Je n'examine pas ici comment il aurait fallu les concilier et les combiner, si l'art. 40 (754 du Code) n'avait pas trahi la pensée du Conseil, mais tout ce que je sais bien, c'est que par cela seul que la loi aurait elle-même payé la dette du mariage, elle ne voulait pas frapper les époux d'une interdic-

tion absolue; et ce qu'il y a de plus vraisemblable, c'est que le tiers en usufruit formant les
gains de survie légaux, aurait frappé sur la nue-
propriété de la quotité disponible ordinaire, de
telle sorte, que le donataire ou le légataire de
cette quotité n'en aurait joui pour la totalité qu'a-
près l'expiration de l'usufruit légal du survivant
des époux.

Ce que je sais très bien encore, c'est qu'il ne
serait venu à l'idée de personne d'évaluer le don
de l'usufruit en pleine propriété pour l'imputer
sur la quotité disponible ordinaire; car, si on eût
dit, comme on le dit aujourd'hui, que l'usufruit
du tiers valait le sixième en propriété et que ce
sixième était imputable sur la propriété de la quotité disponible, il en serait résulté que l'époux
prédécédé, n'ayant qu'un enfant, n'aurait pu disposer en faveur d'un étranger que de quatre
douzièmes; celui qui en avait deux, que de deux
douzièmes; celui qui en avait trois, que d'un douzième seulement, ce qui aurait constitué la ruine
de la quotité disponible ordinaire. Ce résultat
était démenti d'avance par l'économie de tous les
projets, et l'ensemble des délibérations du conseil
d'État.

Pourquoi donc lorsque les gains de survie conventionnels, de l'usufruit de moitié, ne sont
établis que pour tenir la place des gains de survie

légaux que le Code n'admit pas par ses textes, mais qu'il admettait dans l'intention de ses auteurs, se livre-t-on à l'évaluation que nous combattons, lorsqu'elle a pour conséquence immédiate de détruire la quotité disponible ordinaire?

L'esprit des textes du Code, que j'appellerai des textes *putatifs*, pour traduire convenablement ce qui s'est passé dans la séance du 7 nivôse an XI, est d'ailleurs parfaitement d'accord avec l'esprit des textes *réels*, de ceux qui sont arrivés à bon port.

On connaît la teneur de l'art. 917 qui veut que : « Si la disposition par acte entre-vifs ou par tes- « tament est d'un usufruit ou d'une rente viagère « dont la valeur excède la quotité disponible, les « héritiers au profit desquels la loi fait une réser- « ve auront l'option, ou d'exécuter cette dispo- « sition, ou de faire l'abandon de la propriété « de la quotité disponible. »

Ce qu'il y a de remarquable, c'est que ce texte ne figurait pas, comme on l'a déjà vu, dans le premier projet du gouvernement et qu'il ne fut introduit que dans le second, sous le numéro 19, où il remplaça l'art. 17 dont il a été déjà parlé, et qui déclarait que l'on ne pouvait disposer en usufruit ou en revenu que d'une portion égale à celle dont on pouvait disposer en pleine propriété.

Cet art. 17 du premier projet ne peut s'expliquer, comme l'art. 917 qui a pris sa place, qu'en
remontant aux traditions du passé.

Les legs d'usufruit ou de prestations alimentaires, avaient donné lieu à des difficultés sérieuses dans le droit romain, lorsqu'on eut déterminé
la part dont le testateur ne pouvait disposer au
préjudice de ses héritiers. Il était assez naturel
qu'un débat s'élevât entre l'héritier auquel le
quart du patrimoine était réservé, et les légataires de l'usufruit ou de prestations viagères, par
exemple de provisions ou de pensions alimentaires, pour savoir si ces usufruits ou provisions
dépassaient ou non la valeur des trois quarts du
patrimoine, et si l'action en réduction était admis-
sible ou ne l'était pas.

Les jurisconsultes se préoccupèrent vivement
de ces difficultés, et sous le règne d'Alexandre,
Æmilius Macer crut devoir fixer la valeur des legs
d'usufruit ou d'alimens, en échelonnant cette
valeur d'après le nombre des années du légataire
à qui ils étaient attribués (1).

Dans notre ancienne jurisprudence, les mêmes
difficultés se reproduisirent aussi, et l'on vit surgir entre les jurisconsultes une controverse des

---

(1) *Frag.* 68, *ad legem falcidiam.*

plus sérieuses, sur l'autorité qu'il fallait accorder aux fragmens des jurisconsultes romains.

Il faut convenir qu'aucune thèse n'était plus propre à devenir l'objet de vives et de nombreuses disputes que celle qui tendait à donner une règle uniforme d'appréciation à des valeurs aussi variables que l'usufruit; car sa valeur est en raison de sa durée; sa durée est attachée à la longévité de l'usufruitier, et rien n'est aussi incertain que la vie des hommes.

Aussi ce fut comme une confusion de langues.

Les uns proposaient de s'en tenir aux textes du droit romain; les autres au contraire proposaient de conserver les bases de ces textes prises dans l'âge de l'usufruitier, mais en calculant autrement les chances de la durée ou la valeur de l'usufruit. Ceux-ci enseignaient qu'il fallait s'en tenir à l'ordonnance de Charles VI, qui estimait dans tous les temps et dans tous les âges l'usufruit au tiers de la propriété; ceux-là, qu'il était préférable de l'évaluer d'une manière uniforme à la moitié de la propriété, suivant les erremens de certaines coutumes, et notamment de la coutume de Bretagne.

Ces controverses, dans lesquelles on vit Dumoulin apporter une aigreur dont il ne savait pas assez se défendre contre ses adversaires, se produisaient surtout quand il s'agissait de fixer les proportions dans lesquelles l'usufruitier et le propriétaire devaient contribuer au paiement des dettes. C'était, disait Henrys, une question *fort intriguée* que de savoir comment l'usufruitier devait contribuer aux dettes ; et il énumère à ce sujet, assez longuement, tous les dissentiments dont cette question était devenue le sujet (1).

La question par rapport aux légitimes, dans les cas de libéralités excessives ou inofficieuses, semblait se compliquer encore par de nouvelles difficultés. Elle ne se présentait pas seulement dans le cas de réduction de dispositions immodérées qui étaient entr'elles en état de collision, mais encore toutes les fois qu'un seul donataire ou légataire d'usufruit, de prestations, ou d'un droit qui grevait l'hérédité se trouvait en présence des légitimaires.

On demandait, par exemple, si le fils n'était pas obligé de se soumettre à la disposition du père lorsque la charge d'usufruit était d'ailleurs compensée par l'avantage d'une plus grande quotité qui lui était laissée en propriété. Les uns

---

(1) On peut consulter sur ce point : Lebrun, *Des Successions*, page 83, n° 22 ; — Bacquet, *Des Droits de Justice*, chap 21, n° 59 ; — Mornac, sur la loi 68, ff *ad legem falcidiam* ; — Dumoulin, *Traité des usures*, 475, 476, 477. Henrys, t. 3, page 926, 927, liv. 6, quest. 59.

soutenaient que dans ce cas, le fils n'avait d'autre droit que celui d'opter pour s'en tenir à sa quotité légitimaire et l'avoir franche de toute charge d'usufruit, sans rien demander de plus dans la succession paternelle. D'autres voulaient, au contraire, que le fils fût d'abord admis à revendiquer sa légitime, dégagée de tout usufruit, et qu'après avoir reçu ce premier objet, comme un à compte, il pût encore, lors de la cessation de l'usufruit légué, exiger le surplus des biens compris dans la disposition paternelle (1).

La révolution de 1789 trouva les choses dans cet état.

Sous son règne, la loi de nivôse donna lieu à des questions et à des pétitions nombreuses; quelques-unes furent soumises le 22 ventôse an II à la Convention nationale. La première pétition tendait à ce que les règles propres à l'estimation des avantages en propriété ou en usufruit, s'appliquassent à celles qui participaient de l'un et de l'autre. La Convention répondit: « que cette « pétition ne présentait aucun doute raisonnable; qu'ainsi et dans le cas proposé, la propriété, d'un fonds de cinq mille livres et l'usu-« fruit d'un autre fonds de dix mille livres, ne

---

(1) Proudhon, *Des Droits d'usufruits*, 1, 335.

« représentaient ensemble qu'une libéralité éva-
« luée au capital de dix mille livres (1). »

Le 13 pluviôse an VI, une loi relative à l'achat des rentes viagères, créées pendant la durée du papier-monnaie, adopta la même base, et bientôt après la loi de frimaire an VII, sur l'enregistrement, vint de plus fort confirmer les mêmes errements.

On se trouvait ainsi à la veille des travaux préparatoires du Code civil. En présence de ces traditions, que firent les rédacteurs du projet primitif ? — Ils rencontraient, naturellement et comme par le passé, la difficulté sur deux points différents; dans le titre de *l'usufruit,* et dans celui des *donations* au chapitre de la *quotité disponible*. En ce qui concerne l'usufruit, ils déclinent d'une manière complète la théorie de l'évaluation pour fixer la part contributoire de l'usufruitier et du nu-propriétaire, aux dettes, et pour couper court à toute controverse sur la valeur de l'usufruit, ils proposent de décider : « qu'on « estimera la valeur du fonds sujet à l'usufruit « et qu'on fixera ensuite la contribution en raison « de cette valeur; que si l'usufruitier veut avancer « la somme pour laquelle le fonds doit con-

---

(1) Duvergier, 7, 123.

« tribuer, le capital lui en est restitué à la fin
« de l'usufruit sans aucun intérêt. Que si l'usu-
« fruitier ne veut pas faire cette avance, le pro-
« priétaire à le choix ou de payer la somme, et
« dans ce cas, l'usufruitier lui tient compte des
« intérêts pendant la durée de l'usufruit, ou de
« faire vendre jusqu'à due concurrence une por-
« tion des biens soumis à l'usufruit. »

Cette proposition est devenue l'art. 612 du
Code civil.

Dans le chapitre de la *Quotité disponible*, on
retrouve le même désir de prévenir tous les
dissentiments qui s'étaient élevés sous l'ancien
droit, et dont le souvenir était vivant encore pour
les rédacteurs du Code; ils proposèrent l'art. 17
ainsi conçu et déjà cité :

« On ne peut disposer en usufruit ou en re-
« venu que d'une portion égale à celle dont on
« peut disposer en pleine propriété. »

Cependant le tribunal d'appel de Toulouse,
aux idées duquel s'associait le tribunal d'appel de
Limoges (1), fait observer que par cette innovation
le disposant pourra se trouver souvent dans l'impossibilité de reconnaître un service précieux.

Cette observation appelle de nouveau l'attention des commissaires du gouvernement sur cet

---

(1) Fenet, 4, page 47.

article, et dans le second projet, on le fait dis-
paraître; mais comme la main-levée de cette
prohibition de donner en usufruit au-delà de ce
qu'on pourrait donner en propriété, ne manquerait pas de ressusciter des difficultés qu'il fallait à tout prix éviter, on a le soin d'indiquer
aussitôt un moyen sûr de les prévenir et la disposition fut remplacée par l'article devenu l'arti-
ticle 917.

Je le demande maintenant, en présence de ce
rapprochement des traditions du droit ancien avec
les textes modernes, de ces disputes interminables
de la jurisprudence précédente au sujet de l'évaluation de l'usufruit, mises en regard d'un droit
si simple et si facile, n'est-il pas évident, plus évident que la lumière du jour, que le Code à voulu
trancher jusque dans leurs dernières racines,
toutes les controverses qui avaient eu lieu sur
des questions si vivement *intriguées,* pour nous
servir des expressions d'Henrys ?

Ce n'est pas, comme on le voit, un seul texte
que nous invoquons, ce sont tous les textes du
Code afférents à cette matière, l'art. 612 comme
l'art. 917. Les difficultés se représentaient sur
deux points, et sur ces deux points elles sont
désormais impossibles. Il n'y a donc pas eu seulement un plan partiel de réforme, mais bien un
système complet, approfondi, longuement pré-

médité. — Que pouvaient faire de plus les législateurs de nos jours pour témoigner leurs antipa-
thies à l'égard du système de l'évaluation ?

Les lois transitoires, et surtout la loi fiscale
du 22 frimaire an VII, la consacrent ; les auteurs
du Code, au contraire, lui refusent tout accès, et
sur les divers points où ils la rencontrent dans
les matières du Droit civil, ils adoptent des systèmes qui lui sont hostiles.

Ces faits sont décisifs.

C'était là, le grand avantage de la situation
dans laquelle les rédacteurs du Code civil se trouvèrent placés. Appelés à doter la France d'une
législation uniforme, à une époque où sa jurisprudence était depuis long-temps formée, où son
droit s'était élaboré par l'effet des phases diverses
de civilisation qu'il avait traversées, et qui avaient
dessiné ses défauts comme ses qualités, ce qu'il
offrait d'incomplet ou d'exubérant, ils ont pu profiter des enseignements de ce passé auquel ils
appartenaient tous, et qu'ils avaient étudié de si
près. Les législateurs d'un peuple naissant ou ado-
lescent, sont nécessairement obligés de faire des
essais hasardeux, de se livrer à des tatonnements
souvent funestes ; leur marche est incertaine et
vacillante. Mais ceux qui donnent des lois à une
nation qui a déjà vécu plusieurs âges de peuple,
surtout quand cette nation a porté dans son sein

des jurisconsultes habiles, appartenant à des écoles différentes, et qui avaient exploré le droit en sens divers, ceux-là peuvent offrir plus de sûretés. L'expérience et l'observation sont pour eux des guides certains, et soit qu'ils maintiennent les institutions existantes, soit qu'ils les modifient ou qu'ils s'en éloignent, ils agissent à coup sûr, et leurs intentions, dans aucun cas, ne peuvent être douteuses.

On peut bien équivoquer sur l'intention d'un texte d'institution toute nouvelle; mais quand il s'agit d'une disposition qui a voulu prévenir les inconvénients d'un ordre de choses existant, et rompre avec ce droit déjà fort ancien, aucun doute ne peut s'élever. Aussi, voyons-nous qu'il y a eu unanimité de la part des auteurs qui ont écrit sur nos lois en ce qui touche l'esprit de l'art. 917, qui contraste avec les dissidences si variées et si profondes qui s'étaient auparavant formulées. Nous nous bornerons à citer M. Toullier, dont les paroles ont été reproduites par tous ceux qui sont venus après lui : « Sur cet art. (917), comme « dans l'art. 612, et en *toute autre occasion*, le « Code a voulu éviter les difficultés que présente « une évaluation qui dépend de la durée de la vie « de l'usufruitier et de leur nombre. »

« S'il avait exigé cette évaluation préalable, « il en aurait tracé les règles, sur lesquelles on

« n'était point d'accord dans l'ancienne jurispru-
« dence (1). »

Les théories de l'évaluation, dans les cas prémentionnés, avaient fait leurs preuves, elles
étaient essentiellement vicieuses, les rédacteurs
du Code civil, ont donc voulu les proscrire.

Que fait cependant la Cour suprême? au lieu
d'entrer en communion avec les principes du
nouveau législateur, elle vient les heurter de la
manière la plus formelle par son système d'évaluation aussi contraire à l'esprit, qu'aux textes de
la loi.

Il y a donc entre nos théories et celles de la
Cour suprême, non pas une différence, non pas
une distance, mais un abyme.

La Cour de cassation ne se borne pas à dire
que le juge *peut* évaluer; dans son arrêt du 24
juillet 1839, elle décide qu'il *doit* évaluer; et en
l'absence de toute évaluation de sa part, elle déclare que l'usufruit est censé valoir, de plein
droit, la moitié moins en propriété.

Voilà son système.

Le nôtre est tout-à-fait contraire, et nous disons avec les textes et avec l'esprit: non-seulement le juge n'est pas autorisé à évaluer dans

_____

(1) Tome 5, page 155, n° 142.

l'espèce, mais même il lui est défendu d'évaluer.

Selon la Cour de cassation, l'évaluation est une règle générale; selon nous, au contraire, en règle générale on ne peut évaluer.

Cependant toute règle a ses exceptions, et l'examen de celles que comporte la nôtre, va puissamment contribuer à mettre encore mieux en relief le caractère et la portée de nos théories.

Nous repoussons l'évaluation quand, de la nature même et de la quotité des deux libéralités, dont les valeurs sont certaines, comparées à la loi qui les régit, il résulte qu'il n'y a pas excès dans le concours de deux dispositions.

Mais toute les fois que par leur collision ou leur conflit les quotités sont supérieures à la portion disponible fixée par la loi, ou bien que par leur nature même et les droits dont se compose la libéralité, leur valeur n'est pas certaine, nous reconnaissons alors, non-seulement qu'il est permis, mais qu'il est nécessaire d'évaluer.

Ainsi dans notre espèce, supposez que Goyne eût donné par préciput à son fils au lieu du quart en nue-propriété, le quart ou le tiers en pleine propriété, il y avait incontestablement excès dans le cumul de l'une de ces libéralités et de celle faite à la veuve, et une quotité d'usufruit ne pouvant s'adapter et se combiner avec une part en pleine propriété, on était tout-à-fait en dehors des ter-

mes de l'art. 1094; la réduction de la seconde libéralité, était donc nécessaire, et l'on n'avait pas
besoin d'évaluer l'usufruit pour savoir qu'il y avait
excès, cela résultait de la nature même des choses. Mais pour fixer la réduction de la seconde libéralité, de manière à en former un lot en pleine
propriété, conformément à la volonté du disposant, l'évaluation devenait nécessaire.

La loi ayant admis la réduction dans l'intérêt
des légitimes, elle a dû autoriser les moyens *nécessaires* pour arriver à cette réduction. On ne
peut plus invoquer ici les art. 899 et 949, puisqu'il n'y a aucun rapport entre l'usufruit d'une
part et la pleine propriété de l'autre. Ce sont alors
deux libéralités parfaitement distinctes, séparées,
indépendantes l'une de l'autre, et qui par leur
accession ou leur cohésion, ne peuvent former un
tout d'une même nature.

Que si Goyne avait encore donné à sa femme
une pension à titre de gain de survie, ou constitué en sa faveur une rente viagère, et donné
plus tard à son fils la nue-propriété ou la pleine
propriété d'une partie de sa succession; ou bien
si, maintenant le don de l'usufruit de moitié en
faveur de sa femme, il avait donné des pensions
ou des rentes viagères à titre de préciput à l'un
de ses enfants ou à un étranger, l'évaluation était
dans ces divers cas encore indispensable.

Pourquoi?—Parce que l'usufruit, mis en rapport avec des rentes, des pensions, des prestations d'une autre nature, n'a plus alors de valeur
certaine : ce sont là tout autant d'éléments divers
qu'il faut apprécier séparément; on peut bien les
juxta-poser, les tourner et les retourner en tous
sens, mais on ne parviendra pas à en former un
tout homogène. On ne peut arriver à ce résultat
que lorsque l'usufruit, démembrement naturel et
normal de la propriété, se réunit et s'adapte par
une juxta-position naturelle à une quotité correspondante en nue-propriété.

Quand le disposant a mis en rapport des quotités en usufruit qui viennent s'identifier et se confondre avec des quotités correspondantes en nue-
propriété, le père de famille a droit de se plaindre qu'on traduise en pleine propriété sa disposition en usufruit, et peut dire avec raison qu'on
la dénature contrairement à sa volonté; que la loi
qui l'autorisait à disjoindre lui a tendu un piège,
puisqu'il n'a pu user de ce droit qu'à la condition de voir plus tard ses libéralités réduites. Mais
lorsqu'il a dépassé la quotité disponible, ou lorsqu'il a donné ou légué des droits incorporels dont
la valeur n'est pas certaine, il a dû s'attendre nécessairement à des évaluations, soit pour la réduction à laquelle il a donné lieu, soit pour rechercher si les libéralités étaient ou non excessives.

24

Dans ce dernier cas, il ne peut imputer qu'à lui-même ce qui est arrivé.

Et c'est en nous plaçant à ce point de vue qui détermine toute la différence qui sépare l'exception de la règle que nous expliquons facilement les arrêts de la Cour de cassation de 1815, 1824 et 1837.

De quoi s'agissait-il dans le premier arrêt? Du concours d'un don de l'usufruit de moitié fait par la veuve Cazes au sieur Hocquart son second mari, et du legs d'un quart en propriété fait à Françoise Hocquart sa fille du second lit. La dame Hocquart, ayant des enfants du premier lit, n'avait pu aux termes de l'art. 1098, donner à son nouvel époux qu'une part d'enfant légitime le moins prenant, et dans l'espèce cette portion était du quart. La cause n'était donc pas régie par l'art. 1094, mais uniquement par l'art. 1098 spécial au cas de secondes noces, ainsi que le fit très bien observer M. Toullier dans la nouvelle édition, tome 5, de son *Traité* (1).

D'autre part, on doit faire cette observation qui échappait à M. Toullier, que l'usufruit de la moitié donné au second époux, ne pouvait s'adapter à un quart en pleine propriété légué à la fille du second lit, et celle-ci n'avait pas consenti à se

---

(1) Pages 784 et suivantes, n° 871 *bis*.

réduire à la nue-propriété. L'évaluation de l'usufruit était donc indispensable, pour savoir si la seconde libéralité était nulle, ou seulement réductible.

Mais si la veuve Cazes n'avait donné qu'un quart en usufruit à son nouvel époux, et un quart en nue-propriété à sa fille du second lit, on ne pouvait évaluer sans nier, ou rendre impossible, par cela seul, le droit de disjonction établi dans les art. 899 et 949 du Code civil, droit issu des entrailles mêmes de la propriété.

Dans l'espèce du second arrêt, Rouxelle ayant donné à son épouse, l'usufruit de la moitié de ses biens, donna plus tard à deux autres personnes des rentes viagères en argent et en blé. La Cour de Paris, pour savoir si les deux libéralités étaient excessives, évalua l'usufruit. Elle en avait le droit, parce que l'on ne pouvait savoir autrement si la demande en réduction était ou non fondée. Le procès fût mal jugé au fond, parce que les donataires des rentes n'opposèrent pas aux légitimaires des moyens péremptoires pris de l'art. 917 du Code civil. Ils pouvaient dire en effet à ceux-ci : vous prétendez que les dons cumulés excèdent la quotité disponible de l'art. 1094; eh bien! usez de l'option que vous donne l'art. 917, offrez-nous le don de la propriété de la quotité disponible et vous serez rédimés de l'usufruit et du paiement de toutes les rentes: vous ne profitez pas de ce moyen que la loi vous ouvre, vous vous refusez à l'abandon, subissez donc les libéralités dans toute leur étendue.

Les donataires ne songèrent pas à se servir de cette exception, qui, comme on le voit, était décisive.

La Cour de Paris, dut alors nécessairement évaluer l'usufruit. La valeur des divers dons ou legs qui avaient été faits, était tout-à-fait inconnue, et il n'y avait pas d'ailleurs entre eux cette concordance, qui ne peut exister qu'entre les dons d'usufruit et de nue-propriété, concordance qui traduit aussitôt et rend visible pour tous leur valeur réelle, et permet de décider si la quotité disponible est ou non excédée.

Dans le troisième arrêt, celui du 21 mars 1837, la dame Gory avait donné à son époux, l'usufruit de la *totalité* de ses biens : plus tard, elle avait légué à son fils un quart en nue-propriété. Sur la demande en réduction, les légitimaires omettant de leur côté un moyen décisif, comme nous avons vu, dans l'espèce précédente, les défendeurs à la réduction en omettre un de même nature, ne songèrent pas à opposer au préciputaire l'art. 921 du Code civil, ainsi conçu:

« La réduction des donations entre-vifs, ne « pourra être demandée que par ceux au profit

« desquels la loi fait la réserve, par leurs héri-
« tiers ou ayant- cause : *les donataires*, *les léga-*
« *taires* ni les créanciers du défunt, ne peuvent
« ni demander cette réduction, *ni en profiter.*

Cet article était évidemment applicable au procès soumis à la Cour de Limoges, et suffisait aux
légitimaires pour trancher la difficulté et faire déclarer la caducité des legs.

En effet, le don contractuel fait par la dame
Gory de l'usufruit de la totalité de ses biens
était évidemment excessif. Il y avait donc lieu à
une réduction en faveur des enfants, et il était
dès-lors manifeste que cette réduction ne pouvait
profiter au préciputaire dont le legs était inofficieux, puisqu'il avait été fait à une époque où
la testatrice avait déjà excédé la quotité disponible.

Au lieu de cela, on aima mieux plaider le système de l'évaluation de l'usufruit réduit à moitié,
système qui fut consacré par la Cour, et le pourvoi fut rejeté par la Cour suprême.

Sans doute, si l'époux n'avait pu recevoir à
cause de l'incapacité résultant, par exemple, des
secondes noces, qu'une partie de la quotité disponible du droit commun, la libéralité qu'il aurait reçue, n'aurait pas empêché la testatrice d'en
donner le complément à un autre. L'art. 921
n'aurait pas été applicable, car il n'a pas été fait

pour empêcher le père de famille de disposer de la quotité disponible ordinaire, et aussi devons-nous approuver, en ce cas, l'arrêt de la Cour de Grenoble, du 19 mai 1829 (1), qui le décida ainsi. Mais puisque l'époux n'était pas incapable, puisqu'il avait pu recevoir toute la quotité disponible de l'art. 1094, l'art 921, devenait applicable par majorité de raison. Et c'était le cas du procès soumis à la Cour royale de Limoges. Ainsi, il y eût bien consécration du système de l'évaluation, mais il était en dehors des faits de la cause, et l'arrêt ne peut avoir par suite une grande autorité doctrinale.

L'arrêt de la Cour d'Agen, du 30 août 1831, a été rendu dans une espèce identique.

Le second arrêt de la Cour de Limoges, de 1837, est aussi étranger à la question que nous traitons, puisqu'il a été rendu, comme celui de la Cour de Toulouse, de 1813, dans un cas de secondes noces (2).

Il n'y a donc jusqu'ici, à vrai dire, au moins d'après les receuils de jurisprudence, qu'un seul arrêt de la Cour de cassation rendu dans notre espèce, et l'arrêt de la Cour de Besançon qui,

---

(1) Dalloz; 1830-2-27.
(2) Album judiciaire de 1837, 208.

sur le renvoi, a prononcé dans un sens conforme
à celui de la Cour suprême.

Cette dernière Cour se laissa pourtant influen-
cer par sa propre jurisprudence, et il est à
regretter qu'elle ne se soit pas pénétrée de la distance immense qui séparait toutes les espèces
qu'elle avait jugées jusqu'alors, de celle qui lui
était soumise à la suite du pourvoi dirigé contre
l'arrêt de la Cour de Lyon.

La distinction se réduit donc à des termes fort
simples. En thèse générale, n'évaluons pas; ne
nous livrons à cette opération que lorsque la force
des choses le rendra indispensable (1); lorsqu'il
faudra réduire des libéralités qui, par leur collision sont évidemment inofficieuses par leurs quotités apparentes, ou bien lorsqu'il faudra rechercher si des donations portant sur des droits
incorporels dont la valeur est inconnue, tels que
des pensions, des alimens, des rentes viagères
ou autres prestations, sont ou non excessives

Dans ces cas exceptionnels, nous ne procé-
derions pas d'ailleurs comme la fait jusqu'ici la
jurisprudence.

---

(1) Si la loi de frimaire an VII adopte une règle uniforme
d'évaluation, c'est aussi par *nécessité*, car à chaque mutation
d'un droit d'usufruit on ne pouvait faire procéder à des appréciations individuelles.

Pour évaluer l'usufruit, nous aurions égard principalement à trois choses : à l'âge de l'usufruitier ; aux chances probables de sa longévité, et aux charges dont l'usufruit est grevé, soit en vertu des dispositions de la loi, soit en vertu des dispositions de l'homme, charges dont le fardeau est encore plus ou moins lourd selon la nature et l'état des biens soumis à l'usufruit. Par suite, nous déserterions cette voie devenue routinière dans laquelle la jurisprudence s'est traînée jusqu'ici, en l'évaluant à la moitié du fonds.

La loi du 22 frimaire an VII, (art. 15 § 7 et 8) adopte, il est vrai, cette estimation uniforme ; mais il est convenu que cette loi fiscale n'a rien d'obligatoire dans les rapports d'intérêt de particulier à particulier. M. Toullier l'avait fait remarquer le premier (1), et, de nos jours, M. Proudhon (2) s'est exprimé à cet égard de la manière suivante : « Il n'y a aucune disposition dans « nos lois qui fixe la valeur comparative de l'u« sufruit et de la propriété, si ce n'est en ce qui « touche au droit d'enregistrement, pour la per« ception duquel, en cas de mutation, l'usufruit « est considéré comme valant la moitié du fonds. « Mais si cette estimation, qui n'est faite que

---

(1) 5, page 155.
(2) *Des Droits d'usufruit*, n° 364.

« dans l'intérêt du fisc, peut être invoquée *pour*
« *exemple et comparaison*; il est *évident* qu'elle
« ne peut être prise pour règle générale dans
« l'intérêt des citoyens entre eux; car si l'usu-
« fruit légué à un homme de vingt ou trente ans
« peut valoir la moitié du fonds, il serait *absurde*
« d'en dire autant de celui qui serait légué à
« un vieillard de quatre-vingt-dix ans. »

Les tribunaux ont bien reconnu que les lois
transitoires et la loi de frimaire n'avaient rien
d'obligatoire; mais chose étrange! et qui nous
a frappé, ils se sont toujours conformés à leurs
dispositions, et nous n'avons pu rencontrer encore
un seul arrêt qui se soit affranchi de leur autorité. Ils disent bien que ce n'est pas un joug
dont ils ne puissent se délivrer; mais, en fait,
ils l'ont toujours porté jusqu'ici. Il n'est pourtant
pas probable que, dans toutes les causes déjà
jugées, les usufruitiers eussent tous le même
âge, la même santé, qu'ils présentassent tous les
mêmes chances de vie, qu'ils fussent tous soumis
à des charges identiques, soit en raison de la
nature ou de l'état des biens, des dispositions de
la loi ou des dispositions de l'homme. L'influence
de cette habitude a entraîné récemment le tribunal civil de Toulouse, qui a jugé que l'usufruit de
la moitié des biens était équivalent au quart en
propriété, bien que l'usufruitier n'eût survécu au

donateur que pendant quinze jours. S'il n'avait
survécu qu'un instant, la solution eût été probablement la même. Sans doute que les bases
d'appréciation que nous proposons laisseront encore une assez large part à l'arbitraire qu'il nous
est impossible d'écarter de ces théories. Sans
doute encore que la mort qui trompe toutes les
prévisions humaines viendra donner plus d'une
fois le démenti aux appréciations qui auront eu
lieu ; mais la règle d'une appréciation uniforme
et invariable n'est elle pas mille fois plus arbitraire et plus fautive encore ?

En faisant retour à notre thèse, il ne faut donc
pas évaluer. Évaluer c'est dénaturer, c'est scinder, et l'art. 917 prouve qu'il n'est pas permis
de scinder la volonté de l'homme.

Il est de règle que lorsque le juge interprète
des actes, quand il use d'un droit qu'il tient de
son mandat, il doit les interpréter dans le sens
qui leur fait produire leur effet ; et au contraire,
quand il évalue sans nécessité, il usurpe un droit
que la loi lui refuse, et s'en sert pour arriver à
cette conséquence, qu'une des deux dispositions
devra être mise au néant. Dans tout le corps du
droit, les fictions ne sont employées que dans
le but de protéger ou de favoriser l'exécution
des dispositions de l'homme, surtout de ses dispositions à cause de mort, pour voiler une réa-

lité qui serait hostile à cette exécution, et ici, au contraire, la transformation fictive de l'usufruit en pleine propriété n'est invoquée que pour déclarer la caducité du don postérieur!

Tous les principes ne sont-ils pas intervertis, froissés, méconnus?

Songeait-on à évaluer, en droit romain, la quarte du conjoint pauvre? Et dans notre ancien droit, songeait-on à traduire en propriété le douaire, l'augment et le contre-augment? Et sous les lois de nivôse et de germinal, pensait-on ainsi à l'égard de l'usufruit de moitié qui laissait libre la quotité disponible telle qu'elle avait été déterminée par ces lois?

Et pourtant nos gains de survie conventionnels en usufruit ont le même caractère; c'est M. Jaubert qui l'a dit; ils doivent même être plus favorisés, depuis qu'ils tiennent lieu des gains de survie légaux.

Enfin, en évaluant, vous faites violence à la volonté du père de famille. Il n'avait pas disposé en pleine propriété en faveur de son conjoint, précisément parce qu'il se réservait le droit de disposer en nue-propriété en faveur d'un autre.... Et renversant son œuvre, vous brisez ses intentions, vous procédez comme s'il avait disposé de la pleine propriété; vous substituez arbitrairement à sa disposition une disposition d'une nature et d'une portée toutes différentes; cela est-il bien dans les pouvoirs du juge?

Dans le cas de l'art. 917, on dénature, il est vrai, les dispositions du père de famille. Il avait fait des dons ou legs en usufruit ou consistant en des rentes viagères, et les réservataires sont admis à racheter ces libéralités par l'offre de l'abandon de la propriété de la quotité disponible. — Mais il faut noter à ce sujet deux choses : 1° que cette substitution s'opère par le résultat d'une option émanée des légitimaires et qui n'est pas le fait du juge; 2° que dans le cas où la substitution a lieu, elle est *réelle*, en ce sens que le donataire en usufruit entrera, au moyen de la transformation, en possession d'un lot en pleine propriété, tandis que dans notre espèce la conversion est purement *fictive*. On procédera pour la réduction comme si le père de famille avait disposé en propriété, et en réalité le donataire conservera le don tel qu'il lui a été fait, c'est-à-dire en usufruit.

L'art. 917 vient donc, précisément parce qu'il constitue un droit exceptionnel, confirmer de plus fort nos théories, puisqu'en haine de l'évaluation, il autorise dans son cas tout particulier de changer la nature des dispositions.

Il résulte donc de tout ce qui précède, que le don de l'usufruit de moitié, devant conserver sa nature, n'absorbe pas la quotité disponible de l'art. 1094 ; que ce don ne peut être imputé, par sa nature comme par la qualité du donateur et du donataire, que sur cet article ; qu'en aucun cas, il ne peut être imputé sur l'art. 913, alors surtout que, dans les concours des libéralités, l'art. 913 vient se confondre dans l'art. 1094.

En nous résumant, nous disons :

L'arrêt de la Cour royale de Lyon du 10 février 1836 n'a été cassé que par suite de l'évaluation qui a été faite par la Cour suprême elle-même de l'usufruit donné à la veuve Goyne.

Or, cette évaluation était purement gratuite, car elle a apprécié des valeurs déjà certaines et connues, et, par cette opération, elle les a nécessairement dénaturées.

En évaluant l'usufruit de moitié qui s'adaptait à un legs d'un quart en nue-propriété, la Cour de cassation a évalué des pièces de monnaie dont l'effigie était parfaitement reconnaissable.

La Cour royale de Lyon n'avait donc pas, en légitimant le cumul des diverses dispositions faites par Goyne, entamé la réserve légale de ses enfants, car en rendant sa veuve participante à ses libéralités, il avait pu partager entre elle et ses enfants la plus forte quotité disponible de l'art. 1094, faisant, dans ce cas, en vertu de la combinaison de l'art. 913 avec le § 2e de l'art.

1094, ce que les sieurs Tardy et de Bonnemain avaient légitimement fait en vertu de la combinaison de l'art. 915 avec le § 1er de ce même article.

La Cour de Lyon n'avait pas violé l'art 913 du Code civil, car dans la masse disponible fictivement formée de la fusion des deux quotités, Goyne fils, légataire d'un quart en nue-propriété n'avait pas même reçu tout ce que cet article lui permettait de recevoir.

D'un autre côté, elle n'avait pas faussement appliqué l'art. 1094 en faisant profiter l'enfant du privilége de l'époux, puisque celui-ci ayant reçu par donation contractuelle l'usufruit de moitié, c'est-à-dire une quotité supérieure à l'excédant de l'art. 1094 sur l'art. 913 avait par cela même profité seul de cet excédant.

Aucun des reproches adressés à l'arrêt du 10 février 1836 n'était donc fondé, et il devait rester debout, environné des vives et nombreuses sympathies qui l'avaient accueilli.

Au contraire et par une préoccupation des plus graves, la Cour suprême seule est tombée, sous des rapports beaucoup plus étendus, dans les défauts dont elle arguait l'arrêt attaqué.

En le cassant, elle violait d'abord formellement l'art. 913, puisqu'elle privait Goyne fils du bénéfice d'une libéralité qui n'excédait nullement les limites de sa capacité, ni les limites de la portion disponible. En même temps, elle faisait une fausse application de l'art 1094 en décidant qu'il profitait d'un privilége auquel il restait manifestement étranger.

Et pour arriver à ce résultat, elle avait commencé par violer l'art 544 du Code civil qui définit le droit de propriété, *le droit de disposer de la manière la plus absolue,* pourvu qu'on n'en fasse pas un usage contraire aux lois; les art. 899 et 949 du même Code qui autorisent à donner la nue-propriété de la quotité disponible à l'un et l'usufruit à l'autre, sans que l'exercice de ce droit puisse porter atteinte à l'étendue de cette quotité. Enfin elle s'était mise en opposition flagrante avec les textes et l'esprit des dispositions du Code civil, notamment des art 612 et 917, en évaluant sans nécessité l'usufruit de moitié à un quart en pleine propriété.

La doctrine de l'arrêt du 24 juillet 1839 ne peut donc évidemment être acceptée.

Et comme si cet arrêt devait, sous un autre point de vue, porter le cachet de la préoccupation sous l'influence de laquelle il a été rendu, la Cour suprême n'a pu arriver à cette conséquence que l'usufruit de la moitié des biens équivalait au quart en pleine propriété, sans tomber dans une contradiction flagrante avec ses propres principes et commettre en même temps un excès de pouvoir nettement caractérisé.

Qu'avait-elle décidé en effet par ses précédents arrêts relativement à l'évaluation de l'usufruit?

Par son premier arrêt du mois de juillet 1813, confirmant celui de la Cour de Toulouse du 13 avril 1810 : « *Qu'en évaluant dans sa sagesse* « *et par induction tirée, soit de la loi du 22 ventôse* « *an II, soit de divers articles du Code*, la dona- « tion de l'usufruit de la moitié des biens, au « quart en propriété desdits biens, la Cour de . « Toulouse n'avait violé aucune loi. » Et dans l'arrêt du 7 janvier 1824, rejettant le pourvoi contre l'arrêt de la Cour de Paris : « *Que le Code* « *civil n'ayant établi aucune règle générale sur la* « *manière d'évaluer un usufruit, cette apprécia-* « *tion était laissée à la sagesse et à la prudence* « *du juge.* »

Voilà ce que la Cour avait consacré par ses précédents arrêts.

Et dans celui du 24 juillet 1839, faute par la Cour de Lyon de n'avoir pas évalué et de n'avoir pas déclaré qu'il y avait lieu de s'écarter, *par l'effet des circonstances particulières,* DE LA RÈGLE GÉNÉRALEMENT ÉTABLIE à cet égard, elle en conclut, elle, que l'usufruit de la moitié des biens délaissés par Goyne est l'équivalent du quart en propriété.

Si la Cour de Lyon, de l'aveu de la Cour suprême, avait le droit de s'écarter de la prétendue *règle générale* par appréciation de circonstances particulières de la cause, c'est-à-dire de l'âge de l'usufruitier et des charges dont l'usufruit était grevé, *cette règle générale* ne la liait donc pas. Et comment la Cour de Lyon aurait-elle pu être liée, quand la Cour de cassation elle-même nous apprend, comme on l'a vu, que « le Code civil « *n'ayant établi aucune règle générale sur la ma-* « *nière d'évaluer un usufruit, cette appréciation* « *est laissée à la prudence et à la sagesse des* « *juges.* »

Donc, la Cour suprême a cassé l'arrêt de la Cour de Lyon par application d'une règle générale, qui, de son propre aveu, n'avait rien d'obligatoire pour les juges qui avaient rendu l'arrêt attaqué.

Et d'un autre côté, puisque, d'après ses propres principes, l'évaluation, *en l'absence de toute disposition du Code civil, est laissée à la prudence et à la sagesse des juges,* elle a, en procédant elle-même à l'évaluation, usurpé nécessairement les attributions des juges du fait et commis par cela même un excès de pouvoir d'autant plus regrettable qu'il émanait d'une autorité dont les actes sont placés au-dessus de tout contrôle et de toute révision.

Que la Cour de cassation, puisqu'elle décidait

25

qu'il fallait évaluer, eût cassé l'arrêt pour n'avoir pas fait cette évaluation, jugeant par là qu'il y avait inofficiosité dans le cumul des libéralités du sieur Goyne; que, par suite, le legs fait au fils était sinon caduc, du moins réductible, et que pour statuer sur la question de caducité ou de réduction elle eût renvoyé devant une autre Cour, ou l'eût plus facilement compris; mais qu'elle se soit arrogé le pouvoir d'évaluer elle-même, c'est ce que l'on ne saurait admettre.

Et que serait-il advenu, je le demande, si la Cour royale de Besançon, devant laquelle la cause fut renvoyée, au lieu de partager purement et simplement l'opinion de la Cour suprême, eût déclaré, par son arrêt, que l'usufruit de la moitié des biens composant la succession de Goyne, ne valait que le huitième en pleine propriété, et qu'elle eût réduit dans cette proportion le legs fait à Goyne fils au lieu de l'annuller? La Cour suprême n'aurait certainement pas refusé de confirmer cette décision, puisqu'elle avait consacré dans tous ses arrêts les pouvoirs souverains des juges du fait au sujet de l'évaluation. De telle sorte, qu'on aurait eu dans la même cause, les mêmes faits tenant, deux décisions différentes et toutes irréprochables, l'usufruit des mêmes biens évalué à un quart par la Cour suprême et plus tard à un huitième par une Cour royale dont la

Cour de cassation aurait confirmé la décision!

Est-il permis de souscrire à de semblables résultats?

Nous avons dit que la Cour de Besançon s'était associée purement et simplement aux doctrines de la Cour suprême; cette proposition est exacte quant au fond.

Toutefois son arrêt, qui est du 13 février 1840, nous a paru mériter sous d'autres rapports des reproches encore plus graves que ceux qui ont été articulés contre l'arrêt de la Cour suprême.

Voici les motifs de l'arrêt de Besançon (1):

« Attendu que l'art. 913 du Code civil fixe la
« réserve légale eu égard au nombre des enfants
« existants lors du décès du donateur ou testateur;
« — Qu'elle ne peut être ni réduite, ni entamée
« par aucune disposition, et doit être laissée in-
« tacte aux enfants légitimaires; — Que l'art. 1094
« contient en faveur du conjoint survivant une
« exception, mais qu'elle ne peut être étendue
« hors du cas spécial pour lequel elle a été faite;
« — Que l'art. 1098 la restreint même dans le
« cas où le conjoint donateur laisserait des en-
« fants issus d'un mariage précédent, et que l'on

---

(1) *Mémorial de Jurisprudence*, 1840, page 170. — *Journal du Palais*, à sa date.

« ne pourrait cumuler la libéralité que permet
« cet article en faveur du conjoint survivant avec
« tout autre don fait à un étranger ou à un héri-
« tier, sans entamer la réserve légale, rendre
« vaines et illusoires les dispositions prohibitives
« de l'art. 913 ; que cet article fixe la quotité dont
« le testateur peut disposer ; — Qu'il le fait d'une
« manière générale et absolue, et que le testa-
« teur ne peut après l'avoir épuisé, augmenter
« ses libéralités quelle que soit la personne en fa-
« veur de laquelle il le ferait ; — Que d'ailleurs,
« indépendamment de la qualité de la personne
« en faveur de laquelle a été introduite cette aug-
« mentation de la quotité disponible, et des liens
« de parenté existants entre le conjoint et les en-
« fants réservataires, ceux-ci ont le légitime es-
« poir de retrouver dans la succession de ce con-
« joint, auquel ils sont naturellement appelés à
« succéder, les biens dont ils avaient été mo-
« mentanément privés pendant sa vie, et que le
« législateur, par de hautes considérations, avait
« autorisé à retrancher sur la réserve ; — Que
« cet espoir cesse quand le don est fait à un étran-
« ger ou à un cohéritier ; que, hors ce cas spécial,
« la réserve actuelle, comme la réserve coutu-
« mière, et la légitime du droit romain, doit
« parvenir, complète, entière, sans retranche-
« ment, à ceux en faveur desquels elle a été éta-

« blie; — Que telle est sur ce point l'interpréta-
« tion qu'ont donnés la jurisprudence et les au-
« teurs aux art. 913 et 1094 du Code civ.; —
« Que l'on ne pourrait à raison de circonstances
« de fait, nécessairement laissées à l'apprécia-
« tion du juge, sans s'exposer à porter atteinte
« à la réserve légale, valider ni maintenir une
« disposition qui excèderait la quotité que fixent
« les art. 913 et 1094 rappelés précédemment ;
« Que l'art. 922 du Code civ. vient à l'appui de
« cette doctrine ; que cet article décide que la
« réserve se détermine eu égard à la qualité des
« héritiers du disposant à l'époque de son décès ;
« que l'époux n'est pas héritier de son conjoint
« prédécédé; — Qu'il ne peut réclamer que les
« dons et legs faits à son profit; — Que cet arti-
« cle démontre d'une manière plus évidente en-
« core, s'il est possible, que l'extension permise
« en faveur du conjoint de la quotité disponible
« est restreinte à lui seul; — Qu'elle ne peut être
« divisée entre lui et un étranger, ou tout cohé-
« ritier. Par ces motifs, etc. »

Trois choses sont à remarquer dans ces motifs :

1º L'emprunt si large et si littéral que fait l'arrêt à celui de la Cour de cassation, des bases de
sa décision ;

2º Quelques motifs particuliers que la Cour ad-
ditionne à ceux qu'elle emprunte ;

3º L'évaluation implicite de l'usufruit de moitié au quart en propriété, dépourvue de toute espèce de motifs...

Pour ce qui est des motifs d'emprunt, nous n'avons rien à ajouter à ce qui précède, ils sont évidemment, entachés des mêmes vices que nous avons déjà reprochés à ceux de la Cour de cassation.

Quant à ceux que la Cour de Besançon produit à titre de nouveaux arguments, il est impossible de les passer sous silence, et de ne pas faire ressortir les erreurs dont ils sont viciés.

La Cour argumente d'abord de l'art. 1098, fait pour les cas de secondes noces, lorsque le donateur laisse des enfants d'un précédent mariage; elle déclare que *l'on ne pourrait cumuler* la libéralité que permet cet article en faveur du conjoint survivant, avec tout autre don fait à un étranger ou à un héritier, *sans entamer la réserve légale*, et rendre vaines et illusoires les dispositions prohibitives de l'art. 913.

Quoi! le père de famille qui a un enfant d'un précédent mariage et qui n'en a pas du second, ne pourra pas donner à la fois un quart en propriété à son nouvel époux et un un autre quart à un étranger!

Et s'il a des enfants du second mariage, il ne pourra donner à son nouvel époux la part d'enfant légitime le moins prenant, et à un étranger la différence qui existe entre cette part et la quotité disponible de l'art. 913! C'est la première fois, il faut en convenir, qu'on a formulé de telles propositions.

La Cour explique ensuite le privilége établi en faveur de l'époux par l'art. 1094, de la manière suivante: que d'ailleurs, *indépendamment de la qualité de la personne en faveur de laquelle cette extension de la quotité disponible a été introduite,* et les liens de parenté existant entre le conjoint et les enfants réservataires, ceux-ci ont le légitime espoir de retrouver dans la succession de ce conjoint les biens dont ils avaient été momentanément privés pendant sa vie, et que le législateur, par de hautes considérations, avait autorisé à retrancher de la réserve.

Personne ne conteste la vérité de ces considérations; mais que faut-il en induire? que la quotité de l'art. 1094 est affectée toute entière au conjoint, et, comme l'a dit la Cour dans son dernier motif que *l'extension permise en faveur du conjoint est restreinte à lui seul et ne peut être divisée entre lui et l'étranger?* Mais la thèse de la divisibilité est depuis longtemps jugée, et nous renvoyons à ce sujet la Cour de Besançon à l'arrêt de la Cour suprême du 18 novembre 1840.

Sans doute l'excédant de la quotité disponible

de l'art. 1094 sur celle de l'art. 913 est indivisible lorsque la plus forte quotité a été épuisée, nous l'avons constamment reconnu. Mais dans l'espèce soumise à la Cour, la veuve Goyne ayant reçu l'usufruit de moitié, avait beaucoup plus que la part qui constitue cet excédant, et les réservataires *avaient le légitime espoir de retrouver dans la succession à laquelle ils étaient naturellement appelés, les biens dont ils étaient momentanément privés pendant sa vie, c'est-à-dire l'usufruit du quart.*

Enfin, et c'est ici qu'est, selon nous, le côté le plus répréhensible de l'arrêt, la Cour garde le silence le plus absolu sur l'évaluation, et pourtant elle annulle purement et simplement le legs fait à Goyne fils : elle décide donc implicitement que l'usufruit de moitié donné à la veuve est l'équivalent du quart en pleine propriété de toute l'hérédité ; de telle sorte que dans l'esprit de la Cour l'évaluation est de plein droit, sans que le juge ait même à s'en occuper !

N'est-ce pas là une extension démesurée aux doctrines de l'arrêt de la Cour de cassation lui-même ?

A peine si on ose calculer toutes les conséquences d'une telle doctrine, et cependant elle est professée par une Cour jugeant en audience solennelle, dans une cause dont l'importance avait excité au plus haut point l'attention publique et dont la solution devait réagir sur les intérêts les plus précieux des provinces méridionales de la France. Que dire enfin de ces motifs dans lesquels la Cour déclare que la jurisprudence a déjà interprété les art. 913 et 1094 dans le sens qu'elle leur donne, et que les auteurs ont accordé leurs suffrages à cette interprétation.

La *jurisprudence!* Mais, à part l'arrêt de cassation en vertu duquel la Cour royale de Besançon était saisie, il n'y avait pas, comme nous l'avons vu, un seul précédent que l'on pût invoquer. La *doctrine des auteurs!* Mais ils sont tous univoques dans l'opinion contraire à celle que la Cour consacrait par son arrêt!

Etrange fatalité qui semble peser sur la solution de ce problème! Nos doctrines n'ont contre elles qu'un seul précédent, et on dit que la jurisprudence est déjà formée! Tous les auteurs leur sont favorables, et on invoque contre elles l'autorité des auteurs!

L'exagération des principes de l'arrêt de la Cour royale de Besançon retombe donc toute entière sur le système de la jurisprudence de la Cour suprême.

Nous n'avons jusqu'ici considéré cette jurisprudence qu'au point de vue des textes; mais que sera-ce si nous la rapprochons de l'esprit général du Code et de l'ensemble de la législation?

Pour bien saisir l'esprit du Code civil, remontons à l'époque où il a été fait ; reportons-nous par la pensée aux dernieres années du consulat ; pénétrons dans cette assemblée si imposante du Conseil-d'État où siégent des jurisconsultes éminents, qui tous ont été témoins des événements de la révolution, procédant à l'élaboration de nos lois sous l'influence et l'impulsion du génie que la providence destinait à la régénération du pays, et il deviendra facile de comprendre le secret de notre législation nouvelle.

Ses auteurs ont nécessairement voulu, ils nous l'ont d'ailleurs déclaré eux-mêmes, réparer les désastres de la révolution, vivifier la propriété qu'elle avait amortie, réhabiliter le mariage qu'elle avait déshonoré, et surtout reconstituer la famille, qu'elle avait détruite. Il n'est pas de discussion tant soit peu importante dans le Conseil-d'État, pas un seul exposé des motifs digne de quelque intérêt, où ces intentions ne soient exposées et reproduites sous toutes les formes.

Ils ont voulu *ranimer la propriété ;* mais la jurisprudence de l'arrêt du 24 juillet 1839 la frappe d'un coup mortel. Demandez aux époux, à qui vos nouvelles théories ont révélé pour la première fois que par cela seul qu'ils se sont donné mutuellement par contrat l'usufruit de la moitié des biens,

ils ne peuvent plus disposer de rien à titre de préciput, si ces théories ne leur ont pas causé un
chagrin réel ; si elles ne les ont pas désaffection-
nés de leur industrie, paralysé leur émulation et
décoloré les projets qu'ils avaient rêvés pour l'avenir de leur famille. La propriété, c'est le droit
de disposer ; et le droit de disposer, c'est tout
l'homme. Vico l'a dit dans sa *Science nouvelle ;*
Vico, qui aurait deviné le cœur de l'homme s'il ne
l'avait pas profondément connu.

« C'est le sentiment de la liberté de disposer,
« disait M. Bigot-Préameneu dans son *Exposé*
« *des motifs,* qui fait prendre à l'industrie tout
« son essor et braver tous les périls (1). »

Et s'il est vrai que le législateur doive, à toutes
les époques, couvrir la propriété de sa protection,
favoriser son essor, développer tout ce qui la
tient en haleine, cette sollicitude doit redoubler
dans des temps où, au milieu des secousses inces-
santes qui agitent le sol, elle est devenue le seul
point d'appui de l'ordre social. Il est urgent de
maintenir et de favoriser le droit de disposition,
à une époque où le morcellement toujours crois-
sant des héritages, nous ramène comme à notre
insu, mais par une pente rapide, vers la démo-
cratie des institutions. Qu'importe que le législa-

---

(1) Fenet, 12, page 530.

teur, secondant sous d'autres rapports le mouvement industriel de notre époque, ait attribué tous priviléges politiques au droit de propriété; qu'il ait revisé les lois réglementaires de l'expropriation pour cause d'utilité publique; qu'il ait cherché à tarir, autant que possible, la source des procès; accordé enfin, par la simplicité des procédures, de plus larges garanties aux créanciers contre leurs débiteurs, si la jurisprudence qui nous menace élève d'insurmontables obstacles au plus précieux des attributs de la propriété!

N'est-ce pas sur-exciter la vie dans les extrémités d'un corps pendant que d'autres le frappent au cœur?

Voilà comment, sur ce premier point, la jurisprudence comprend les intentions des auteurs du Code civil et les besoins si impérieux de notre époque.

Les auteurs du Code voulaient encore réhabiliter le mariage et le favoriser. Ce n'était plus sans doute cette incitation violente et tyrannique que nous avons rencontrée dans les lois Pappiennes du droit romain; ils laissent à l'homme toute sa liberté, toute son indépendance; mais ils ne peuvent s'empêcher de l'encourager, parce qu'il est, comme le disaient nos anciens légistes, *le séminaire des états et le sanctuaire des mœurs*; parce qu'il amortit les passions mauvaises, attache l'homme à son pays par des liens plus étroits, en vivifiant cet esprit de famille que nos législateurs modernes avaient tant à cœur de réchauffer.

« Notre objet, disait M. Portalis (1), a été de lier « les mœurs aux lois et de propager l'esprit de « famille, *qui est si favorable à la cité*. »

Aussi, en faveur du mariage, les règles ordinaires du droit commun fléchissent, un droit nouveau et tout exceptionnel, par ses facilités, je dirais presque par ses complaisances, vient l'environner ; pour lui les incapacités s'effacent, les obstacles disparaissent, le régime dotal oublie ses rigueurs, les principes des donations déposent leur sévérité accoutumée ; il n'est pas jusqu'aux lois fiscales dont la rigueur ne soit désarmée :

« Les règles même les plus sévères que la loi « a cru devoir établir sur l'irrévocabilité des do- « nations entre-vifs, doivent fléchir en faveur « du mariage : *la loi ne voit que la nécessité de* « *l'encourager* (2).

Vous, au contraire, vous semez autour de lui les embarras les plus graves.

Les gains de survie légaux n'existant plus, les gains de survie conventionnels sont, comme nous l'avons déjà prouvé, de la plus stricte justice,

---

(1) *Discours préliminaire sur le Code civil.*
(2) Fenet, *Travaux préparatoires*, t. 12, page 619.

surtout sous le régime dotal ; plus d'une fois
ils constituent une des conditions du mariage.
Mais celui de qui on les exige, voudra-t-il les
consentir lorsqu'il saura que par ces stipulations,
qui n'ont assurément rien d'excessif, puisque nous
supposons toujours qu'elles ne dépassent pas l'u-
sufruit de moitié, il abdique d'avance la magistrature dont il va être bientôt investi ? N'aimera-
t-il pas mieux renoncer à devenir époux, que
devenir père sans autorité, magistrat domestique
sans moyen de récompenser ou de punir ?

Etaient-ce bien là les intentions de nos législateurs ? voulaient-ils placer l'homme dans une
telle alternative ?

Le tableau rapide que nous avons précédemment exposé (1) des opinions qui animaient le
Conseil-d'État, discutant le projet sur la quotité
disponible, les fragments de discours que nous
avons cités, et surtout l'adoption de l'amendement du consul Cambacérés, démontrent d'une
manière évidente tout le prix qu'on attacherait
à la restauration de la puissance paternelle. L'extension de la quotité disponible ne fut pas considérée comme une question d'intérêt particulier,
mais principalement comme une question d'in-

---

(1) *Vid.* ci-dessus 1ʳᵉ partie, § IV.

térêt général, de sociabilité et d'ordre gouver-
nemental. Or, il faut convenir que tout restait
encore à faire à ce sujet, et que dans les titres
du Code qui composent le premier livre, l'esprit
des coutumes, exerçant une trop grande influence, avait fait oublier, comme l'ont remarqué
plus tard les jurisconsultes étrangers (1), le point
de vue moral et social qui doit dominer l'organisation de la puissance paternelle.

Nous ne pouvons résister au désir de citer un
nouveau fragment du discours de M. Maleville
dans la séance du Conseil-d'Etat du 21 pluviôse
an XI. Après avoir énoncé que, chez les Romains,
le droit de disposer avait été conservé sur des
bases très larges, par le motif qu'ils avaient
compris *le besoin de conserver dans les familles
la subordination, pour la tranquillité et le repos
de l'État*, il ajoutait:

« Ce motif a acquis depuis la révolution un
« bien plus grand degré de force par l'accrois-
« sement de l'insubordination et de la dépra-
« vation de la jeunesse. Qu'on vérifie, dans les
« greffes des tribunaux criminels, l'âge des con-
« damnés et l'on trouvera qu'ils sont presque
« tous au-dessous de 30 ans (2). »

---

(1) M. Zachariæ, t. 3, page 614.
(2) Fenet, t. 12, page 309.

Eh bien! nous dirons à notre tour que ce motif qu'indiquait M. Maleville en l'an XI, a acquis de nos jours un plus grand [degré de force. Pourquoi? parce que les pouvoirs publics ont été affaiblis, énervés, parce qu'ils sont devenus, a tous les degrés de la hiérarchie, le point de mire de toutes les attaques et de toutes les oppositions. Or, moins les pouvoirs publics ont de nerf et d'autorité plus il faut en accorder au pouvoir domestique.

Ce sont là, les enseignements constants de l'histoire et de la philosophie du droit, et en particulier de l'histoire de la magistrature paternelle. Dès l'origine des sociétés, dans l'enfance de tous les peuples, nous la trouvons assise sur de larges bases, armée de priviléges formidables, presque toujours absolue et despotique. La tendresse du père semble s'effacer devant la gravité du magistrat. L'antiquité n'est toute entière qu'une grande synthèse patriarchale. Rome naissante dépose entre les mains de l'ascendant le glaive des lois; elle le constitue l'arbitre et le modérateur suprême des destinées de tous ceux qui sont soumis à sa puissance; il aura sur eux droit de vie et de mort; ses esclaves, ses enfants, sa femme, lorsqu'elle est tombée *in manu*, tous s'inclinent sous le sceptre domestique. Mais quand tous les pouvoirs sont concentrés dans les mains d'un seul, le père vient à son tour résigner dans les mains du magistrat souverain de la cité, l'arme terrible qui lui a été confiée.

Tel est le tableau que nous offre le droit romain, qui était appelé à traduire non-seulement la vie d'une nation, mais la vie de l'humanité tout entière.

Et l'an XI, lorsque nos législateurs mettaient la dernière main à leur œuvre, la situation des esprits était bien différente de ce qu'elle est aujourd'hui. Tout ne semblait-il pas conspirer dans l'intérêt de l'autorité gouvernementale? l'expérience d'un passé qui s'agitait encore, la grande révolution que le 18 brumaire avait vu s'accomplir, les ruines dont le sol était encore couvert, les triomphes militaires qui avaient environné d'une auréole de gloire l'homme qui déjà résumait et personnifiait en lui tous les pouvoirs? Mais de nos jours quel contraste! Est-il un principe resté vierge de toute atteinte? un seul ressort qu'on n'ait voulu fausser? une seule magistrature qui ait conservé quelque prestige?

Et c'est le moment que la jurisprudence aurait choisi pour apprendre aux enfants qu'ils n'ont rien à attendre de la part de leurs ascendants, lorsque ceux-ci auront acquitté entre eux la dette du mariage! Qu'il n'y a plus de pouvoir domestique! — Cette jurisprudence voudrait-elle donc

26

se rendre complice de ce travail si visible de dissolution dont le corps social est tourmenté?......

Et qu'on ne dise pas qu'il faut laisser aux liens du sang et aux inspirations de l'affection une part plus grande dans les égards et l'obéissance que les enfants doivent aux auteurs de leurs jours.

Laissons aux sectateurs de certains systèmes de philosophie le soin de se complaire quelquefois dans de vagues abstractions, de rêver un monde meilleur, et de voir l'humanité telle qu'elle devrait être plutôt que de la considérer dans sa nudité, telle quelle est. Le législateur a reçu un mandat plus sévère; il doit voir les hommes tels qu'ils sont. La première condition d'une bonne loi, c'est d'être l'expression des mœurs; les auteurs du Code civil ne s'y étaient pas mépris.

« Qu'on ne répute pas ici, disait le tribun Fa-
« vard, dans son rapport sur notre *titre*, que l'in-
« térêt ne doit pas être offert aux enfants comme
« un motif qui les porte à rendre à leur père les
« soins, les prévenances, dont la nature et la re-
« connaissance leur font un devoir.

« Il est très beau sans doute de penser que la
« nature et la reconnaissance doivent parler assez
« puissamment au cœur de l'homme, mais l'ex-
« périence nous a prouvé que cela n'est pas aussi
« exact, et si l'intérêt peut ajouter un degré de
« force à ces deux sentiments, pourquoi le né-

« gliger? Le legislateur doit mettre en action
« tous les ressorts du cœur humain pour faire
« naître toutes les vertus (1). »

Au lieu d'une famille forte et puissamment organisée, telle que la voulaient les hommes qui
préparèrent nos lois, nous aurons donc, grâce à
la jurisprudence, une famille énervée, désaffectionnée, anarchique peut-être..... Et notons bien
ceci, que l'état de la famille c'est nécessairement
l'état de la société.

Tous les efforts que vous ferez pour mettre en
harmonie les autres parties de la législation seront vains et puériles tant que la base de l'administration domestique sera mal assurée; il ne faut
pas se faire illusion à ce sujet. Vous pouvez, si
vous voulez, retoucher tous les autres points de
droit civil, améliorer par exemple le régime hypo-
técaire, refaire, reviser ou refondre toutes vos lois
sur le crédit privé et sur le crédit public; quelles
que soient vos modifications, vos améliorations,
elles resteront absorbées ou paralysées par les
souffrances intérieures de la famille; tous vos
travaux ressembleront aux efforts de l'architecte
qui s'occuperait de réparer en détail un édifice
dont les fondements menaceraient ruine.

---

(1) Fenel, tome 12, page 631.

Les auteurs du Code civil le savaient très bien : cette préoccupation incessante, dont la visible influence se fait sentir dans leur œuvre, vous seuls ne la comprenez pas en vous livrant à votre interprétation restrictive.

On est disposé à croire que si cette interprétation lèse de si graves intérêts, elle est du moins favorable aux enfants ; car il faut bien le confesser, décider que le père de famille qui a disposé de l'usufruit de moitié en faveur de son conjoint, a épuisé par là toute la quotité disponible, c'est dire en vérité, qu'il n'y a pas de quotité disponible ; quelle privation en effet les légitimaires souffriront-ils ? Ils subiront la jouissance de l'usufruitier. Mais cet usufruitier c'est leur propre auteur, et le plus souvent ils jouiront en commun avec lui. S'ils ne jouissent pas en commun, ils trouveront un jour dans sa succession la plus grande partie des revenus que l'usufruit aura procurés ; de telle sorte qu'il y aura égalité parfaite entre les enfants ; conséquence inévitable du système qui ne tend à rien moins qu'à la destruction de toute quotité disponible. N'était-ce pas par ce motif que la loi de nivôse, malgré sa tyrannie et son radicalisme si ombrageux, avait autorisé les dons de l'usufruit de moitié entre époux ? Si elle avait admis le cumul de ces dons avec le disponible qu'elle autorisait en faveur d'un non successible, n'était-ce pas évidemment parce que l'usufruit stipulé entre époux n'était pas considéré comme une disposition gratuite proprement dite, comme une véritable libéralité, mais uniquement comme l'acquittement d'une dette sacrée dont les héritiers avaient peu à souffrir? Les mêmes raisons ne déterminaient-elles pas Cambacérès à proposer le même cumul dans les projets de messidor de l'an IV, à une époque où la fièvre révolutionnaire était encore loin d'être tombée? Si l'usufruit de moitié avait été considéré comme équivalent à un quart en pleine propriété, on n'aurait certainement pas osé même proposer un cumul de cette nature.

Ainsi, au premier abord, la jurisprudence est ostensiblement favorable aux enfants qui profitent de la caducité des dons préciputaires qui auraient été faits postérieurement aux gains de survie. Mais en descendant au fond des choses, on est bientôt obligé d'en juger autrement.

Tous les membres de la famille ne sont-ils pas directement intéressés à sa prospérité, au maintien du bon ordre et de l'harmonie qui ne peuvent cependant exister si le père n'a plus les moyens de récompenser et de punir? La fable de Ménénius Agrippa est déjà bien vieille, et cependant il ne serait pas hors de propos, plus d'une fois, de la rappeler.

La pondération légitime des droits et des devoirs est dans l'intérêt bien entendu de tous ; l'équilibre rompu, tous indistinctement ont à en souffrir.

Consolidez votre jurisprudence, et les gains de survie deviendront nécessairement fort rares. Les enfants y perdront, car nous avons vu que ces gains leur profitent. Quand ils sont stipulés en faveur de la femme, ils participent au privilège de la dot ; et plus d'une fois ils offrent à la famille toute entière, et au mari lui-même, un abri réparateur contre ses propres dissipations, ou contre les malheurs qui peuvent venir le frapper.

D'un autre côté, l'époux survivant, s'il est pauvre et privé de tous droits de cette nature, songera, comme on l'a déjà dit, à un convol dont la loi, malgré la sollicitude la plus prévoyante, ne pourra conjurer toutes les conséquences. On verra surgir, dans tous les cas, des demandes de provisions alimentaires qui provoqueront les plus regrettables collisions.

Les gains de survie ont-ils été stipulés ? si vous décidez qu'ils ont épuisé toute la quotité disponible de celui qui les a garantis, des inconvénients tout aussi graves vont en résulter.

Votre jurisprudence, croyez-le bien, ne sera pas plus forte que les mœurs. Le père de famille,

à qui on a lié les mains d'une manière ostensible,
fera dans l'ombre et d'une manière détournée
ce que vous lui défendez de faire au grand jour;
la fraude pénétrera jusque dans l'intérieur du
foyer domestique; elle divisera les frères en se-
mant autour d'eux les défiances et les haines; chaque succession deviendra la source des plus déplorables procès. Accumulez arrêt sur arrêt,
faites même des lois en ce sens si vous le voulez,
mais n'espérez jamais faire rétrograder les habitudes depuis si long-temps prises parmi nous, de
payer la dette du mariage et de faire en même
temps le choix d'un héritier. Il n'est pas si facile
de maîtriser le génie de l'homme, de faire devier
ses affections les plus légitimes; quelques efforts
qu'on lui oppose, il saura bien se faire jour. Qui
donc oserait se permettre d'étouffer dans son
cœur cette voix intérieure qui lui crie sans cesse
d'être bienfaisant, miséricordieux, reconnaissant
des services rendus, juste à l'égard des enfants
qui ont bien mérité de lui? Qui voudrait porter
atteinte à la liberté de sa conscience, et lui ravir
ainsi tous les biens de l'âme, tous les vrais trésors
de la vie?

Le législateur le voudrait-il qu'il n'y parvien-
drait jamais.

L'expérience est là pour l'attester ; M. Jaubert, en faisant allusion aux fraudes commises

pour tourner les lois révolutionnaires, disait :

« Vous connaissez depuis plusieurs années l'in-
« quiétude qui agite les familles. Qui de nous
« peut ignorer les désordres auxquels tant de
« citoyens se sont livrés pour se soustraire à une
« loi qui asservissait leurs plus douces affections,
« et que *plusieurs citoyens croyaient pouvoir éluder*
« *sans blesser les règles de la probité et de la cons-*
« *cience.*

« A l'avenir, les déguisements n'auront aucun
« prétexte, puisque l'amitié et la reconnaissance
« pourront être le guide unique des hommes
« dans la disposition de leurs biens (1). »

Et ce n'est pas précisément sur les familles
aisées ou sur celles qui tiennent encore par quelques racines à l'aristocratie déchue, que le système
destructif de la quotité disponible exercera l'influence la plus désastreuse ; c'est surtout sur les
classes les moins fortunées qu'il s'apesantira.
Le premier Consul, qui avait sur les hommes
des idées si exactes, en faisait l'observation dans
la séance du 21 pluviôse (2). M. Boulay (3) attes-
tait en même temps que, d'après les documents
qu'il avait recherchés au nom du gouvernement,

---

(1) Fenet, 12, page 623.
(2) *Vid.* ci-dessus, 1re partie, § IV.
(3) Fenet, 12... page, 315.

il avait acquis la certitude que la loi du 17 nivôse an II n'avait jamais été franchement exécutée dans les conditions inférieures, dans les pays de petite culture, et que les anciennes traditions sur le choix d'un héritier y avaient constamment suivi leur cours.

Serait-il, je le demande, bien prudent de chercher à faire aujourd'hui à leurs habitudes une violence que les lois elles-mêmes n'ont pu exercer? L'amélioration de leur sort doit devenir sans doute tous les jours un gage de plus pour la sécurité publique. — Mais il n'en est pas moins certain que l'intérêt social est d'accord avec les principes de justice pour éviter tout ce qui pourrait sur-exciter, tourmenter, aigrir peut-être celui de nos éléments qu'il importe le plus de contenir et de moraliser.

Voyez d'ailleurs, quelle situation vous avez fait à notre Code en lui supposant les intentions que lui prête votre jurisprudence : vous l'avez placé dans un état d'infériorité ; 1° par rapport au droit qui régit l'Europe moderne ; 2° par rapport à notre ancienne jurisprudence des pays de coutume et de droit écrit ; 3° par rapport aux lois révolutionnaires elles-mêmes ;

1° Par rapport au droit qui régit l'Europe moderne, et sous deux rapports différents. Nous avons dit que tous les législateurs qui ont édicté leurs lois après la publication de notre Code ont accordé au survivant des époux un gain de survie légal ou coutumier, et en réalité, le Code ne lui en accorde pas. Chez les autres peuples les gains de survie légaux n'absorbent pas la quotité disponible, et vous au contraire vous la faites absorber tout entière par les gains de survie conventionnels consistant en l'usufruit de moitié. Ainsi les autres peuples offrent au prémourant des époux le moyen de concilier tous ses devoirs, toutes ses affections; vous, au contraire, par un système d'exclusion, vous le forcez à opter.

Si les législateurs qui sont venus après les auteurs du Code civil ont si sévèrement reproché à ceux-ci de n'avoir pas rétabli des gains de survie légaux, quel jugement porteront-ils sur la juris- qui décide que les gains conventionnels destinés à remplacer les premiers absorbent toute la quotité disponible?

2° Par rapport à notre ancienne jurisprudence, qui était si conciliante dans la même situation. D'après cette jurisprudence, en harmonie avec l'ordre des faits et des besoins, la dette du mariage passait avant celle de la paternité; mais toutes deux étaient convenablement acquittées. Vous, au contraire, vous semblez ne plus recon- naître la dette du mariage, vous ne l'acquittez plus pour l'époux, et si celui-ci l'acquitte, vous l'en punissez aussitôt en lui disant qu'il ne peut plus disposer de rien à titre gratuit.

Etait-ce donc là ces *transactions* dont nous parlaient les commissaires choisis par le gouvernement, qui devaient rapprocher les bases des diverses phases de la législation, qui devaient lier le passé au présent (1)?

3° Et non-seulement vous avez ainsi fait divorce avec le passé antérieur à la révolution, et c'était bien quelque chose que ce passé se composant d'une chaîne de traditions dont le premier anneau remontait jusqu'au droit de Justinien; mais, ce qu'il y a de plus remarquable encore, vous avez retrogradé, qui le croirait! au-delà de la révolution elle-même. La loi du 17 nivôse autorisait, nous l'avons constaté (2), le concours de l'usufruit de moitié en faveur de l'époux survivant, et du don d'un dixième ou d'un sixième en faveur d'un non successible, selon que le disposant laissait des héritiers en ligne directe ou collatérale. La loi de germinal avait maintenu le même cumul, en disposant par son art. 6, *qu'il n'était rien changé aux lois précédentes sur les dispositions entre époux.* Tous les auteurs sont d'accord sur ce point; MM. Guil-

---

(1) Portalis, *Discours préliminaire.* Fenet, t. 1.
(2) *Vid.* 1re partie, § III.

hon (1) et Dubreuil (2) le déclarent d'une manière explicite, avec cette précision que le don de la quotité disponible augmentée par la loi de germinal et indépendante de l'usufruit de moitié, pouvait d'après les textes même de cette loi (art. 5) être fait en faveur d'un successible.

Sous l'empire de ces lois, l'usufruit de la moitié des biens ne détruisait donc pas la quotité disponible telle qu'elle était admise, et sous le Code, la même quotité d'usufruit, ayant la même destination, à une époque où le mariage n'est plus déshonoré par le divorce, où la bâtardise remise à sa place, est exclue des honneurs de la légitimité, aurait pour résultat d'absorber toute cette quotité disponible, quand elle n'entraînait pas cette conséquence en l'an II et en l'an VIII!

Si le testateur qui, sous la loi de nivôse, avait donné l'usufruit de la moitié de ses biens à son conjoint, et légué en outre un dixième ou un sixième à un non successible, était mort sous l'empire de cette loi, ses deux libéralités auraient été intégralement exécutées. Et parce qu'il a survécu à la loi de germinal et au Code civil, et que sa capacité a été régie par ces lois restau-

---

(1) *Des Donations*, 1, page 201.
(2) *Observations sur le cumul*, etc. pages 44 et 45.

ratrices de la quotité disponible, vous déclarez
caduc le legs qu'il a fait à l'étranger !

Il était convenu de tous, même de ceux qui
s'opposaient dans le Conseil-d'Etat à l'extension
de la quotité disponible proposée par le consul
Cambacérès, que la *loi de nivôse était la destruction de toute autorité paternelle* (ce sont là
les expressions dont se servait M. Tronchet);
que la loi de germinal n'était considérée que
comme un *acheminement* et une *transition* à un
meilleur ordre de choses (ce sont les expressions
de M. Maleville), et les nouveaux législateurs nous
présentent le titre *des donations* comme la restauration de la puissance paternelle :

« Vous le savez, tribuns, disait M. Jaubert (1),
« aucune partie du Code civil n'était plus impa-
« tiemment attendue. *Ce sera la loi des donations
« et des testaments qui aura créé la véritable puis-
« sance paternelle.* »

Et pourtant il ne sera pas permis de faire en
vertu de ce titre *créateur*, ou plutôt *restaurateur* de
la puissance paternelle, ce qui était permis sous
une loi qui l'avait détruite. La loi du 4 germinal
avait eu pour objet d'atténuer les effets de la loi du
17 nivôse; le Code déborde la loi de germinal par

---

(1) Fenet, tome 12, page 622-623.

l'art. 913, qui n'est adopté, comme on sait, sur l'amendement du consul Cambacérès, qu'après une discussion spéciale et approfondie qui a occupé deux séances du Conseil-d'État (1). Et dans l'application le Code restera inférieur à la loi de nivôse elle-même? L'œuvre des Portalis, des Bigot-Préameneu, des Maleville, du premier Consul, sera plus hostile aux principes conservateurs qu'une œuvre qui était le Jubilé de la Convention? de la Convention placée sous l'empire du comité de salut public, dominée par le triumvirat Robespierre, St.-Just et Couthon!!

Mais il faut tout oublier en histoire et en interprétation. Il ne faut plus tenir aucun compte ni des tendances des époques, ni de la situation des esprits. Il faut déchirer, d'une main, les procès-verbaux des séances du Conseil-d'État, éteindre, de l'autre, le foyer d'où l'esprit de la loi a jailli, puis abaisser sa raison, l'abdiquer, si l'on veut, et subir humblement toutes les interprétations qu'on voudra nous imposer!

Non, non, telles n'étaient pas les intentions des rédacteurs du Code civil; ils avaient compris autrement leur mission; ils voulaient que leur œuvre fut, sans réaction, l'auxiliaire le plus puissant de

---

(1) Celles des 21 pluviôse et 27 ventôse. Voyez l'analyse de ces discussions, 1re partie, § 4.

la régénération que le corp social, épuisé par
de longues convulsions, réclamait à grands cris,
et ils avaient foi dans leur œuvre. Procéder ainsi,
ce n'était pas engager la politique dans le droit
civil; c'était seulement reconstruire et réorga-
niser, c'était relever des ruines. Des lois politiques, proprement dites, éphémères par leur
nature, ne pouvaient ni commander la même
confiance, ni consacrer les mêmes résultats; mais
le Code civil, par la sagesse de ses inspirations,
la modération de ses doctrines, l'esprit de transaction dont il était animé, par la durée qui lui
était promise et les vœux qui l'avaient devancé,
pouvait seul accomplir, par une action lente, gra-
duelle, mais incessante, en s'infiltrant à petit
bruit dans les mœurs, ce grand travail de réparation et de rénovation.

Que le dissentiment ou la controverse s'établissent sur l'esprit d'un Code nouveau, façonné
dans l'ombre, élaboré mystérieusement au fond
d'un palais, sous la direction d'un pouvoir absolu,
par des courtisans seuls initiés à la pensée du
maître, je le comprends; mais que l'on se trompe
à ce point sur les caractères d'une législation
dont l'esprit a été manifesté d'avance de la manière la plus explicite, apprécié dans le même
sens par tous les tribunaux d'appel de la France,
dont tous les éléments ont été discutés et éla-

borés avec soin, examinés dans tous les sens par une assemblée délibérante dont les membres, bien que divisés par leurs tendances n'en étaient pas moins unanimes pour repousser jusqu'au souvenir d'une loi dont les désastres étaient encore vivants; que tout cela soit encore dit et révélé dans les discours officiels prononcés au nom du gouvernement, et que plus tard on admette des solutions diamétralement opposées à ce qui a été délibéré et adopté, c'est là ce que je ne puis parvenir à m'expliquer.

S'il en était ainsi, s'il fallait se résigner à subir de telles doctrines, si elles étaient bien l'œuvre des auteurs du Code civil, qu'on cesse alors de prodiguer à ce Code les éloges qu'on lui a donnés; qu'on cesse surtout de considérer le titre des *donations et testaments* comme digne des sentiments de reconnaissance, d'enthousiasme et de bonheur avec lequel il fut accueilli par la nation.

« Votre section de législation, disait encore
« M. Jaubert en s'adressant au tribunat, a pensé
« que le projet du titre des donations était digne
« d'entrer dans le Code civil, de faire *partie de*
« *ce grand monument* que le génie et la sagesse
« élèvent à la gloire et au bonheur de notre
« patrie (1). »

---

(1) Fenet, 12, *ibid.*

Mais si la jurisprudence dont on nous menace est légitime, les paroles du savant rapporteur ne sont qu'un mensonge; le titre des *donations* est tout-à-fait indigne de faire partie d'un monu-ment élevé par le génie et la sagesse; il en est indigne, puisqu'il laisse à découvert les intérêts les plus précieux; il dépare, par cela même, le Code tout entier, car le mérite des points acces-soires d'une œuvre s'efface et disparaît devant les défauts ou les lacunes des points les plus impor-tants.

Ce ne sont pas ici, qu'on le remarque bien, de vagues considérations; c'est bien au contraire un motif de décider puisqu'il s'agit de rechercher ce qu'il y a de plus intime dans le génie de la loi, de sa conception même, de son objet.

Nous opposerons un dernier argument à la jurisprudence du 24 juillet 1839. Il est pris dans la contradiction qu'elle oppose à l'interprétation qu'ont reçue les art. 845 et 857 du Code civil.

On sait toute la résistance dont il a fallu user pour renverser l'interprétation restrictive de ces articles. On jugeait d'abord sur le premier, que celui qui renonçait à une succession pour s'en tenir à ce qu'il avait reçu du défunt en avance-ment d'hoirie, ne pouvait imputer ce don que sur la quotité disponible; sur le second, que le rapport n'était dû ni réellement ni fictivement

au légataire de la quotité disponible. La Cour
de cassation s'était prononcée en ce sens ; mais
cette Cour, toujours prête à reconnaître et à
retracter ses erreurs, a proclamé une jurisprudence contraire.

Il y a cela de particulièrement remarquable que
dans la lutte si vive et si animée qui s'était élevée
au sujet de la combinaison des textes intéressés
dans cette solution, trois raisons principales ont
fait pencher la balance ; 1° l'intention présumée
du père de famille qui, en faisant un don en
avancement d'hoirie, n'avait pas voulu se priver
du droit de donner la quotité disponible à un
autre ; 2° l'utilité des dons en avancement d'hoirie
dont il ne fallait pas désaffectionner le père de
famille, parce qu'ils sont des conditions de mariage ; 3° l'autorité paternelle qu'il ne fallait pas
ruiner. Eh bien ! par une coïncidence sur laquelle
nous appelons toute l'attention du lecteur, ce sont
précisément les mêmes idées qui se trouvent
engagées dans le nouveau débat, car nous reprochons à la jurisprudence ; 1° de froisser l'intention du donateur, qui en assurant le sort de
son conjoint, n'a certainement pas entendu se
priver du droit de faire un don préciputaire ; 2°
de rendre impossible les gains de survie, et de
gêner ainsi le mariage ; 3° enfin de désarmer la
puissance paternelle.

Et lorsque la lutte est terminée sur les deux premiers points au profit de la magistrature domestique et du droit de disposition, on ne craint pas de neutraliser tous les effets que ce résultat doit produire par l'interprétation restrictive de l'art. 1094! — Il y a donc entre cet article et les art. 845 et 857 un lien palpable. Ce sont bien les mêmes intérets qu'ils régissent, c'est bien la même influence qu'ils sont appelés à exercer sur les destinées de la famille et de la société. Pourquoi donc les interprêter en sens divers, et détruire d'une main l'édifice qu'on a si laborieusement élevé de l'autre?

Nous avons apprécié sous tous ses points de vue divers, la jurisprudence de l'arrêt du 24 juillet 1839.

La voilà donc établie sur des ruines, s'alimentant de tout ce qu'il y a de plus précieux dans la vie sociale; causant tous les jours de nouveaux désastres, parce que tous les jours s'ouvrent des successions sur lesquelles elle exerce son influence néfaste; restreignant la liberté de conscience; faisant violence tour-à-tour aux convictions morales et religieuses, dans le sein d'une société faite par le christianisme; détruisant la puissance paternelle; brisant de nouveau l'esprit de famille; gênant les premiers mariages, tandis qu'elle incite aux seconds au préjudice des enfants du premier lit, et accablant aussi de son poids ceux même qu'elle a l'air de combler de ses hypocrites faveurs.

Surprise en état d'usurpation manifeste, antipathique aux textes comme à l'esprit de la loi, et surtout à l'esprit de nos traditions, elle demande des alliances au droit de l'Europe, mais les législateurs étrangers se coalisent pour la renier; elle s'adresse à notre ancien droit national qui la renie encore; le seul souvenir du douaire, de l'augment et du contre-augment lui révèle tous les vices de son origine; forcée de descendre le dernier degré de l'humiliation, elle ne trouve pas même un point d'appui dans une législation qu'il faut couvrir d'un voile de deuil. Encore si elle était d'accord avec elle-même! mais elle est condamnée à porter dans son sein les germes de division qui doivent se convertir nécessairement en germes de destruction et de mort.

Ne soyons donc pas surpris si tous nos auteurs ont constamment refusé de faire bon accueil aux idées qu'elle a cru devoir adopter.

Voici comment elle était appréciée d'avance par M. Toullier.

Cet auteur, dans sa première édition, admettant sans hésiter le concours des libéralités, n'en faisait pas même le sujet d'un doute: « *L'époux,* « *s'il y a trois enfants ou plus,* disait-il, *ne peut*

« donner à son épouse que l'usufruit de la moitié et
« la nue-propriété d'un quart à un étranger ou
« à l'un des enfants. Les autres enfants n'ont pas
« à s'en plaindre, la quotité disponible n'est pas
« dépassée et aucun des donataires n'a plus qu'il
« ne pouvait recevoir. »

Dans l'intervalle de la première à la seconde
édition, la Cour de Toulouse rendit son arrêt du
13 août 1810, confirmé en cassation le 21 juillet
1813, qui annulla le legs fait par la dame Cazes,
épouse en secondes noces du sieur Hocquart, à
Françoise Hocquart sa fille du second lit, le motif
pris, comme on le sait, de ce que le don de l'u-
sufruit de moitié donné antérieurement au second mari, équivalent au quart en pleine propriété avait absorbé la quotité disponible.

Quelques jurisconsultes estimèrent que cette
solution contrariait l'opinion émise par M. Toullier. Mais dans sa seconde édition, le savant auteur démontra qu'il ne s'agissait pas dans l'espèce
de l'application de l'art. 1094, mais bien de celle
des art 913 et 1098.

« Mais dans le cas de l'art. 1094, dit-il, un
« premier époux peut recevoir un quart en pleine
« propriété et un quart en usufruit.

« Si donc l'épouse lui donne la moitié en usu-
« fruit seulement, et la nue-propriété d'un quart
« à l'un de ses enfants, les autres n'ont point à
« s'en plaindre.

« Le mari et l'enfant avantagés, ont reçu cha-
« cun moins qu'ils ne pouvaient recevoir, et les
« deux dons cumulés n'excèdent pas la quotité
« disponible autorisée par l'art. 1094.

« Les enfants sont donc sans intérêt pour atta-
« quer l'une ou l'autre des donations ; *cela nous*
« *parait* ÉVIDENT. »

On remarquera que cette solution de M. Toullier était donnée en présence de l'arrêt de la
Cour de Toulouse et de la Cour de cassation, et
que dans l'espèce de ces arrêts, le don de l'usufruit de moitié fait au conjoint avait précédé celui
du quart en pleine propriété fait à l'étranger ;
d'où la conséquence que M. Toullier n'avait dans
sa doctrine aucun égard à l'antériorité des dates.

Après avoir exposé le même système, M. Guil-
lhon écrivait en 1818 : « Cette manière d'opérer
« me parait la plus juste ; elle-même, a des résul-
« tats plus naturels, plus simples et plus con-
« formes à la volonté du disposant, cette ma-
« nière surtout donne à la volonté de l'homme
« la plus grande extension sans que la réserve
« soit jamais diminuée (1). »

On est dans l'usage d'opposer à ces autorités
celles de MM. Proudhon et Duranton. Nous avons
promis de prouver qu'il y avait en cela préoccu-

_____

(1) *Des Donations*, 1, n° 266, page 206.

pation; le moment est venu de tenir notre promesse.

On trouve dans M. Proudhon, trois fragments qui peuvent se référer au concours des libéralités faites par l'époux à son conjoint et à un étranger. Il pose d'abord au numéro 358 ce principe : « Que lorsque la quotité disponible qui « eu égard au nombre des enfants, forme le ma- « ximum, a été épuisée par première donation « entre-vifs, toutes autres libéralités, soit entre- « vifs soient testamentaires, sont inutiles et « comme non-avenues sans que le premier do- « nataire soit obligé de venir à contribution avec « les autres. »

« Ainsi, ajoute-t-il à titre d'exemple, à sup- « poser qu'un père, ayant trois enfants ou un « plus grand nombre, eût par traité nuptial donné « à son épouse un quart en propriété et un autre « quart en usufruit, ou même seulement *un* « *quart en toute propriété*, toute autre donation « qu'il voudrait faire par la suite, soit au profit « d'un étranger, soit par préciput au profit d'un « de ses enfants, resterait inutile et sans objet. »

Puis au n° 360, il écrit dans le même sens :

« Supposez que le mari qui a irrévocablement « donné *un quart* de ses biens à son épouse laisse « trois enfants ou un plus grand nombre, il ne « peut plus rien donner par préciput et hors

« part, à un de ceux-ci ni à un étranger, mais
« il peut encore donner un quart en usufruit
« à sa veuve, parce que la plus grande quotité
« disponible à l'égard de celle-ci n'est pas épuisée
« par sa première libéralité. »

On voit que l'auteur suppose constamment que
le don fait à l'époux est au moins du *quart en
pleine propriété*, et c'est dans ce cas qu'il décide
que toute libéralité postérieure, en faveur d'un
étranger, serait sans objet.

Mais nous n'avons pas nous-mêmes professé
d'autre doctrine; il est manifeste que l'étranger
ne pourrait rien recevoir, même en usufruit,
parce que nous serions en dehors de l'économie
de l'art. 1094, qui a entendu que son excédant
en usufruit sur l'art. 913 et 915 fut attribué
au conjoint exclusivement. Cette solution serait
exacte, les deux libéralités fussent-elles écrites
dans le même testament.

Mais qu'induire de cette solution incontestable, pour le cas où le premier don fait au conjoint, est non plus *du quart des biens*, c'est-à-dire,
non plus du *quart en pleine propriété*, mais de
l'usufruit de moitié seulement? — Les deux positions sont si différentes qu'il n'est pas permis de
conclure de l'une à l'autre.

_____

(1) *De l'Usufruit*, 1, n° 358 à 360.

La même précision écarte avec le même avantage l'opinion de M. Duranton. Cet auteur reproduit l'opinion de M. Toullier, puis il ajoute (1):

« La doctrine de M. Toullier sur ce point nous
« a paru semblable à la nôtre; toutefois nous
« ne nous sommes pas apperçu qu'il ait fait la
« différence que nous faisons, à raison de l'au-
« torité des actes irrévocables. Il parait décider
« d'une manière absolue que, dans le cas ou
« l'époux a fait des libéralités a des tiers et à
« son conjoint, l'on doit s'attacher tantôt à l'art.
« 913 tantôt à l'art. 1094, suivant que l'un ou
« l'autre autoriserait, dans le cas dont il s'agi-
« rait, les plus fortes dispositions tandis que
« nous mettons à cette décision une limitation
« importante, savoir: qu'il en doit bien être
« ainsi toutes les fois que l'époux aura disposé
« en dernier lieu au profit de son conjoint, mais
« non pas lorsque, après avoir donné à celui-ci
« par le contrat de mariage, *le disponible ordi-*
« *naire*, l'époux voudrait, à la faveur de l'art.
« 1094 dépasser cette quotité au profit d'un
« étranger ou même d'un enfant, en lui donnant
« ce que cet article permettait d'attribuer au
« conjoint en sus de ce même disponible. Ce n'est

(1) Tome 9, page 822.

« pas pour d'autres que pour les époux que cet
« article a été introduit. »

On voit que M. Duranton ne raisonne pas dans
notre espèce; il suppose que l'époux a donné à
son conjoint par un acte irrévocable, non pas
l'usufruit de la moitié des biens, mais *le disponible ordinaire*, et le disponible ordinaire, c'est,
d'après l'art. 913, le quart en pleine propriété.
Nous souscrivons entièrement à cette décision,
car si l'époux avait donné à son conjoint le quart
en propriété, nous avons déjà décidé qu'il ne
pourrait plus disposer de rien en faveur d'un
étranger, même en usufruit, la disposition fût-elle
faite par le même acte.

Tous les auteurs sont donc parfaitement d'accord; ils sont unanimes (1).

---

(1) Dans toutes les recherches que nous avons faites, nous
n'avons trouvé qu'un seul dissentiment, celui de M. Joseph
Dubreuil, avocat à la Cour royale d'Aix, qui, en 1822, publia
des observations sur les questions auxquelles donnaient lieu
les art. 845, 857, 913 et 1094. Notre honorable collègue, M. Bou-
teuil professeur à la faculté de Droit d'Aix, a eu l'extrême
obligeance de nous transmettre cet opuscule.

On y voit que M. Dubreuil, bien qu'appartenant au pays
de droit écrit, professait des doctrines entièrement restrictives.
Sur l'art. 857, il enseignait qu'aucun rapport réel ou fictif n'est
dû au légataire; sur l'art. 845, il donne son approbation aux
premières doctrines de la Cour de cassation; enfin sur l'art. 1094,
il ne veut pas que le père de famille puisse distribuer, entre

C'est là, il faut en convenir, un fait nouveau, une chose bien digne de remarque que ce concert d'opinions émanées d'esprits si différents, appartenant à des écoles diverses, expliquant les lois sous l'influence d'opinions politiques multiples, écrivant à des intervalles éloignés, et des divers points de la France se réunissant tous dans une même solution.

Mais leur système n'est pas développé, parce que, lorsqu'ils ont écrit, la jurisprudence actuelle n'existait pas encore, car comme nous l'avons déjà vu, elle ne remonte en réalité qu'à l'arrêt du 24 juillet 1839.

Cette absence de tout développement a dû contribuer pour quelque chose à l'envahissement des fausses doctrines dont le succès peut encore s'expliquer par d'autres motifs.

La jurisprudence a évidemment réagi sur elle-même.

Dès 1810, la règle de l'évaluation générale de l'usufruit à la moitié en pleine propriété est adoptée pour la première fois par la Cour royale de Toulouse, dans un cas de secondes noces. Elle

---

l'époux et l'étranger, la quotité disponible la plus forte de cet article. La jurisprudence a déjà fait justice des deux premières opinions de l'auteur, espérons qu'elle fera aussi justice de la troisième.

se répand insensiblement dans tous les cas où il y a des dons en *usufruit de la totalité*, en *usufruit de moitié* en concours avec des rentes viagères, et en usufruit de moitié en concours avec un quart en *pleine propriété*; et l'on arrive ainsi par une voie glissante à l'appliquer au concours de l'usufruit de moitié avec un quart en pleine propriété. Elle fait de si rapides progrès qu'elle se place au nombre des aphorismes de notre législation; il en est résulté, qu'on l'a appliquée aux cas où elle n'était ni indispensable, ni même utile, aussi bien qu'à ceux où il en était autrement. Entre l'arrêt de la Cour royale de Toulouse du 13 août 1810, qui consacre pour la première fois le principe de l'évaluation dans un cas de secondes noces, où le don de l'usufruit de moitié était en concours avec un don du quart en pleine propriété, et l'arrêt de la Cour de cassation, du 24 juillet 1839, qui considère la règle de l'évaluation *comme étant généralement établie*, et surtout l'arrêt de la Cour royale de Besançon, du 13 février 1840, qui l'admet de plein droit, et sans prendre la peine de la motiver dans tous les cas du concours de l'usufruit de moitié rajusté à un quart en nue-propriété, qu'elle distance! qui oserait la mesurer!

Jusqu'en 1839, elle était restée légale, elle avait parcouru tout son domaine sans le dépasser; voilà pourquoi les auteurs n'avaient pas songé à la combattre. A cette époque, elle franchit pour la première fois ses limites et aussitôt elle devient illégale.

Jusqu'alors on l'avait appliquée pour réduire des libéralités évidemment excessives, ou pour savoir s'il y avait lieu de réduire des libéralités d'une valeur incertaine; et on avait eu raison de procéder ainsi. Mais le 24 juillet 1839, la Cour suprême l'applique à un cas où le cumul des libéralités portait sur des valeurs connues, des quotités certaines, et par cela même elle en fit une application contraire à tous les textes du Code aussi bien qu'à leur esprit, et c'est de là qu'est venu tout le mal.

On a fait une règle générale de ce qui ne pouvait être fondé que dans certains cas exceptionnels, lorsqu'il y a nécessité. Voilà le vice de la jurisprudence.

Avant d'évaluer, il faut savoir s'il est nécessaire de procéder à l'évaluation.

Jusqu'en 1839, la thèse n'avait donc pas été résolue, les choses étaient parfaitement entières, et cependant, dès 1833, on a vu la Cour de Limoges déclarer dans les motifs de son arrêt (1) *que la jurisprudence était déjà formée en ce sens.* En

---

(1) Vid. l'arrêt plus haut.

1836, la Cour d'Aix fait la même déclaration. Et si la jurisprudence est vicieuse pour les espèces dans lesquelles le don de l'usufruit de moitié a été fait sous l'empire de la loi du 17 nivôse an II, ce qui se réalisait dans toutes celles qui ont été soumises à la Cour suprême, il faut le décider par majorité de raison lorsque le don de l'usufruit a été fait sous la loi de germinal ou sous le Code civil. En effet, celui qui disposait sous la loi de nivôse de l'usufruit de moitié, savait qu'il ne pourrait plus disposer de rien en faveur d'un successible, tandis que plus tard, il en a été autrement; la loi de germinal et le Code ayant formellement autorisé de donner la quotité disponible en tout ou en partie aux successibles comme aux non successibles. (Loi du 4 germinal art. 5, Code civ., art. 919).

Enfin, il est permis de croire que la Cour suprême a pu ne pas apprécier comme l'avait fait la Cour de Lyon, les désastres que causerait dans une grande partie de la France le système qui a prévalu.

La Cour de Lyon, exerçant sa juridiction sur un pays où le régime dotal est assez fréquemment accepté, a pu juger parfaitement de la gravité de l'atteinte que le contrat de mariage allait recevoir si le cumul n'était pas admis.

La Cour de cassation au contraire est placée

naturellement sous des influences différentes,
elle siége dans un pays ou le régime dotal n'est
qu'une rare exception, où le régime de la communauté qui constitue le droit commun, voile,
comme on l'a vu, la plus grande partie des inconvénients que nous reprochons au système con
traire, où la puissance paternelle est moins virile-
ment organisée que dans les pays de droit écrit,
grâce aux traditions de l'esprit des coutumes.

Les magistrats qui composent cette Cour, ont
assurément une haute intelligence des mœurs de
la France entière. Mais n'est-il pas vrai pourtant
que les habitudes au milieu desquelles le juge est
appelé à vivre, exercent sur son esprit un ascendant involontaire, qu'elles créent et développent
autour de lui une sorte d'atmosphère dont l'action est d'autant plus certaine qu'elle est insen-
sible et qu'il ne s'en défie pas?

Telles sont vraisemblablement les causes principales de l'erreur que nous avons combattue. Il
suffit d'avoir signalé l'origine du mal pour en
avoir indiqué le remède.

Les circonstances ne furent jamais plus favorables pour l'employer.

L'arrêt de la Cour de cassation du 18 novembre
1840, est un grand pas vers le système dont nous
aimons à prédire le prochain succès. Si M. l'avocat-général Delangle se servait de l'arrêt du 24

juillet, portant cassation de l'arrêt de la Cour de Lyon, pour faire casser l'arrêt de la Cour de Toulouse de 1857 (cause Bonnemain), il faut bien admettre *à contrario* que l'arrêt confirmatif du 18 novembre réagit sur celui du 24 juillet.

Et il est impossible qu'il ne réagisse pas, car la thèse de la divisibilité de la quotité disponible de l'art. 1094 étant ainsi définitivement consacrée, le privilége de l'époux étant parfaitement expliqué et défini, et l'étranger, d'autre part, n'étant pas censé profiter de ce privilége lorsqu'il ne reçoit que le disponible de l'art. 913 ou 915, il faut pour persévérer dans le système de l'arrêt du 24 juillet 1839, consacrer deux choses :

1° Qu'on ne peut exercer le droit de disjonction mentionné en l'art. 899, sans porter atteinte à l'étendue de la quotité disponible ;

2° Que la date des libéralités influe sur cette étendue.

Or, pour consacrer ces deux propositions, il faut escalader des textes formels et tous les principes du droit commun.

M. Armand Dalloz a parfaitement compris la portée de l'arrêt du 18 novembre; aussi en le rapportant, a-t-il eu le soin de l'accompagner des observations suivantes (1) :

_____

(1) *Recueil Périodique*, 1841, 1, note de la page 17.

« Cette importante décision rentre dans la doc-
« trine exposée dans la consultation de M. Dalloz
« aîné, soit dans celle retracée par nous (1)
« au dictionnaire général ; elle est contraire....
« à la doctrine de l'arrêt de cassation du 24 juil-
« let 1839. »

La jurisprudence est arrivée à ce point qu'il
faut qu'elle prenne un parti décisif, ou qu'elle
valide le cumul des libéralités dans tous les cas,
ou bien qu'elle l'annulle dans tous les cas possibles.

Elle se décidera pour la première opinion ;
tout l'y engage, les textes comme l'esprit de la
loi, l'intérêt religieux et de famille, l'intérêt
social comme l'intérêt politique, qui se confond
avec les idées les plus élémentaires d'ordre et
de conservation.

Nous terminerons par quelques précisions qui
ne sont point sans importance, et qui ne sont
que des corollaires des principes exposés :

1° La plus grande partie des raisonnements
qui précèdent militent pour faire valider le concours du don de l'usufruit d'un quart seulement
en faveur de l'époux, et d'un quart en pleine
propriété en faveur de l'étranger ; mais, en sens
inverse, le don du quart en pleine propriété à

---

(1) V° *Portion Disponible*, n° 249 et suiv.

l'époux et du quart en usufruit à l'étranger faits par actes successifs, excéderaient ainsi qu'il a été expliqué dans le *chapitre premier* la quotité disponible, par la nature de la distribution, sinon par la quotité ;

2° Il ne pourrait pas non plus, et à *fortiori* donner l'usufruit de moitié à l'étranger, et un quart en nue-propriété seulement à l'époux ;

3° Toutes les fois que la libéralité faite à l'époux consistera en pleine propriété et plus généralement lorsqu'elle aura lieu autrement qu'en usufruit, en cas de concours de libéralités faites à un époux et à un étranger, la quotité disponible sera réglée par l'art. 913 et non par l'art. 1094, parce qu'il ne faut pas perdre de vue, que l'excédant de ce dernier article consiste en un droit d'usufruit affecté exclusivement à l'époux, quand les libéralités égalent ou excèdent la plus forte quotité disponible ;

4° La quotité disponible étant divisible d'après le droit commun, le quart en nue-propriété pourra être donné tout entier à une seule personne, ou être subdivisé à l'infini entre plusieurs donataires ou légataires, soit que les libéralités aient été faites dans le même acte ou dans des actes successifs ;

5° Dans le cas où le père de famille aurait disposé de l'usufruit de la moitié des biens en

faveur de l'époux, et postérieurement d'un quart
en pleine propriété en faveur d'un enfant ou
d'un étranger, le second donataire aurait la
faculté de réduire spontanément le don qui lui
aurait été fait à la quotité légale pour éviter
l'évaluation de l'usufruit et la réduction qui en
résulterait inévitablement ;

6° Si l'époux a donné à son conjoint l'usufruit
de plus de moitié de la succession, il aura épuisé
par ce don la quotité disponible la plus forte.
Dans ce cas, les légitimaires opposeront avec raison aux légataires ou donataires postérieurs les
dispositions de l'art. 921 du Code, ainsi que nous
l'avons précédemment fait observer.

Toutefois, si le donateur avait eu soin de stipuler que, dans le cas de survenance d'enfants, le
don d'usufruit serait réduit à moitié, c'est comme
si la donation n'avait pas excédé cette quotité,
et le don préciputaire serait parfaitement valable dans les proportions déjà indiquées ;

7° Et si les légitimaires se trouvaient en présence d'un seul don ou legs d'usufruit de plus
de moitié fait au conjoint survivant, comment
faudrait-t-il procéder à la réduction ? Le don
serait-il réductible seulement à l'usufruit de la
moitié, ou bien les réservataires seraient-ils obligés d'opter pour l'abandon de la propriété de la
quotité disponible, ou pour l'exécution du legs ?

Les auteurs sont divisés sur cette question.

MM. Rolland de Villargues (1) et Dalloz (2) estiment que l'art. 917 est applicable à ce cas comme à tous les autres. M. Proudhon (3) au contraire, et un grand nombre d'autres auteurs, décident que l'art. 1094, contient un droit exceptionnel et que l'époux n'ayant été gratifié qu'en usufruit le don doit être réduit à la moitié en usufruit.

La Cour de Poitiers (4) s'était prononcée, en 1823, pour la première opinion; mais la jurisprudence plus récente semble vouloir se fixer dans un sens opposé. Deux arrêts, l'un de la Cour royale de Bourges, du 12 mars 1839 (5), l'autre de la Cour royale d'Angers, du 8 juillet 1840 (6), ont adopté l'opinion de M. Proudhon.

Cette dernière jurisprudence nous parait éminemment vicieuse.

Elle est fondée sur cette unique raison, que l'art. 1094 permettant à l'époux de disposer en faveur de son conjoint de l'usufruit de moitié, lorsque le don ou legs est en usufruit, il faut opérer la réduction d'après la nature même du don. Ainsi

---

(1) *Repertoire,* vº *Portion disponible.*
(2) *Jurisprudence générale*, t. 6, page 270.
(3) *De l'usufruit,* 1, nº 347.
(4) 20 mars 1833. — Dalloz, *Jurisprudence générale,* 6, 270.
(5) Sirey, t. 39-2, 374.
(6) *ibid.,* 1840-2-391.

l'exception à l'art. 917 proviendait de la dernière partie de l'art. 1094.

Les travaux préparatoires du Code civil, dont on n'a pas encore argumenté, suffisent pourtant pour faire justice de ce raisonnement.

Nous avons eu plusieurs fois occasion de rappeler les rapports qui existaient primitivement entre l'art. 1094 et l'art. 913.

D'après le premier projet du gouvernement, proposé en l'an VIII, 1° on ne pouvait disposer en faveur d'un étranger, que du quart en propriété, quel que fut le nombre des enfants (art. 16); 2° d'après l'art. 17 du même projet, on ne pouvait, dans les mêmes cas, disposer en faveur de l'étranger que du quart en usufruit.

L'art. 156 (1094), est donc doublement extensif de la quotité disponible entre époux; il les autorise à disposer entre eux d'un quart en propriété et d'un quart en usufruit, ou de *la moitié en usufruit seulement*. Ces dernières locutions sont donc un privilége d'époux à époux. Le mot *seulement* ne se référant qu'au droit de disposer en *propriété* dont il est question dans la même phrase.

Trois ans après, en l'an XI, la règle de l'art. 17 qui défend de disposer en usufruit d'une part supérieure à celle dont on pourrait disposer en propriété est retranchée et remplacée par l'art. 917 actuel.

Voici comment le Conseil-d'État, dans la séance du 28 pluviôse, explique ce nouvel article (1) :

M. Tronchet dit que l'objet de cet article est de prévenir une difficulté qui s'est souvent présentée.

« La légitime doit être laissée en entier ; il
« pouvait arriver cependant qu'un testateur en
« réservant la totalité de ses biens à ses enfants,
« les eût chargés d'une rente viagère, ou d'un
« usufruit qui en réduirait le produit au-dessous
« des trois quarts. On a demandé si le légiti-
« maire pouvait se plaindre, et quelques-uns ont
« pensé qu'il était récompensé de la diminution
« de sa jouissance par la propriété de sa portion
« disponible. Mais il a été décidé, conformément
« au sentiment de Ricard, que le testateur avait
« fait ce qu'il ne pouvait pas, et qu'il n'avait pas
« fait ce qu'il pouvait. Or, n'étant pas permis
« aux juges de suppléer à la volonté du testateur,
« on réduisait ordinairement l'usufruit ou la rente
« au revenu de la portion disponible... La sec-
« tion a cru devoir proposer une règle fort simple
« qui prévient ces sortes de procès. »

« M. Treilhard ajoute : que ni l'héritier, ni le

_____

(1) Fenet, t. 12, pag. 237.

« légataire ne peuvent se plaindre. Le premier a
« un moyen de s'affranchir de la rente ; le se-
« cond acquiert une propriété en remplacement
« de l'usufruit. »

L'article est adopté sauf rédaction.

Je le demande maintenant, les raisons données à l'appui de l'art. 917 ne s'appliquent-elles
pas au cas de l'art. 1094, comme à tous les autres cas ?

Mais vous argumentez contre le conjoint donataire, par exemple, des deux tiers, des trois
quarts de la totalité de l'usufruit, et vous dites :
on pouvait vous donner l'usufruit de moitié d'a-
près les derniers termes de l'art. 1094 ; on vous
a gratifié d'une quotité supérieure, vous devez
donc être réduit à la moitié.

Il doit vous répondre par deux raisons décisives :

1° La faculté que j'avais de recevoir de mon
conjoint l'usufruit de moitié était précieuse en
présence de l'art. 17 du premier projet de l'an
VIII ; cet article ayant disparu, je suis rentré dans
le droit commun. Cette faculté m'avait été accordée par exception comme un privilége, c'est
un point incontestable ; et vous me l'opposez aujourd'hui pour me priver du bénéfice du droit
commun de l'art 917 ! Or, la première règle
d'interprétation, c'est de ne jamais retourner

contre quelqu'un, une disposition qui a été faite en sa faveur.

2° Si un étranger a été gratifié de l'usufruit de la totalité de la succession, les légitimaires sont obligés de recourir à l'option de l'art 917, et ils ne seraient pas obligés d'y recourir vis-à-vis de moi, conjoint survivant, parce que je suis plus favorisé qu'un étranger! Et pourtant quand la propriété du disponible est abandonnée à l'étranger, les légitimaires en sont privés pour toujours, tandis qu'ils ont l'espoir de retrouver dans la succession du conjoint celle qu'il a recueillie.

Ce n'est pas tout; si l'époux du second lit reçoit un don d'usufruit excessif, les enfants du premier lit comme ceux du second, sont encore obligés de lui offrir l'abandon de la propriété de la quotité disponible de l'art. 1098. M. Proudhon en convient lui-même (1), et la Cour de Besançon l'a jugé par un arrêt des plus explicites, en date du 22 mai 1813 (2); et l'on voudrait que l'époux du premier lit fut privé d'un droit qui n'est pas refusé à l'époux du second, frappé d'une incapacité partielle par l'art. 1098, quand il y a des enfants d'un précédent mariage!

Tout se réduit donc comme on le voit, à sa-

---

(1) Tom. 1, n° 349.
(2) Dalloz, *Jurisp. gén.*, t. 25, pag. 753 et suiv.

voir si l'on peut raisonnablement se faire une arme contre l'époux de la dernière partie du texte de l'art. 1094, conçu dans l'objet de créer un privilége en sa faveur. Vous procédez constamment, comme si la disposition de l'art. 1094, qui autorise de donner au conjoint *la moitié de tous les biens en usufruit seulement*, avait été conçue dans un but limitatif ; mais c'est là précisément que consiste votre erreur, car cette disposition qui n'a jamais varié, avait été faite au contraire dans un but doublement *extensif.*

Il n'y a rien à répondre à ce raisonnement pris des travaux préparatoires, travaux qui répandent une lumière si vive sur le véritable sens de tout l'art. 1094.

Ne voulut-on d'ailleurs consulter que le texte de l'art. 917, la solution devrait être la même. Il est fait généralement pour le cas où la disposition *en usufruit excède* la quotité disponible.

Et puis, si la disposition faite à l'époux consistait en une rente viagère, ou bien si elle était mi-partie d'usufruit et de rente viagère, ne faudrait-il pas évidemment appliquer cet article ?

On insiste et on dit : mais vous dénaturez l'institution du disposant, vous allez contre ses intentions ; il n'avait fait qu'un don d'usufruit, et vous obligez les légitimaires à lui faire l'abandon d'une quotité en propriété. Vous le faites donc disposer en propriété quand il n'avait disposé qu'en usufruit.

Je me borne à répondre que le même inconvénient se présente à l'égard des dons faits aux étrangers ; que l'exercice du droit conféré par l'art. 917, suppose nécessairement que les dispositions seront dénaturées ; quand aux intentions du disposant qu'on dénature, la réponse est la même. On ne peut appliquer, en aucuns cas, l'art. 917, sans tomber dans le même désavantage. D'ailleurs, le disposant n'était pas censé ignorer la loi, et il a dû prévoir alors ce qui est arrivé.

Concluons donc que l'art. 917 a une portée générale qui n'admet pas l'exception qu'on voudrait mal à propos introduire. Ainsi d'après les solutions de la *seconde partie* de ce traité, s'il n'y a qu'un enfant réservataire, il devra subir le don d'usufruit, ou faire l'abandon de la moitié en propriété. S'il y a deux enfants, ils devront offrir l'abandon du tiers en propriété, ou d'un quart en propriété joint à un quart en usufruit, au choix du conjoint survivant. S'ils sont trois ou un plus grand nombre, le quart en propriété et le quart en usufruit.

QUATRIÈME PARTIE.

Des moyens à prendre pour tourner d'une manière licite les effets de la Jurisprudence qui ferait dépendre le sort du cumul de l'ordre des dates des diverses libéralités, et, plus généralement, pour légitimer le cumul du don de l'usufruit de moitié en faveur de l'époux, et de celui du quart en nue-propriété en faveur d'un enfant ou d'un étranger.

—

Nous avons démontré, dans le cours de ce traité, la légalité du cumul du don de l'usufruit de la moitié des biens en faveur du conjoint, et du quart en nue-propriété en faveur d'un enfant ou d'un étranger. La jurisprudence tend, comme on l'a vu, à s'établir en ce sens, lorsque les deux libéralités sont faites par un *seul et même acte;* tandis qu'elle tend à s'établir en sens contraire, lorsque les libéralités étant faites par *des actes successifs* et irrévocables, l'enfant ou l'étranger ont été gratifiés les derniers.

Il était donc très important, surtout pour cette dernière hypothèse, d'indiquer les moyens proprès à tourner cette jurisprudence, si elle venait à se consolider et à se maintenir.

Quant à la première hypothèse, tant que la Cour suprême ne se sera pas prononcée, les esprits ne pourront se défendre de certaines inquiétudes pour l'avenir. L'arrêt de la Cour d'Aix, du 18 avril 1836, et surtout l'admission du pourvoi contre l'arrêt de la Cour de Grenoble, du 26 mars 1828, contribueront puissamment à entretenir ces inquiétudes.

Un testateur ne doit avoir, au moment de sa mort, aucune défiance sur le sort de ses dernières volontés. Il importe donc également d'indiquer les expédients qui sont de nature à lever toutes les difficultés, et à placer les deux libéralités au-dessus de toute controverse, lorsqu'elles sont faites par un seul et même acte.

Nous aurons à nous occuper, à ce sujet, des libéralités déjà faites, et de celles qui auront lieu à l'avenir.

Le jurisconsulte qui tracerait des voies indirectes ou mystérieuses dans le but d'éluder l'exécution des lois, manquerait au premier de ses devoirs, et il n'y aurait pas, à notre avis, de censure assez sévère pour flétrir un aussi grave oubli. Mais celui qui, convaincu que les errements de la jurisprudence ont faussé la loi, puise dans les textes de la loi elle-même, ou dans les principes du droit commun, les moyens propres à décliner les effets désastreux de cette jurisprudence, celui-là attache au contraire son nom à une œuvre utile, et si ses efforts ne sont pas couronnés de succès, ses intentions n'en sont pas moins légitimes.

Les moyens que nous allons proposer se rattachent tous à cette idée principale, que les esprits les plus avancés dans les opinions contraires à celles que nous avons soutenues, et la Cour de cassation (motifs de l'arrêt précité du 7 janvier 1824), valident eux-mêmes le cumul des deux libéralités, lorsque les dispositions faites en faveur du conjoint sont les dernières en date. La solution du problème serait donc toute entière dans une question de rang, de date ou de priorité, et, par suite, l'expédient qui nous fournira le moyen de post-poser, pour le passé ou pour l'avenir, le don fait à l'époux, au don fait à l'enfant ou à l'étranger, mettra à l'abri de toute controverse la légalité du cumul.

Pour plus de clarté, nous distinguerons les actes déjà faits, révocables ou irrévocables, et ceux qui seront faits à l'avenir.

I.

Des moyens à prendre pour tourner la jurispru-
dence à l'égard des actes déjà faits.

—

Ici, pour suivre la filiation naturelle des idées,
nous examinerons successivement les dons faits
entre époux par contrat de mariage, et ceux
faits pendant le mariage par donations quali-
fiés entre-vifs ou par testament.

---

§ 1er.

Des libéralités faites entre époux par contrat de
mariage, à titre de gains de survie.

—

Il est bien entendu d'abord que nous ne considérons ici ces libéralités qu'à titre de gains de
survie; car, si les donations sont pures et simples, si elles ont déjà saisi le donataire du droit
et de son exercice, en d'autres termes, si elles
ne sont pas soumises à la condition de survie,
condition qui doit être formellement exprimée,
elles sont régies par les principes du droit commun (1092).

Les libéralités faites par contrat de mariage étant irrévocables de leur nature, et l'antériorité des gains de survie au don fait à l'étranger étant, toujours d'après les tendances que nous combattons, l'obstacle à la validité du don préciputaire, il est manifeste que l'obstacle ne peut être levé qu'au moyen d'une renonciation à ces libéralités de la part de l'époux donataire.

Mais cet obstaclr levé, on ne saurait espérer d'arriver à la validité du cumul; la seule conséquence qu'on obtient c'est la validité du don préciputaire qui aurait été inutile sans la renonciation.

Nous sommes donc, à proprement parler, en dehors de notre plan. Mais comme il est notoire que ce moyen est fréquemment mis en usage pour favoriser un don préciputaire, nous avons dû examiner son efficacité et surtout mettre en relief les conséquences qu'il entraîne.

Or, ces renonciations sont-elles valables? Ne faut-il pas faire plusieurs distinctions? Et celles qui sont valables quels effets produisent-elles?

Ce sont autant de questions qu'il est essentiel d'examiner, d'autant plus que la doctrine est encore tout-à-fait incomplète à ce sujet.

Nous distinguerons les renonciations faites pendant le mariage de celles qui n'ont lieu qu'après sa dissolution.

1° Des renonciations aux gains de survie faites pendant le mariage.

M. Toullier a soutenu (1) dans son traité du contrat de mariage, la validité de la renonciation aux gains de survie. M. Troplong a enseigné (2), de son côté, que les pactes faits sur les gains de survie n'offraient rien de contraire aux principes.

Ces doctrines sont beaucoup trop générales, et leur généralité les rend essentiellement vicieuses, ou du moins elles sont susceptibles de donner lieu à de nombreuses équivoques.

Les gains de survie peuvent présenter autant de variétés et d'espèces que les libéralités ordinaires dont ils ne se distinguent que par la condition casuelle et suspensive à laquelle ils sont subordonnés. Les futurs époux peuvent en effet se donner, à ce titre, une quotité de leurs biens présents, des corps certains et déterminés, ou des sommes à prendre sur leurs biens présents, ou sur leurs biens présents et à venir, ou sur leurs biens à venir seulement, ou s'instituer contractuellement en une quotité de tous leurs biens présents et à venir ou à venir seulement, ou se donner l'usufruit de leurs biens présents ou l'u-

---

(1) Tom. 13, n° 122.
(2) *De la vente; commentaire de l'art.* 1600.

sufruit d'une quote de leurs biens présents ou à venir, ou de leurs biens à venir seulement.

Nous donnons à ces diverses donations ou institutions, le nom de gains de survie, bien qu'au premier abord, les donations de biens à venir ou de biens présents ou à venir paraissent se confondre avec les donations ordinaires de ce genre, qui exigent toujours pour produire leur effet, la survivance du donataire au donateur (C. civ. art. 1089). La raison en est que d'après l'art 1093 du Code civil, les donations de biens à venir ou de biens présents et à venir entre époux, ne sont pas transmissibles aux enfants issus du mariage en cas de prédécès de l'époux donataire, disposition particulière qui justifie parfaitement la qualification générale sous laquelle nous les avons placées, puisque ces donations ne dépassent pas les limites de la personne du donataire.

Cela posé, examinons les diverses objections qui ont été proposées contre la renonciation aux gains de survie pendant le mariage.

On leur a reproché : 1º de constituer une violation de l'art 1395, qui dispose que les conventions matrimoniales ne peuvent recevoir aucun changement après la célébration du mariage ;

2º De répugner à la maxime qu'on ne peut renoncer prématurément et par anticipation à un droit qui n'est pas encore acquis ;

3° Enfin de contenir une renonciation à la succession d'un homme vivant, et l'aliénation d'un droit éventuel à cette succession, au mépris de l'art. 791 du Code civil.

Tels sont les trois griefs qui ont été articulés. Examinons-les successivement.

Le premier est selon nous sans aucun fondement.

Les gains de survie sont, sans aucun doute, des *conventions matrimoniales ;* mais renoncer au bénéfice résultant d'une convention, ce n'est pas *changer* cette convention.

Renoncer à un droit c'est prouver nécessairement qu'on en est saisi ; c'est faire acte de propriétaire. Celui qui n'a pas, ne peut pas renoncer ; la renonciation n'est donc qu'un *mode d'exécution* des conventions matrimoniales.

C'est le motif qui a déterminé un arrêt de la Cour de cassation du 18 avril 1812 (1) : « Atten-« du, dit la Cour, que la *renonciation* pouvait « être regardée plutôt comme une *exécution* que « comme une dérogation au contrat de mariage, « etc. »

Le tribunal civil de Fougères jugea quelques années après la question dans le même sens.

_____

(1) Sirey, tom. 13, 1, 138.

Il est vrai que MM. Isambert et Sirey délibérè-
rent le 1er novembre 1822 une consultation longuement motivée, dans laquelle ils concluaient
qu'il y avait lieu d'appeler du jugement, parce
qu'il contenait une violation de l'art. 1395; mais
leurs raisonnements sont loin d'être concluants (1).
Les dispositions de l'art. 1395 du Code civil
ne sont donc pas violées.

En second lieu, la renonciation lèserait-elle le
principe d'après lequel on ne peut renoncer à un
droit encore non acquis et qu'on ne pourrait accepter, si on le voulait, principe ainsi formulé
dans le droit romain : *quod quis, si velit, habere
non potest, id repudiare non potest* (2), et qui est
encore en vigueur dans notre droit, parce qu'il
tient à la nature même des choses. MM. Merlin (3)
et Favard de Langlade (4) le reconnaissent de la
manière la plus explicite.

Ici il faut distinguer :

Si les gains de survie consistent dans un droit
certain et irrévocable, comme par exemple une
quotité de biens présents, en propriété ou en usufruit, ou un corps déterminé, ou une somme à

---

(1) Sirey, 1822; 2, 36.
(2) Paul, frag. 174, ff., de div. reg. juris.
(3) Repert, v°., Renonciation, § II.
(4) Répertoire, v°., Renonciation.

prendre sur ces biens présents, la renonciation
n'enfreint pas la maxime prémentionnée. Le
droit est acquis, bien que subordonné à une condition casuelle et suspensive, la survivance du
donataire. Écoutons Furgole, qui ne fait d'ailleurs que professer des doctrines enseignées
avant lui par Ricard (1). Voici ce qu'il écrivait
sur l'article XV de l'ordonnance de 1731, qui
défendait de comprendre dans les donations, les
biens à venir, à peine de nullité pour le tout,
même pour les biens présents.

« Pour ne pas équivoquer sur ce qui peut être
« considéré comme biens à venir, ou comme
« biens présents, il faut user d'une distinction
« qui, quoique subtile est néanmoins très-vraie.
« Lorsque les biens ne sont pas au pouvoir du
« donateur, et qu'il n'a aucun droit ni aucune
« action, pure ou conditionnelle, pour les pré-
« tendre ou pour les espérer, c'est le véritable
« cas des biens à venir, dont il est défendu de
« faire des donations hors du contrat de ma-
« riage.

« Que s'il s'agit d'un droit acquis au donateur
« ou d'une action qui lui compète ou pourra lui
« compéter *dans l'événement de quelque condition*

---

(1) Des donations, nos 1045, 1046.

« qui puisse avoir un effet rétroactif au jour de
« l'acte qui établit le droit ou l'action, ce n'est
« point un bien à venir ; et la donation qui com-
« prendrait une telle action ou un tel droit ne
« serait pas nulle comme fait d'un bien à venir,
« elle serait d'un bien présent, c'est-à-dire du
» droit ou de l'action. Par exemple : Titius
« donne à Mœvius un certain fonds sous une
« condition casuelle ou mixte ; avant l'événe-
« ment de la condition, Mœvius donne tous ses
« biens à Sempronius, et, par exprès, le fonds
« qui lui avait été donné par Titius. Ce sera non
« une donation de bien à venir, capable d'annul-
« ler les donations des autres biens, mais une
« donation de l'action qui sera censée avoir ap-
« partenu à Mœvius du jour de la donation à lui
« faite par Titius, dès que la condition sera ar-
« rivée parcequ'elle aura un effet rétroactif. On
« doit dire la même chose dans tous les cas
« semblables, soit qu'il s'agisse d'un droit condi-
« tionnel, établi par une donation ou par tout
« autre contrat entre vifs, *à cause* que la condi-
« tion qui y est attachée *remonte au jour du con-*
« *trat qui la renferme* (1). »

Ce sont là, incontestablement, les vrais principes qu'Ulpien avait établis dans le droit ro-

(1) *Des Donations*, 1, pag. 226.

main, lorsqu'il écrivait que le créancier sous condition n'en était pas moins créancier, avant l'événement de la condition : *eum qui stipulatus est sub conditione, placet, etiam pendente conditione, creditorem esse* (1).

Le Code civil les a consacrés à son tour, en déclarant dans l'article 1179, que *la condition accomplie a un effet rétroactif* au jour où l'engagement a été contracté; et dans l'art. 1180, que le créancier peut, avant que la condition soit accomplie, exercer tous les actes conservatoires de son droit; par exemple, requérir une inscription hypothécaire (2132, 2148 ? IV), interrompre la prescription, produire dans les ordres pour y obtenir des collocations éventuelles.....

Or, la condition de survie est bien, comme l'enseignent M. Toullier (2) et M. Troplong (3), une de ces conditions suspensives et casuelles, qui ont un effet rétroactif au jour même de l'engagement ou de la donation. Le donateur est déssaisi (4), il ne peut plus aliéner à titre gratruit ni onéreux au préjudice de la donation qu'il

---

(1) Fragment 47, *de Obligat.*
(2) Tom. 5, nos 276-7.
(3) *Commentaire de la vente*, art. 1600.
(4) Toulouse, 29 décembre 1825, Dalloz, pag. 33-2-147 — Bruxelles, 27 mars 1833, ibid., 34-2-100.

a faite; par suite le donataire devenu propriétaire ou créancier sous condition est saisi ; la chose est pour lui *in bonis*, elle est censée faire partie, comme le dit Furgole, de ses biens présents. Il peut la donner *comme un bien présent*, et s'il peut la donner, il peut y renoncer ; la renonciation n'a rien de prématuré. Au premier abord, on serait disposé à croire que dans le cas ou la donation est en propriété ou en usufruit d'une quotité de biens présents et à venir, avec un état de dettes et charges, ainsi qu'il est réglé en l'art. 1084 du Code civil, le donataire aurait le droit de renoncer pendant la vie du donateur aux biens présents. Mais il n'en faut pas moins décider que cette renonciation serait prématurée, tous les droits du donataire survivant, même en ce qui touche les biens présents, étant subordonnés à une option qui, d'après le texte même de cet article, ne peut avoir lieu que *lors du décès du donateur*.

Et, à plus forte raison, s'il s'agissait de gains de survie, consistant en une quotité de biens présents et à venir, en propriété ou en usufruit, sans état de dettes et charges, ou de biens à venir seulement, ce qui est la même chose (1082, 1085), ou d'un objet ou d'une somme à prendre sur ces biens, le droit du donataire étant à la fois conditionnel et incertain, le donateur conservant jusqu'à sa mort le droit d'annihiler la donation à volonté par des dispositions à titre onéreux (1082), la fiction de la retroactivité au jour de la donation ne peut plus être invoquée, il n'y a ni créance, ni donation conditionnelle, ni aucune espèce de droit acquis. Le donataire ne peut faire utilement aucun acte conservatoire puisque tous ses droits ne portent que sur des biens à venir. Toute renonciation purement abdicative de sa part serait donc prématurée, la règle *quod quis, si velit, habere non potest, id repudiare non potest*, recevant alors son application ; et quant à celle qui serait translative, elle ne pourrait avoir lieu qu'en faveur du mariage, ainsi que le décidait Furgole, dont la solution s'applique encore à notre droit, en vertu de la combinaison des art 943, 947 et 1082 du Code civil, qui autorise, en faveur du mariage, les donations de biens à venir.

L'époux aurait bien pu traiter et transiger sur les biens à venir consistant en un objet ou une somme à prendre sur l'hérédité, parce qu'il est permis de traiter sur les choses futures (1130 § 1er), l'objet ou la somme ne constituant qu'un droit à titre particulier qui ne peut tomber dans l'aliénation anticipée des droits héréditaires proscrite par le § 2 du même article; et c'est à ce point de vue qu'on doit adopter la doctrine de

deux arrêts de la Cour de cassation, l'un du 31
mars 1826 (1), qui a décidé qu'une femme avait
pu traiter pendant la vie de son mari, sur une
somme qui lui avait été promise par celui-ci, *à
titre de frais de deuil et de douaire;* l'autre, du 22
février 1831, par lequel elle a jugé qu'un traité
avait pu être fait valablement pendant le mariage
sur une *pension viagère et alimentaire*, promise
à la femme par contrat de mariage au même titre (2).

On a donc pu disposer à des titres divers, quand
on n'aurait pu renoncer gratuitement. De la première de ces facultés, il n'est pas permis de conclure à la seconde. Cujas (3) l'a démontré par la
conciliation de divers fragments du droit romain,
conciliation qui a engendré la maxime : *aliud est
pacisci, aliud renunciare.* Le grand jurisconsulte
disait à cet égard : *Repudiamus delata; pacisci-
mur tantum de non delatis.*

Mais la renonciation aux gains de survie pendant le mariage, n'est-elle pas encore prohibée
par l'art. 791 du Code civil, ainsi conçu : « On
« ne peut, même par contrat de mariage, re-
« noncer à la succession d'un homme vivant, ni

---

(1) Dalloz 1826; 1, 292.
(2) *Ibid.*, 1831; 1, 103.
(3) Tom. 7 de ses œuvres, pag. 1176.

« aliéner les droits éventuels qu'on peut avoir à
« cette succession. »

Il faut maintenir la distinction qui précède :

Si le gain de survie consiste dans un droit certain et irrévocable, la propriété ou l'usufruit des biens présents ou d'une quotité de ces biens, il est manifeste qu'il ne saurait y avoir dans la renonciation à ce droit, renonciation à la succession d'un homme vivant ou à un droit éventuel à cette succession. Il en serait de même, s'il s'agissait d'un objet particulier ou d'une somme à prendre sur les biens présents.

Que si, au contraire, l'époux a été institué contractuellement en une quotité de tous les biens présents et à venir, avec ou sans état de dettes, ou des biens à venir, ou donataire de tous les biens immeubles à venir, de tous les meubles, ou d'une quotité des uns ou des autres (1010), il est tout aussi manifeste, qu'il ne peut pas renoncer sans tomber dans la prohibition de l'art 791, la loi ne distinguant pas ici l'hérédité *ab intestat*, testamentaire ou contractuelle, les raisons de décider étant toujours les mêmes.

Mais que faudra-t-il décider si les gains de survie, (comme dans notre espèce) consistent dans une quotité en usufruit des biens présents et à venir, ou de biens à venir, c'est-à-dire de ceux que le disposant laissera à son décès? Dans quelle catégorie faut-il placer cette donation ou institution?

La difficulté provient de ce que le donataire ou légataire d'une universalité à titre d'usufruit, ne succède pas à la personne; il n'est pas *juris sucsor... in universum jus*, cette qualité n'étant attribuée qu'à ceux qui succèdent en une quotité de biens *en toute propriété*.

Ce point de droit est établi et développé par M. Proudhon dans son traité des droits d'usufruit (1).

Faudra-t-il induire de là que la répudiation, de la part de ce donataire ne tombe pas dans le cas de l'art. 791 ? — Nous ne saurions le penser.

On peut recueillir des droits successifs dans une hérédité, sans succéder pour cela à la personne, ce qui se vérifie de la part des successeurs irréguliers, par exemple, de l'enfant naturel, qui est privé par un texte formel de la qualité d'héritier (art. 756). La Cour de Bruxelles a jugé avec raison, que ce cas était régi par l'art. 791, et tous les auteurs, notamment M. Chabot (2) et M. Duranton (3) ont adopté la doctrine de cette Cour.

L'enfant naturel succède, il est vrai, à la pro-

---

(1) Tom. 2, pag. 58, n° 475-6.
(2) Sur l'art. 841.
(3) Des Successions, IV, n° 480.

priété des biens, tandis que le don ou legs universel ou à titre universel dont nous parlons, ne consiste qu'en *usufruit;* la différence est sans doute considérable et nous n'entendons pas assurément la contester, mais à notre point de vue la solution n'en doit pas moins être la même. Nous avons voulu seulement établir que l'on pouvait être successible sans succéder à la personne, sans être héritier proprement dit.

D'un autre côté, si le donataire n'a pas un droit certain et irrévocable, s'il ne peut venir en qualité de propriétaire ou de créancier, sous une condition qui se réalise par la mort, il faut bien qu'il recueille son droit *à titre successif.* Car, en quelle autre qualité pourrait-il se présenter?

Or, le donataire d'une quotité de l'usufruit de biens à venir a-t-il un droit acquis avant la mort du donateur? Est-il propriétaire? Peut-il songer à faire des actes conservatoires? La négative ne saurait être douteuse.

Son droit, incertain jusqu'à la mort de l'instituant, ne date donc que de cette époque; il ne s'ouvre qu'alors, il n'en est saisi que par cet événement, puisque ce n'est qu'à dater de cet instant que le donateur a été lui-même déssaisi (1). Aucune espèce de retroactivité ne peut donc être

---

(1) Cassation 23 mars 1841; Sirey, 1841, 1-246.

invoquée par le donataire. Enfin le droit porte sur une *quotité* des biens héréditaires.

Il a donc recueilli, à ce point de vue, à titre successif. On ne peut songer sérieusement à le comparer à un donataire à titre particulier, qui n'a pas besoin de prendre part au partage, qui ne contribue pas aux dettes et charges de l'hérédité, tandis qu'il en est tout autrement du chef du donataire d'une quotité d'usufruit, qui contribue à ces dettes et à ces charges, ainsi qu'il est réglé dans l'art. 612 du Code. *Il est donc successible*, et sinon héritier, du moins il est *loco hœredis* dans le sens que nous venons de préciser. Il a *un droit éventuel à la succession.*

Le texte de l'art 791 lui est donc applicable.

Les motifs de cet article ne le sont pas moins.

Pourquoi a-t-on prohibé la renonciation, même par contrat de mariage, à la succession d'un homme vivant ? Par deux motifs principaux qui nous sont révélés par le tribun Siméon, dans le discours qu'il prononça devant le corps-législatif, sur le titre *des successions.* « On ne peut, disait-« il, renoncer d'avance à la succession d'un vi-« vant, ni en vendre sa part. *Il faut connaître* « *son droit et savoir en quoi il consiste pour y re-* « *noncer valablement.* » Puis il ajoute : « la re-« nonciation, si elle est gratuite, est une sorte de

« mépris, une *offense qu'on fait à celui dont on*
« *répudie d'avance l'héritage* (1). »

Or, ces deux raisons ne s'appliquent-elles pas
littéralement à la renonciation d'un droit sur une
quotité en usufruit des biens à venir?

La jurisprudence des Cours royales et de la
Cour de cassation, s'est fixée en ce sens sur l'interprétation de l'art. 841 ainsi conçu : « Toute
« personne, même parente du défunt, *qui n'est*
« *pas son successible* et à laquelle un *co-héritier*
« aurait cédé son droit à la succession, peut être
« écartée du partage, soit par tous les co-héri-
« tiers, soit par un seul, en lui remboursant le
« prix de la cession. »

On s'est demandé si ce droit, connu sous le
nom de *retrait successoral,* pouvait être exercé
légitimement contre le donataire d'une quotité en
usufruit des biens à venir, en d'autres termes,
et par là même, si ce donataire était ou non successible, comme aussi, s'il pouvait l'exercer à son
tour contre les cessionnaires étrangers, et par
cela même si on devait le considérer comme co-
héritier.

Sur ces deux points, la jurisprudence établie
et généralement acceptée a été d'accord que le
donataire pouvait exercer le retrait successoral,

---

(1) Fenet, 12, pag. 235-6.

parce qu'il était au nombre des *co-héritiers* (1), et
par le même motif, qu'on ne pouvait pas l'exercer contre lui, parce qu'il était au rang des successibles (2). La Cour de cassation a sanctionné
elle-même cette doctrine par deux arrêts du
21 avril 1830 (3). « Attendu, dit la Cour, que la
« dame Latouraille réunissait la double qualité
« de *donataire en usufruit* de *l'universalité des*
« *immeubles* de son mari, et en propriété de la
« totalité de son mobilier, et que sous ce rapport
« elle ne pouvait être passible du retrait succes-
« soral. » Et dans un autre arrêt du même jour,
par les mêmes motifs, qu'elle devait être considérée *comme successible*.

Sans doute, il suffisait que cette dame eût la
qualité de donataire de tout le mobilier, pour être
rangée dans la classe des successibles (art. 1010);
mais puisque la Cour, dans ses deux arrêts, se
fonde sur les deux qualités, qu'elle invoque constamment celle de *donataire* de *l'usufruit de l'u-
niversalité,* c'est que cette qualité lui conférait
aussi, à ses yeux, celle de successible.

---

(1) Cour de Bastia, 23 mars 1835, Sirey, 35, 2, 349.

(2) Cour de Paris, 2 août 1821, Sirey, 1822, 2, 29; — de Nîmes, 30 mars 1830, 1830, 2-185; — de Caen, 11 juillet 1827,
1830, 1-169. On ne trouve qu'un arrêt en sens contraire; il est
de la Cour de Riom sous la date du 23 avril 1818.

(3) Dalloz, 1830, 1, 204.

Or, si le donataire ou légataire d'une quotité
en usufruit est *co-héritier* et *successible*, dans le
sens de l'art. 841, peut-il ne pas l'être dans le
sens de l'art. 791? Sa qualité peut-elle être scin-
dée, et serait-il logique de prétendre qu'il a pu
renoncer d'avance comme n'étant pas successible à une succession dans laquelle il aurait pu,
comme *co-héritier*, exercer le retrait successoral,
retrait qui est pourtant une exception aux principes du droit commun d'après lequel le cession-
naire doit avoir les mêmes droits que le cédant.

La Cour de cassation a consacré de plus fort
les mêmes principes par un arrêt du 10 août
1840 (1), confirmatif d'un arrêt de la Cour royale
de Poitiers (2), qui avait jugé qu'un traité fait
sur une donation de l'universalité de l'usufruit
des biens qui seraient délaissés au décès constituait un traité sur une succession future.

Nous disons, en nous résumant, que les époux
pourront, pendant le mariage, renoncer purement et simplement ou en faveur d'une personne
déterminée, à leurs gains de survie consistant
en un droit certain, déterminé et irrévocable, en
une quotité de biens présents, ou de l'usufruit
des biens présents, en un objet déterminé, ou en

(1) Sirey, 1840, 1, 757.
(2) *Ibid.*, 1839, 2, 502.

une somme à prendre sur les biens présents; mais qu'ils ne pourront valablement renoncer aux gains de cette nature consistant en une quotité en propriété ou en usufruit de tous les biens présents et à venir, avec ou sans état de dettes et charges annexé à la donation, en une quotité en usufruit ou en propriété des biens qu'ils laisseront au jour de leur décès, ou de tous les immeubles à venir, ou de tous les meubles, d'une quotité fixée de tous les meubles ou de tous les immeubles en propriété ou en usufruit. — Et nous estimons sans hésiter, à ce point de vue, que la doctrine contraire de M. Toullier est erronée, et qu'il faut repousser aussi l'autorité d'un arrêt de la Cour royale de Bordeaux du 17 avril 1840 (1), qui a jugé dans la cause des héritiers Lafosse, que les époux avaient pu valablement renoncer *implicitement* à des gains de survie consistant en une quotité d'usufruit des biens à venir. — La Cour ne prévoit ni l'obstacle pris de ce qu'il y avait de prématuré dans la renonciation, ni celui qui résultait de l'art. 791. Son arrêt est donc essentiellement fautif.

Les difficultés ne se résolvent pas par prétérition.

Que si la donation consistait dans un objet ou

---

(1) *Journal des Notaires*, 10,827.

une somme à prendre sur les biens à venir, la renonciation pure et simple, c'est-à-dire abdicative,
serait comme non-avenue, parce qu'elle serait
prématurée ; mais si elle était faite expressément
et nominativement en faveur d'une personne déterminée, c'est-à-dire si elle était translative, elle
pourrait avoir lieu valablement, mais par contrat
de mariage seulement (art. 943-947).

La distinction entre les renonciations purement
abdicatives et les renonciations translatives contenant une libéralité indirecte en faveur de ceux
à qui elles profitent, est depuis long-temps tracée.
Dumoulin disait à ce sujet sur la coutume de
Paris : « *Aliud est abdicatio, aliud remissio in fa-*
« *vorem certæ personæ, quæ acceptationem de-*
« *siderat.* »

Il est bien entendu que pour être valable dans
les cas où nous l'admettons, la renonciation,
quelle qu'en soit la nature, devra émaner d'époux
majeurs, maîtres de leurs droits, et que la femme
procédera dûment autorisée.

Si le gain de survie stipulé en faveur de la
femme consiste en une somme à prendre sur les
biens de son mari, on pourrait peut-être songer
à présenter contre la validité de la renonciation
un argument pris dans les dispositions du Code
sur le régime hypothécaire. Voici comment :

Les gains de survie faisant partie, comme il a

déjà été observé, des conventions matrimoniales, se trouvent garantis au profit de la femme par une hypothèque légale qui grève tous les biens du mari (art. 2121 et 2135, § 2).

Or, que doit faire le mari lorsqu'il veut obtenir que l'hypothèque de la dot de sa femme et de ses reprises soit restreinte aux immeubles suffisants pour la conservation des droits de celle-ci?

Doit-il se borner à obtenir le consentement de sa femme?

Non assurément.

Il faut qu'il prenne l'avis des quatre plus proches parents d'icelle (art. 2144), réunis en assemblée de famille, et que sa demande soit accueillie par le tribunal dont le jugement ne peut être rendu qu'après avoir entendu le procureur du roi (art. 2145).

Donc la femme, fût-elle majeure, ne peut pas renoncer seule, même en partie, à l'hypothèque de ses gains de survie. Donc, et à plus forte raison, elle ne peut pas renoncer valablement aux gains de survie eux-mêmes.

Cet argument, séduisant au premier abord, prouverait beaucoup trop.

Les précautions ou les formalités qu'indiquent les art. 2144 et 2145 sont en effet nécessaires, quand il s'agit de la restriction de l'hypothèque générale de la femme. Et cependant personne

n'oserait en conclure que la femme ne puisse
aliéner, avec le consentement du mari, ses biens
paraphernaux, puisque ce pouvoir lui est expressément conféré par l'art. 1576 du Code. Des formalités prescrites pour la restriction de l'hypothèque, on ne peut donc rien conclure à l'incapacité d'aliéner le droit garanti par cette hypothèque.
La loi a dû défendre avec plus de sévérité, ou du
moins rendre plus difficile, ce qu'elle supposait
devoir être fait plus facilement.

On trouve dans le droit, et notamment dans
le droit romain, des exemples nombreux de cette
précision. C'est ce qui faisait dire à Vinnius (comme
on l'a vu dans notre 2e partie): *Lex arctiùs prohibet quod faciliùs fieri putat.*

Les arguments qu'on voudrait induire des art.
2194 et 2195 sur la purge des hypothèques légales, tomberaient en présence des mêmes raisons.
Et, par suite, les principes que nous avont posés
doivent tenir.

Examinons maintenant les effets que produira
la renonciation dans les cas où elle est admise.

Nous ne la considérons ici que comme un moyen
de tourner la jurisprudence et de faciliter un don
préciputaire en levant l'obstacle qui résultait des
gains de survie antérieurs, surtout lorsqu'ils consistent en usufruit.

La renonciation qui sera faite dans cet objet

devra être *purement abdicative*, c'est-à-dire pure
et simple ; car si elle était faite expressément et
nominativement *in favorem certæ personæ*, c'est-
à-dire *translative*, elle transporterait le don éventuel de l'époux sur la tête du donataire, et con-
tinuerait à être un obstacle à la validité du don
préciputaire qu'il a reçu.

Exemple : Marc donna par contrat de mariage
à Marie, sa future épouse, l'usufruit de la moitié
de ses biens présents. Des enfants sont nés de ce
mariage ; l'époux a voulu donner à l'un d'eux le
quart des mêmes biens en pleine propriété. Pour
favoriser ce don, Marie intervient dans l'acte de
donation et déclare qu'elle renonce à ses gains
de survie. La renonciation sera abdicative et irrévocable, et le don préciputaire deviendra valable.
Mais si Marie avait déclaré qu'elle renonçait en
faveur du donataire, la renonciation serait translative, le gain de survie serait passé sur la tête
du donataire ; mais le don préciputaire serait
nul.

L'art. 780 du Code civil confirme cette distinction de Dumoulin entre les renonciations abdicatives et celles qui, étant translatives, constituent,
de la part du renonçant, l'exercice et la cession
de son droit.

Toutefois, dans notre espèce, lorsque la renonciation sera purement abdicative, si le préci-

putaire ne reçoit pas l'usufruit de moitié, ne re-
cueille-t-il pas indirectement le bénéfice de cette
renonciation, et ne devra-t-il pas le rapport à la
succession du renonçant de la valeur de l'émolument éventuel auquel l'époux a renoncé pour le
favoriser ?

L'affirmative ne saurait souffrir de difficulté.
Les dispositions de l'art. 843 sont précises : Le
rapport est dû de *tout ce que l'on a reçu directement ou indirectement,* c'est-à-dire de tout ce dont
le défunt s'est dessaisi et a diminué son patrimoine, *animo donandi.* Or, il s'est dessaisi de l'é-
molument éventuel de ses gains de survie, avec
intention de favoriser le donataire du préciput ;
celui-ci doit donc rapporter à sa succession, ou
du moins imputer sur la quotité disponible de
cette succession, les valeurs auxquelles il a été
renoncé (1).

Ce rapport sera dû, soit que le gain de survie
consiste en un objet constituant une substance,
un capital, un droit d'usufruit, une pension,
ou une rente. — Nous ne nous dissimulons
pas que le plus grand nombre des auteurs en-
seigne le contraire sur l'art. 856, pour le cas où
le donateur ne s'est dessaisi que de *jouissances;*
mais, à notre avis, les dispositions de cet article

---

(1) *Vid.* M. Chabot sur l'art. 843.

faites pour dispenser du rapport les jouissances et revenus, c'est-à-dire les *fruits et intérêts* considérés comme accessoire d'une substance ou d'un corps principal qui est lui-même soumis au rapport, ne peuvent s'appliquer à un don d'usufruit, les jouissances qu'il confère étant l'objet direct et principal de la disposition dont elles constituent la substance. — Il n'y a aucun rapport précis entre des fruits donnés accidentellement, de la main à la main, ou dont la perception est accidentellement permise, et l'aliénation à titre gratuit d'un droit d'usufruit qui constitue, quand il grève des immeubles, un droit immobilier (art. 526), dont l'exercice peut, dans tous les cas, être cédé et procurer au cédant des capitaux plus ou moins considérables.

Le texte de l'art. 856 cesse donc d'être applicable, et comme ce texte est exceptionnel, on retombe nécessairement dans la règle générale de l'art. 843.

Que si la renonciation abdicative de la part de l'époux n'a été faite que par le désir de rendre à son conjoint une faculté d'aliéner qu'il avait perdue, et sans entendre favoriser un don préciputaire déterminé, elle constituerait une libéralité en faveur de ce conjoint, puisqu'elle n'est autre chose qu'une rétrocession à titre gratuit. Elle est alors révocable, d'après l'art. 1096 du Code civil, et le don préciputaire qui aurait été fait sur la foi de la renonciation, en dehors de toute participation du renonçant, suivrait nécessairement le sort de la renonciation elle-même, en ce sens que si l'époux la révoquait, les gains de survie, reprenant alors leur rang primitif, le don préciputaire deviendrait comme non avenu ou réductible jusqu'à due concurrence.

Si la révocation n'a pas lieu, le don préciputaire produira ses effets; mais l'héritier venant à la succession de l'époux qui avait assuré les gains de survie et qui a profité directement de la rétrocession, résultat de la renonciation, en devra le rapport à la succession du renonçant, ou du moins l'imputera sur la quotité disponible, selon les précisions que nous avons faites dans les cas où la renonciation profite au préciputaire.

2º — *Des renonciations aux gains de survie faites après la dissolution du mariage.*

Ici, nous ne rencontrons aucune difficulté. Plus de motif, pour quereller la renonciation, pris des art. 1395 et 791, ou dans le caractère prématuré de cette renonciation.

Cependant si les gains de survie consistaient en un droit acquis depuis le moment du mariage par l'effet de la rétroactivité de la condition, le donataire ne pourrait se dessaisir que par une libéralité directe, et par suite, la cession qu'il ferait de ses droits, à titre gratuit, ne changerait en rien la position des réservataires.

Mais si les gains de survie n'ont été acquis que depuis l'ouverture de la succession, s'ils consistaient en biens présents et à venir ou en biens à venir, l'effet de la répudiation pure et simple du donataire ou de l'institué aura pour résultat de valider le don préciputaire fait à un autre, les gains de survie auxquels il a été renoncé étant censés n'avoir jamais existé (Arg., art. 785).

Et qu'on ne dise pas que l'époux en renonçant n'a pu changer la position des réservataires, et donner la vie à un don préciputaire qui était nul ou inutile si la renonciation n'avait pas eu lieu. La mort du disposant n'avait arrêté qu'une chose, la consistance de la quotité disponible et l'étendue de la réserve; quant à la question de savoir qui recueillera cette quotité disponible, il faut attendre le parti que prendront les donataires les plus anciens.

Il est vrai, qu'aux termes de l'art. 786, *la part du renonçant accroît à ses cohéritiers;* mais on n'en saurait induire que la renonciation de l'époux à ses gains de survie doit accroître aux réservataires. Tous les termes de l'art. 786, surtout ceux qui attribuent au degré *subséquent* la part qui était dévolue au renonçant, la place que cet article occupe dans le Code, prouvent qu'il ne s'applique qu'à cette part qui est dévolue par la loi dans les successions *ab intestat*, ou la part des réserves, quand il y a des héritiers institués; M. Maleville en a fait lui même l'observation (1). Mais si on l'applique au cas où la quotité disponible est donnée successivement à divers, en ce sens que la répudiation du premier donataire détruirait les droits de celui qui viendrait après lui, ce serait consacrer un système inadmissible, la volonté du père de famille étant tout aussi énergiquement exprimée par des libéralités successives que s'il avait fait une substitution vulgaire.

Tous les textes du Code civil sur la réduction des libéralités excessives ou inofficieuses (920 et suivants) amènent à la même conséquence.

D'un autre côté, on ne peut pas empêcher l'époux d'abdiquer purement et simplement ses gains de survie; seulement comme on suppose ici qu'il ne l'a fait que pour favoriser le don préciputaire, celui qui le recueillera sera tenu, comme on l'a déjà dit, au rapport à la succession du renonçant, du montant des valeurs auxquelles celui-ci a renoncé.

---

(1) *Analyse raisonnée,* sur l'art. 786.

Que si la renonciation n'avait eu lieu de la part du renonçant que pour se débarrasser des dettes et charges dont les gains de survie étaient grevés, si l'émolument en était douteux, si l'époux survivant n'a voulu par là que répudier les ennuis d'une liquidation, en dehors de tout esprit de libéralité indirecte, le préciputaire ne devra pas le rapport (1).

Tels sont les principes de la renonciation aux gains de survie, telles sont les conséquences qu'elle entraîne.

Nous arrivons à l'examen des libéralités faites par des actes révocables.

Et ici, nous entrons pleinement dans notre sujet puisque nous trouverons des moyens faciles et légitimes de favoriser le cumul des dons de l'usufruit de moitié en faveur du conjoint, et d'un quart en nue-propriété en faveur d'un étranger.

§ II.

Des Libéralités faites entre époux pendant le mariage par donations qualifiées entre-vifs.

Sur ces donations nous observons deux principes également certains, à savoir: 1° que la donation est révocable; 2° que si elle n'est pas re-

---

(1) Vid. Chabot sur l'art. 843.

voquée elle conserve son rang du jour de sa date.

Si le don fait au conjoint est postérieur au don fait à l'étranger par un acte irrévocable, le cumul n'éprouvera, comme on sait, aucune difficulté.

Mais si le don fait à ce conjoint est antérieur ou concomitant au don fait à l'étranger par acte irrévocable, ou bien encore s'il est en concours avec des libéralités faites à l'étranger par un testament antérieur ou postérieur, l'auteur des libéralités pour mettre le cumul à l'abri de toute controverse, devra déclarer *qu'il entend ne maintenir le don fait à son conjoint de l'usufruit de moitié, qu'à cette condition, qu'il ne sera exécuté que tout prélèvement fait du don ou legs faits à l'étranger.*

La légitimité de cette déclaration est une conséquence du droit de révocation pure et simple qu'avait le donateur d'après l'art. 1096. Qui peut le plus doit nécessairement pouvoir le moins. Par cet ordre, le don fait à l'époux se trouvant exposé le premier à la réduction que les enfants voudraient opérer, on procédera comme si le don fait à l'étranger était antérieur en date, et on se trouvera dans toutes les conditions que l'on semble exiger pour que les deux libéralités produisent leur effet.

§ III.

Des libéralités faites entre époux par testament.

Quand les époux ont disposé entre eux par testament, de l'usufruit de la moitié de leurs biens, si le don fait à l'étranger est par acte irrévocable, celui-ci prenant toujours rang avant le testament, le cumul est assuré.

Mais si le testament fait en faveur de l'époux se trouve en concours avec des testaments anté_rieurs ou postérieurs faits à l'étranger, (et ne dérogeant les uns aux autres ni expressément ni tacitement), comme ils ont tous la même date, au point de vue de la réduction, le testateur pour assurer l'antériorité au legs fait à l'étranger, n'aura qu'à user du droit établi dans les art. 926-927 du Code civil combinés, et déclarer par un codicile ou testament nouveau, *qu'il donne la préférence à ce legs sur celui qui a été fait au conjoint,* s'il n'aime mieux refaire son testament en entier pour y faire la même déclaration. Au moyen de cette préférence, le legs de l'époux se trouvant aussi exposé le premier à l'action en réduction, c'est comme si le don fait à l'étranger était antérieur, et on obtient les résultats que nous avons déjà constatés. Le cumul est à l'abri de toute atteinte.

Voilà pour les actes déjà faits : nous passons à ceux qui seront faits à l'avenir.

II.

Des moyens à prendre pour assurer le cumul dans les actes qui seront faits à l'avenir.

Nous maintiendrons la méthode adoptée dans la division précédente.

§ Ier.

Des Moyens à prendre par contrat de mariage.

Nous avons à signaler d'abord le plus saillant des moyens mis en usage jusqu'à ce jour pour tourner les effets des doctrines de l'arrêt du 24 juillet 1839.

Dans le plus grand nombre des contrats de mariage, les conseils des futurs époux ont fait insérer une clause, d'après laquelle les contractants, après s'être donné, à titre de gains de survie, l'usufruit de la moitié des biens qu'ils laisseraient à leur décès, réservent de disposer en faveur d'un étranger du complément de la quotité disponible de l'art. 1094 du Code civil, ou de lui donner un quart en nue-propriété.

Cette réserve nous paraît tout-à-fait insuffisante pour atteindre le but qu'on se propose.

Rappelons d'abord en quelques mots les textes du Code afférents.

En règle générale, *donner et retenir ne vaut.* Mais cette règle fléchit quand il s'agit de donations faites par contrat de mariage, soit qu'elles émanent des parents ou étrangers en faveur des époux, soit qu'elles émanent des époux entr'eux (art. 943, 944, 945, 946 et 947 combinés).

En effet, l'art. 944 dispose : « Toute donation « faite sous des conditions dont l'exécution dé-« pend de la seule volonté du donateur sera « nulle. »

L'art. 945 : « Elle sera pareillement nulle, si « elle a été faite sous la condition d'acquitter « d'autres dettes ou charges que celles qui exis-« taient à l'époque de la donation, ou qui seraient « exprimées, soit dans l'acte de donation, soit « dans l'état qui devrait y être annexé. »

Mais l'art. 947 ajoute : « Les quatre articles « précédents ne s'appliquent point aux donations « dont est mention aux chap. VIII et IX du pré-« sent titre. »

Or, les donations entre époux, par contrat de mariage, sont réglées précisément par le chapitre IX.

D'un autre côté, l'art. 1086, reproduisant, sous la rubrique du chapitre VIII, *Des Donations faites par contrat de mariage aux époux et aux enfants à naître du mariage*, l'exception dont parle l'art. 947, relativement aux donations faites par

un parent ou étranger aux époux, porte : « La
« donation par contrat de mariage, en faveur
« des époux et des enfants à naître de leur ma-
« riage, pourra encore être faite, à condition
« de payer indistinctement toutes les dettes et
« charges de la succession du donateur, ou sous
« d'autres conditions, dont l'exécution dépen-
« drait de sa volonté, par quelque personne que
« la donation soit faite. Le donataire sera tenu
« d'accomplir ces conditions, s'il n'aime mieux
« renoncer à la donation ; et, en cas que le do-
« nateur, par contrat de mariage, se soit réservé
« la liberté de disposer d'un effet compris dans
« la donation de ses biens présents, ou d'une
« somme fixe à prendre sur ces mêmes biens,
« l'effet ou la somme, s'il meurt sans en avoir
« disposé, seront censés compris dans la dona-
« tion, et appartiendront au donataire ou à ses
« héritiers. »

Puis vient l'art. 1093, qui reproduisant à son
tour, sous la rubrique du chapitre IX, *Des Dispositions entre époux, etc.*, la même exception
déjà mentionnée, renvoie aux règles du chapitre
précédent, sauf, ajoute-t-il, « que la donation
« ne sera pas transmissible aux enfants nés du
« mariage, en cas de prédécès de l'époux dona-
« taire. »

Il résulte donc de la combinaison des ces divers

textes, presque surabondants, que les futurs époux peuvent user dans les dispositions qu'ils font entre eux de la faculté accordée par l'art. 1086, avec d'autant plus de raison que l'espèce d'affinité par laquelle ils sont déjà liés rend l'application de cet article encore plus favorable.

Or, que permettent les art. 1086-1093, 944, 945 et 947 ? Deux choses bien distinctes et qu'il ne faut pas confondre :

1° Des donations faites sous des conditions purement *potestatives* de la part du donateur, conditions qui pourront évidemment modifier ou même annihiler entièrement la donation. La maxime donner et retenir ne vaut, n'étant pas applicable en matière de contrat de mariage ;

2° Des réserves de la part du donateur de disposer d'un effet compris dans la donation de ses biens présents, ou d'une somme fixe à prendre sur ces mêmes biens, avec cette précision, que si le donateur meurt sans en avoir disposé, l'effet ou la somme seront compris dans la donation, et appartiendront au donataire ou à ses héritiers.

Par rapport à cette seconde faculté, le texte ne parle que des *donations de biens présents*, sur lesquels on peut réserver de disposer d'une somme ou d'un effet compris dans la donation. Mais le droit est le même quand il s'agit de *donations de biens présents et à venir,* ou de biens à venir seulement. L'article n'est que la reproduction littérale de l'article 18 de l'ordonnance de 1731, sous l'empire de laquelle la disposition avait toujours été entendue d'une manière générale, et appliquée, soit aux donations de biens présents, universelles, à titre universel ou a titre particulier, soit aux donations de biens présents et à venir, soit aux institutions contractuelles, quel que fût l'objet de la réserve, et sur quelques biens qu'elle eût été établie.

M. Chabot a établi ce point de doctrine dans une dissertation spéciale faisant partie de ses *questions transitoires* (1) sur le Code civil.

Cela posé, que fait le futur époux donateur lorsque tout en donnant à son futur conjoint l'usufruit de la moitié des biens qu'il laissera à son décès, il se réserve la faculté de disposer en faveur d'un étranger du complément de la quotité disponible de l'art. 1094, ou d'une autre quotité en nue-propriété? — Il fait, selon nous, une réserve arbitraire et qui est en dehors du texte comme de l'esprit de l'art. 1086. Pour que la stipulation soit valable, il faut, comme le dit cet article, que la chose dont on se réserve de disposer, soit *comprise* dans la donation elle-même ; qu'elle constitue un démembrement essentiel de cette

(1) Tome 3, page 167 suivantes.

donation, démembrement consistant en nature, en une somme d'argent ou tout autre chose appréciable. Or, cette condition existe-t-elle lorsque celui qui ne donne que l'usufruit se réserve de disposer d'une quotité en nue-propriété? Ce serait dire que la nue-propriété est un démembrement de l'usufruit, qu'elle est *comprise* dans l'usufruit donné, ce qui répugne évidemment à la nature des choses. L'usufruit et la nue-propriété étant deux démembrements distincts, n'est-il pas dérisoire, quand on dispose de l'un, de se réserver le droit de disposer de l'autre?

De là il suit que cette réserve, devenue de style dans certains pays, est tout-à-fait illégale, qu'elle ne remédie à rien, et qu'à la mort du père de famille, toutes les difficultés qu'on a voulu prévenir pour la validité du cumul qu'il s'agissait de légitimer, restent entières.

Comment enfin exécuterait-on la dernière disposition de l'art. 1086, qui porte que faute par le donateur d'avoir disposé de la somme ou de l'objet réservés, ils sont censés compris dans la donation et appartiennent au donataire ou à ses héritiers?

Il faut donc abandonner ce moyen qui ne peut produire aucun résultat.

Voici celui que nous proposons; il n'est autre chose que l'application de la première partie de l'art. 1086, qui donne la faculté de faire des donations sous des conditions *potestatives* de la part du donateur, combinée pourtant avec la dernière partie de cet article.

En usant de ce droit, le futur époux procédera de la manière suivante :

Il donnera par contrat de mariage à son futur conjoint, à titre de gains de survie, l'usufruit de la moitié de tous les biens qu'il laissera à son décès, en ayant le soin d'ajouter cette condition formelle *que s'il dispose du quart en nue-propriété, ou d'une quotité inférieure, en faveur d'un enfant à naître du mariage ou d'un étranger, il veut que cette libéralité prenne rang avant celle qu'il vient de faire à son futur époux, celui-ci ne devant être payé que le dernier.* La condition ne peut donner lieu à aucune difficulté.

Si le donateur a pu, réalisant des conditions dont l'exécution dépendra de sa volonté, annihiler entièrement la donation, par exemple, en grevant, même par des dispositions à titre gratuit, l'usufruit donné de toutes les charges qu'il lui plaira contracter en vertu du même article qui autorise le donateur à faire toutes les réserves qu'il juge convenables, en d'autres termes, s'il a pu *donner et retenir* par un privilége déjà fort ancien, pour les contrats de mariage (puisqu'il était formulé par les coutumes (1) avant d'être consacré par l'ordonance des donations de 1734), il lui a été permis, à plus forte raison de stipuler que le rang dans lequel la donation faite à son conjoint serait payée, serait post-posé à une libéralité à venir. S'il a pu réserver de disposer de la *chose elle-même*, à plus forte raison a-t-il pu d'hors et déjà disposer éventuellement du *rang*.

L'époux donataire n'a, de son côté, aucune objection à présenter, puisque le second rang lui est aussi favorable que le premier.

Enfin, les légitimaires sont évidemment sans action pour quereller une clause permise par le texte même des lois.

Ils seront également sans action en retranchement, puisque l'époux étant censé gratifié le dernier, le père de famille a pu distribuer sans difficulté la plus forte quotité de l'art. 1094.

Et aux yeux de la jurisprudence de l'arrêt de cassation du 7 janvier 1824, ce moyen est à l'abri de toute contestation ; il est le seul qu'on puisse mettre en usage avec efficacité.

La précision que nous proposons d'insérer dans la condition apposée à la donation, que le don ultérieur qui pourra être fait et qui obtiendra la priorité sur le don fait à l'époux, ne devra pas

---

(1) Ricard. *Des Donations*, n° 1057, 1.

excéder le quart en nue-propriété, garantit, même dans le cas où il y aurait trois enfants ou un plus grand nombre, que l'époux aura toujours pour lui son usufruit de moitié, le donateur n'ayant fait qu'épuiser la quotité de l'art. 1094. Mais il en serait autrement, s'il n'y avait qu'un ou deux enfants, et que la réserve de la priorité fût stipulée pour *tout le disponible* de l'art. 913. En effet, s'il n'y avait qu'un enfant et que l'époux donateur disposât plus tard en faveur de cet enfant ou d'un étranger de la moitié en pleine propriété, le conjoint donataire de l'usufruit serait déchu de tout droit; car le don ultérieur qui aurait rang avant le sien, aurait absorbé toute la quotité disponible. S'il y avait deux enfants, et qu'il eût été disposé postérieurement d'un tiers, le conjoint ne pourrait retenir qu'un douzième en usufruit formant la différence de la quotité de l'art. 1094 sur celle de l'art. 913.

Le futur époux qui voudra être certain, dans tous les cas, de conserver l'usufruit de la moitié des biens, devra donc faire préciser dans le contrat qu'il ne consent à accorder la priorité aux dons ultérieurs que pourra faire son conjoint, *qu'autant que ces dons ne dépasseront pas le quart en nue-propriété.*

§ II.

Des libéralités entre époux, par donations, pendant le mariage, ou par testament.

Ce que nous avons déjà dit à cet égard, pour les libéralités de cette nature renfermées dans des actes déjà faits, s'applique évidemment aux actes de la même nature qui auront lieu à l'avenir. Pour ce qui est des donations entre époux, le droit de révocation entraînant le droit de les subordonner à une préférence stipulée en faveur de dons faits à un autre, et pour ce qui est des testaments, l'exercice du même droit conféré par l'art. 927 préviendront toutes les difficultés.

Ainsi, nous trouvons, comme on le voit dans la loi elle-même, les moyens de tourner le système restrictif consacré par l'arrêt du 24 juillet 1839. Nous les avons longtemps médités avant de les produire. Nous avons cru devoir les soumettre à des hommes éminents dans la science du droit et profondément versés dans la pratique des affaires. L'approbation qu'ils ont reçue, nous permet de les présenter avec confiance.

Nous nous emparons avec empressement de ces moyens pour démontrer de plus fort que la jurisprudence est erronée. Quand la loi a consacré une doctrine prohibitive, on ne peut s'y sous-

traire ou la tourner que par des fraudes ; quand on
prouve au contraire qu'il est permis de la décliner
par des moyens licites, on prouve par cela même
de la manière la plus irrécusable qu'elle n'existe
pas.

N'est-ce pas calomnier gratuitement les intentions du législateur, travestir et abaisser son
œuvre, que de supposer qu'il a établi entre le patrimoine disponible et indisponible des bornes
qu'il sera loisible au père de famille de déplacer
et de faire mouvoir à volonté?

DERNIÈRES OBSERVATIONS.

Nous avons traité les deux questions vitales auxquelles a donné lieu l'art. 1094, questions qui sont unies entre elles par un lien visible, puisqu'il s'agit dans tous les cas d'une interprétation extensive de la quotité disponible.

Ces pages tombées de notre plume sous l'inspiration de la foi la plus sincère et la plus ardente n'ont pas été écrites pour ces esprits faciles ou méticuleux façonnés d'avance à porter le joug de toutes les théories, dès qu'elles ont proclamé leur avénement, prêts à flotter au gré de tous les éléments de la jurisprudence. Notre travail est fait principalement pour ceux qui, sans dédaigner ces éléments, n'enchaînent pas leur raison à tous les mouvements que les décisions judiciaires peuvent décrire, qui aiment à juger par eux-mêmes et non avec les idées des autres, jaloux de peser les arrêts avant de les compter.

En droit, comme en politique, une opposition sage, intelligente et mesurée, portant sur les choses et non sur les personnes, est plus d'une fois indispensable ; elle est un foyer de vie, d'émulation et de progrès ; elle devient la seule sauve-garde de la vérité. Courbons la tête et nous serons plus d'une fois débordés par les plus funestes doctrines.

Pour ce qui est de la première solution d'après laquelle l'art. 1094 n'est, en aucun cas, et quelque soit le nombre des enfants, restrictif de la quotité disponible ordinaire de l'art. 913, que l'époux peut toujours donner à son conjoint tout ce dont il pourrait disposer en faveur d'un étranger, on n'a, en vérité, aucun effort à faire désormais, aucune lutte à soutenir pour assurer son succès. M. Toullier qui fut le premier éditeur du paradoxe contraire, s'est rétracté, comme on l'a vu, du moins implicitement, mais très-positivement, dans son traité du *Contrat de mariage*. Et au point de vue de la jurisprudence, les choses sont encore entières, puisque nous n'avons rencontré qu'un arrêt isolé de la cour de Nîmes, dont il n'a pas été difficile de faire prompte justice. Aux divers arguments pris des travaux préparatoires que nous avons fait valoir, il faut ajouter l'autorité de ces paroles décisives du tribun Duveyrier, dans son rapport sur *le titre du contrat de mariage :*

« La prohibition faite par les coutumes aux « époux de s'avantager entre eux, n'existe plus : « *un mari peut donner à sa femme, une femme* « *peut donner à son mari*, COMME A TOUTE AUTRE « PERSONNE, *la portion disponible des biens*(1). »

_____

(1) Locré, *Législation civile*, 13, page 353.

Aussi une espèce de réaction s'est-elle dessinée de nos jours contre l'opinion d'abord suivie. En-deçà comme en-delà du Rhin, à Strasbourg comme à Heidelberg, cette opinion est considérée comme insoutenable. A peine si l'on conçoit que pendant tant d'années on ait pû sérieusement faire arme contre l'époux gratifié par son conjoint, d'un texte fait pour lui conférer un privilége, réputer le mariage une cause d'incapacité de par le droit d'un peuple qui a proscrit le divorce, professant une religion qui élève l'union de l'homme et de la femme à la dignité de sacrement; et cela sous l'empire d'une législation qui, imprégnée des tendances des lois transitoires si favorables aux époux, a pour ainsi dire réagi contre les idées prohibitives des pays de coutumes ! Qui oserait encore prendre parti pour un tel système, à une époque où la philosophie du droit accomplit de toutes parts parmi nous de si rapides conquêtes?

Quant à notre seconde solution relative à la légitimité du cumul des libéralités, quelles que soient les dates relatives de ces libéralités, son avenir n'en est pas moins assuré.

Maintenant que les principes sont mis en relief, que les textes qu'on avait laissés à l'écart ont été conviés à prendre dans le débat la part d'action qui leur est due, que les conséquences attachées à des doctrines qui font fausse route ont été dessinées dans toute leur nudité, enfin, que le mur de séparation qu'on avait mal à propos élevé entre le Code civil et le droit ancien a été abattu, que faut-il pour couper court aux envahissements de la jurisprudence des arrêts de la Cour de cassation du 24 juillet 1839 et de la Cour royale de Besançon du 15 février 1840?

Il faut que cet esprit public qui s'est déjà manifesté dans un sens si hostile aux doctrines de ces arrêts grandisse et se propage de plus en plus; que les convictions déjà si vives et si nombreuses parmi nous acquièrent s'il est possible un nouveau degré d'énergie. L'arbitre doit résister à faire dans ses sentences l'application de ces théories; le jurisconsulte doit les condamner dans ses décisions; le professeur les proscrire dans son enseignement; tous doivent se grouper pour faire digue contre ces traditions des pays de coutumes, dont les inspirations froides comme le ciel sous lequel elles se sont formées, tendent presque toujours à resserrer et à glacer les théories de la quotité disponible. Les Cours royales du Midi, ne tarderont pas à s'associer à cette vaste et sainte fédération qui de tous les points de ces contrées doit s'établir pour le rétablissement des principes qui leur sont si chers (1).

_____

(1) Par jugement du 24 juin 1840, le tribunal civil de Toulouse

Que de motifs pour ces Cours de justice de s'attacher profondément à ce résultat !

Il ne s'agit plus pour elles de commencer une œuvre nouvelle ; il s'agit seulement de compléter et de couronner leurs premiers succès. N'est-ce pas à la Cour royale d'Agen que nous sommes redevables du changement de jurisprudence de la Cour suprême sur les art. 922 et 857 (1) ?

La Cour royale de Montpellier n'a-t-elle pas provoqué la même conversion au sujet de l'interprétation de l'art. 845 (2) ?

Si l'on mesure la distance qui sépare les premiers arrêts de la Cour suprême de ceux qu'elle a rendus depuis, on reconnaîtra bientôt qu'il n'y a aucune comparaison à établir entre les difficultés qu'il a fallu vaincre pour amener ce changement et les obstacles bien moins réels que l'on a fait surgir pour entraver nos doctrines. C'était, en ce qui touche l'interprétation des articles prémentionnés, une collision sérieuse entre la lettre

---

donnant le signal d'une noble indépendance, et s'est prononcé pour la validité du cumul, dans la cause des héritiers de *Montlaur*. La cause est pendante devant la Cour dont l'arrêt est appelé à exercer sur les esprits une haute influence.

(1) Arrêt du 25 juillet 1825, confirmé en cassation le 8 juillet 1826, Syrey, 1826-1-313.

(2) Arrêt du 17 janvier 1828, confirmé en cassation le 11 avril 1829, Sirey, 29-1-297.

de certains textes et l'esprit du législateur. L'esprit a vaincu ; il faut s'en féliciter. Dans notre espèce particulière, que demandons-nous, si ce n'est l'application littérale de l'art. 1094, puisqu'il ne s'agit que d'autoriser le père de famille à distribuer entre l'époux et l'étranger, chacun prenant part à la distribution, selon sa capacité, la quotité réglée en cet article ?

Les tendances des dernières années de la Restauration avaient sans doute favorisé le retour que la jurisprudence a fait sur elle-même ; mais c'est précisément parce que la magistrature se trouve aujourd'hui en présence de tendances opposées, qu'elle doit résister avec plus d'énergie. Les plus belles pages de son histoire ne sont-elles pas consacrées au récit de ses luttes et de ses combats ?

On dirait que ce sont là les destinées de la quotité disponible parmi nous, de subir d'abord une interprétation restrictive, que l'on est bientôt après obligé de déserter.

A Rome, on inclinait visiblement en faveur du pouvoir de disposer ; nous, au contraire, tributaires que nous sommes des idées du Nord, nous sommes prédisposés à pencher dans un sens différent ; mais l'expérience et l'observation ne tardent pas à ramener dans le droit chemin les esprits un instant égarés.

Qu'on ne perde pas de vue que jamais thèse n'a plus vivement intéressé nos provinces que celle qui vient d'être agitée ; que la question qu'elle renferme est une question de vie ou de mort pour le régime dotal ; régime qui fut le symbole et l'évangile du mariage pour toutes les races écoulées dans les pays de droit écrit, et qui est encore l'objet du même culte de la part des races qui leur ont succédé.

A-t-on oublié les alarmes qui se manifestèrent en un instant, des bords de la Loire jusqu'aux Pyrénées, et des Alpes jusqu'aux rivages de l'Océan, lorsque le premier projet du Code civil sembla faire croire que le régime dotal était abrogé par prétérition ? — A la multiplicité comme à la vivacité des réclamations qui s'élevèrent, il fut facile de juger que les populations s'étaient émues pour la conservation de leurs habitudes les plus précieuses ; que le Midi tout entier luttait avec le Nord comme pour ses autels et pour ses dieux, *pro aris et pro focis.* Le gouvernement eut égard à ces réclamations, en ce sens que pour calmer toutes les inquiétudes, il voulut que dans les nouveaux projets le régime dotal occupât une place importante, que ses principales règles y fussent développées.

Ce ne fut pas assez de consacrer par les textes (art. 1391) la liberté dont les pays de droit écrit

continueraient à jouir, liberté qui ne pouvait porter d'ailleurs aucune atteinte au principe de l'u-
nité nationale; pour donner satisfaction à toutes
les exigences, les divers orateurs qui expliquèrent
l'esprit du *titre du contrat de mariage*, crurent
devoir donner à cet égard les déclarations les
plus explicites. Les intentions du législateur au-
raient-elles donc été de nous laisser toute liberté
de suivre un régime qu'il aurait pourtant rendu
impraticable? car sans stipulation de gains de
survie, il n'est plus qu'une association inique, et
les gains de survie sont eux-mêmes impossibles,
s'ils doivent entraîner l'extinction de la puissance
paternelle, devenue, quand tous les autres pouvoirs s'en vont, l'arche sainte de la société.

Tels sont les intérêts qui se trouvent placés sous
le patronage des cours royales, et principalement
des cours royales du midi. Elles se montreront
dignes de ce dépôt précieux qu'elles tiennent des
traditions, comme de leurs pouvoirs. Elles con-
serveront intactes les théories de la dotalité,
qu'elles ont déjà si bien illuminées, et la puissance
paternelle qu'elles ont raffermie; la dotalité et la
puissance paternelle, institutions vénérées que
nous avons recueillies directement dans la succession de ce peuple dont tout évoque autour de
nous l'impérissable et religieux souvenir, et dont
les monuments constituent encore le plus bel or-
nement de notre sol !

Les anciens parlements rendirent d'éminents services aux libertés publiques, dans des temps où le plus souvent elles étaient menacées d'en haut. Les cours de justice qui ont pris leur place, bien qu'avec des attributions moins étendues, ne failliront pas à cette mission, lorsque le péril dont ces mêmes libertés sont menacées vient d'un point tout opposé.

La cour suprême elle-même, mieux éclairée par leurs nouveaux arrêts, ne leur refusera pas un appui qu'elle n'a jamais refusé au bon droit.

Pour nous, si les réflexions que nous avons développées sont le grain de sable apporté par une main pieuse, pour la restitution de ce grand œuvre, ou bien si la voie que nous avons tracée parvient à sauver l'avenir des suites désastreuses inhérentes aux théories que nous avons combattues, dans le cas où ces théories viendraient, contre toute attente, à se consolider, nous aurons obtenu une assez large récompense.

Puissions-nous ne jamais oublier que si la vie du jurisconsulte est toute militante, il doit, dans le cours de sa carrière, s'attacher avec un ardeur toute particulière à la réfutation des doctrines dont le triomphe serait un fléau pour son pays !

FIN.

TABLE SOMMAIRE

DES MATIÈRES

qui font l'objet de ce traité.

DERNIÈRES OBSERVATIONS

FIN DE LA TABLE DES MATIÈRES.

TOULOUSE, IMPRIMERIE BERTRAND ET DIEULAFOY.